世界教育思想文库

学习的本质

以研究启迪实践

THE NATURE OF LEARNING

USING RESEARCH TO INSPIRE PRACTICE

[德] 汉纳·杜蒙

[英] 戴维·艾斯坦斯　　　主编

[法] 弗朗西斯科·贝纳维德

杨刚　等　译

教育科学出版社

·北京·

经济合作与发展组织

经济合作与发展组织（OECD）是一个政府合作讨论解决全球化进程中经济、社会与环境问题的独特论坛。OECD也站在努力帮助政府回应新的发展问题与关切的前沿，例如机构治理、信息经济与人口老龄化的挑战。OECD提供了一个政府可以比较政策经验、解决共同面临的问题、发现最佳实践并协调国内与国际政策的机构平台。

OECD成员国包括：澳大利亚、奥地利、比利时、加拿大、智利、捷克、丹麦、爱沙尼亚、芬兰、法国、德国、希腊、匈牙利、冰岛、爱尔兰、以色列、意大利、日本、韩国、拉脱维亚、立陶宛、卢森堡、墨西哥、荷兰、新西兰、挪威、波兰、葡萄牙、斯洛伐克、斯洛文尼亚、西班牙、瑞典、瑞士、土耳其、英国与美国。欧盟委员会参与OECD的工作。

OECD的出版物广泛传播OECD收集的统计数据，内容涉及经济、社会与环境问题的研究结果，以及其成员国达成一致的协议、方针与标准。

本书的出版由OECD秘书长负责。本书所表达的意见和论点不一定反映本组织或其成员国政府的官方观点。

前　言

　　现今，人们对学习的本质及为学习的发展创设环境有着浓厚的兴趣。全球顶尖的研究者都在推动各国将培养国民的高阶知识与技能作为优先发展的事项，以回应"21世纪能力"（21st century competences）所包含的更为苛刻的要求。随之而来的担忧是，传统教育方法并不能完全满足这一新要求。学习结果测量的进展——比如，我们的国际学生评估项目（PISA）——就揭示了学习的结果是如何被改变的。此外，虽然各个国家对于教育（包括教育技术）方面的投入非常巨大，也进行了大量的教育改革，但我们也清楚地了解到，要对教与学这个"黑匣子"产生影响有多么困难。

　　我们在经济合作与发展组织（OECD）中开展了一系列研究和调查，以分别探索这些不同的问题。自十几年前的首个调查至今，PISA已经在国际上产生了重要影响，2009年的调查涵盖了65个国家的学生，其结果已在2010年年底公布。而最近的教与学国际调查（Teaching and Learning International Survey, TALIS）从23个国家的超过70000名初中教师和校长中收集了数据，为探索教与学一线的现状提供了详尽的国际视角。该调查的主要研究结论已经于2009年发表，而相关研究也要在未来开展。我们的有效学习环境研究中心（Centre for Effective Learning Environments, CELE）从建构促进学习的环境这一视角出发，来讨论什么样的设计和管理设施对21世纪的学习是有效的。

OECD 的教育研究与改革中心（Centre for Educational Research and Innovation, CERI）也通过大范围的对学习与改革的分析做出了卓越的贡献，其中的学习环境改革项目（Innovative Learning Environment, ILE）就是本书所依托的项目。CERI 将前瞻性的改革研究与调查分析研究相结合，为教育政策和教育实践提供多样化的选择和更直接有效的方案。近年来，CERI 深入地研究了一系列核心主题：国家如何使教育改革更加系统、更可持续，"21 世纪能力"的本质，如何用技术改善学习环境以及技术是如何影响"新一代学习者"的特征的，学校中的和针对低教育程度的成年人的形成性评价的示范性研究，神经科学与学习。这些主题都被包含在 2008 年 5 月 CERI 为庆祝其成立 40 周年而在巴黎举办的会议——"21 世纪的学习：研究、改革与政策"之中。

本书是继介绍 ILE 成果的第一本著作 [《创新学习，学习创新》（*Innovating to Learn, Learning to Innovate*），2008 年] 之后的一大里程碑。正如书名《学习的本质：以研究启迪实践》所述，本书希望通过对学习环境应如何设计的实证研究的回顾与反思促进教育政策与实践的发展。我们邀请了教育研究和学习研究中顶尖的专家，对整个领域的每一部分的相关研究和其成果进行综述，并对这些研究的影响进行通俗易懂的、实际可行的解读。我们很荣幸能够邀请到来自北美洲和欧洲的杰出的研究者共同参与。本书的作者阵容之强大是我们所未能预料的，他们为我们撰写了相当优质的章节。

这些章节涉猎广泛，既介绍了对学习的本质的现代诠释，也涵盖了各种不同的教育应用。它们涵盖了对学习这一概念的理解的发展历程，并提供了认知角度、情感角度以及生物学角度的诠释视角。它们关注小组协作、先进技术、形成性反馈以及项目学习的相关方法与实证证据，也讨论学校之外的家庭、社区中的学习的发生。它们不仅关注发展方向的变化，同时也详述了促使这些变化发生的最佳环境。本书综合了历年研究的主要成果，将它们提炼为七个关键的结论性原则，并且对其产生的影响进行了深入的讨论。对于那些想了解促进年轻人学习的研究的读者来说，我们认为本书当属无价之宝，我们希望读者们能够将书中的理论付诸实践。

本书由德国图宾根大学（University of Tübingen, Germany）的汉纳·杜蒙（Hanna Dumont）、CERI 秘书处的戴维·艾斯坦斯（David Istance）以及曾在 CERI 任职的弗朗西斯科·贝纳维德（Francisco Benavides）设计并主编。本书的产生很大程度上要归功于 2009 年在德国魏玛（5 月）、挪威奥斯陆（8 月和 9 月）召开的小组讨论会以及在法国巴黎（11 月）召开的 CERI 董事会议。

芭芭拉·伊申格尔

Barbara Ischinger

OECD 教育司司长

致　　谢

　　首先，请允许我们将最诚挚的谢意致以本书的各章节作者：布里吉德·巴伦（Brigid Barron）、莫妮克·博卡尔特（Monique Boekaerts）、埃里克·德科尔特（Erik de Corte）、琳达·达林－哈蒙德（Linda Darling-Hammond）、库尔特·W.费希尔（Kurt W. Fischer）、安德鲁·富尔科（Andrew Furco）、帕姆·戈德曼（Pam Goldman）、克里斯蒂娜·辛顿（Christina Hinton）、凡妮莎·基斯勒（Venessa Keesler）、理查德·E.迈耶（Richard E. Mayer）、拉里莎·莫洛克（Larissa Morlock）、伊丽莎白·S.兰热尔（Elizabeth S. Rangel）、劳伦·B.雷斯尼克（Lauren B. Resnick）、芭芭拉·施耐德（Barbara Schneider）、迈克尔·施耐德（Michael Schneider）、罗伯特·E.斯莱文（Robert E. Slavin）、詹姆斯·P.斯皮兰（James P. Spillane）、埃尔斯贝特·斯特恩（Elsbeth Stern）、迪伦·威廉（Dylan Wiliam）。感谢他们接受邀请并加入此书的编写之中，感谢他们长期以来耐心地回应我们的各种要求。

　　在此还要特别感谢莫妮克·博卡尔特、埃里克·德科尔特和迈克尔·施耐德，他们对这项课题的研究和推广起到了至关重要的作用。对于OECD来讲，当然不能忘了感谢德国图宾根大学的汉纳·杜蒙，她作为此书的主编和作者从此书的构思到完成一直兢兢业业地工作着。

　　假如没有挪威教育和培训部（Utdanningsdirektoratet）

提供的财政支持，这本书是不可能完成的。挪威教育和培训部于 2009 年 8 月 31 日和 9 月 1 日在奥斯陆主办了关键性的会议，召集了本书的作者和参与 ILE 的代表，详细讨论了本书的内容，形成了本书的结论。我们真诚地感谢佩尔·特龙斯莫（Per Tronsmo）、卡特琳·斯蒂金伯格·泰根（Katrine Stegenborg Teigen），还有挪威 CERI 董事会成员彼得·斯卡尔海姆（Petter Skarheim）和黑格·尼尔森（Hege Nilssen）以及其他与会成员。

此外，我们还要感谢德国图林根州的文化教育部，其于 2009 年 5 月 14 日至 15 日主办的研讨会为本书的研究引荐了重要的专家和学者。最后，我们要特别感谢鲁珀特·德普（Rupert Deppe, CERI 董事会成员）、克莉丝汀·明库斯－齐普费尔（Christine Minkus-Zipfel）和克里斯蒂娜·金德瓦特（Christina Kindervater）对这项工作的大力支持。

我们感谢上述活动中所有参与者做出的努力，同时也感谢自研究开始阶段 CERI 管理委员会集体及个人对我们所提供的支持。

对 OECD 成员，我们要对韩国庆熙大学的李泰妍（Taeyeon Lee，音译）于 2010 年上半年在 CERI 实习阶段对本书所做工作给予特殊的感谢。感谢弗兰塞斯克·佩德罗（Francesc Pedró）对第一章中的技术性问题提出的专业意见。我们对弗朗西斯科·贝纳维德在 OECD 教育司的调动之后仍然完成自己的相关工作表示由衷的感激。感谢 OECD 公共事务和传播委员会（PAC）在排版上给予我们的详细宝贵建议。詹姆斯·鲍奇（James Bouch）在本书准备过程中负责主要的后勤工作，琳达·哈维（Lynda Hawe）、彼得·维格普尔（Peter Vogelpoel）以及弗洛伦斯·沃伊达休斯基（Florence Wojtasinski）为本书出版前最终定稿的工作做出了卓越的贡献。感谢 CERI 的所有同事对本书（包括选定合适的书名在内）所做出的无可计数的付出。

目　录

第三章　学习中的认知视角：十大里程碑式发现
——迈克尔·施耐德　埃尔斯贝特·斯特恩 / 52

第四章　课堂学习过程中的关键角色：动机与情绪
——莫妮克·博卡尔特 / 72

第五章　学习的发展和生物学视角
——克里斯蒂娜·辛顿　库尔特·W. 费希尔 / 93

第六章　形成性评价在有效学习环境中的作用
——迪伦·威廉 / 113

第七章　合作学习：小组合作何以发生
——罗伯特·E. 斯莱文 / 138

第八章　技术支持的学习

——理查德·E.迈耶 / 155

第九章　探究式学习的前景与挑战

——布里吉德·巴伦　琳达·达林－哈蒙德 / 174

本 书 概 要

为何以学习为主题

杜蒙（Hanna Dumont）和艾斯坦斯（David Istance）在开篇（第一章）就提到，近些年无论是在政策范畴内还是在教育领域中，"学习"一词都在逐渐走向诸多国家的关注中心。这也恰恰印证了本书所体现的经济合作与发展组织（OECD）教育研究与改革中心（Center for Educational Research and Innovation，CERI）学习环境改革项目（Innovative Learning Environments，ILE）所做的工作的重要性。

OECD 国家和经济体经历了**从工业基础型社会到知识基础型社会的重大转变**。全球化的进程越来越强调被一些学者称为"21 世纪能力"的素养的重要作用。学习的质与量也由此变为关注的焦点，随之而来的就是对传统教育方法不足的关注。

类似的观点也可以解释我们过去几十年内**对学习结果评价的强烈关注**[包括国际学生评估项目（PISA）]，对评价的关注反过来又引起了对学习的更多关注。要想克服目前只能分析学习成就水平所带来的各种缺点，就需要对人类如何能最有效地学习有更深层的理解。

信息技术的快速发展与泛在化正在拓展教育可能性的边界。然而我们在数字资源上的巨大投入还没有对学习环境造成革命性的影响；要想理解怎样才能达到这种影响，就必须更加注重学习的本质。

教育改革已经面临极限的这种感觉也引起了对"学习"自身的全新关注：在大多数 OECD 国家中，教育已经被改了又改，这就让许多人思考我们是否需要为教与学之间的交互寻找更新的方法。

基于学习的研究明显增加，然而很多研究者都注意到，学校在将学习科学的研究成果付诸实践的时候与理论存在很大的差距。同时，有太多的学习研究与教育实践和政策是毫无关联的。那么研究数量的增加是否能架起研究与实践之间的桥梁，并以此促进实践的发展呢？

本书涵盖的范围

本书致力于架起"以研究启迪实践"的桥梁。因此我们邀请了欧洲和北美洲的顶尖研究者，从学习的不同视角综述了大量研究，并找出了它们在学习环境设计之中的过人之处，以此将其与教育领导和政策制定相关联。

本书前面的章节主要涉及学习的本质，包括认知上的、情感上的以及生理上的。后面的内容则以综述的形式列出几种不同的实践方式：形成性评价，合作学习以及基于探究的学习，基于技术的应用，课堂学习环境之外的社区及家庭层面的应用，等等。倒数第二章为我们描述了在对创新和改变有天生"抗性"的教育机构里进行改革的一些策略。

这些章节并没有详尽陈述所有相关的研究，但是它们综合起来就形成了21世纪学习环境设计的强大的知识基础。正如德科尔特（Eric de Corte，第二章）总结的那样，现在许多学者都认同相关机构或政策发展学习者的"适应性专长"（adaptive expertise）或者说"适应性能力"（adaptive competence）的重要性，这一概念指的是将学到的有意义的知识和技能灵活地、创新地应用到不同的情境当中的能力。

学习研究中的横向结论

艾斯坦斯和杜蒙在最后一章中更全面地综合了前面所有章节中的研究结论，将其重新组合成横向结论，然后将这些结论在应用当中所遇到的问题与挑战一起呈现出来。我们将这些结论与不同作者所给出的一小段关键论点一同呈现在下文中。

> 学习环境应将学习者视为核心参与者，鼓励学习者积极参与和自我发展，并在积极参与中逐渐理解自己作为学习者的所作所为。

学习环境将身处其中的学习者视为核心参与者。以学习为中心的学习环境鼓励学习者成为"自我调节的学习者"。这就意味着要培养学习者的"元认知技能"以监控、评估和优化他们获取和利用知识的能力 [德科尔特,第二章;迈克尔·施耐德(Michael Schneider)和斯特恩(Elsbeth Stern),第三章]。这同时也意味着学习者要能够在学习过程中调节自身的情绪和动机 [博卡尔特(Monique Boekaerts),第四章;辛顿(Christina Hinton)和费希尔(Kurt W. Fischer),第五章]。

威廉(Dylan Wiliam,第六章)提到,不少学者都认为教师的角色应该从"讲台上的圣人"转变成"身边的指导者"。但他警告,如果这句话被误读成教师作为个体或者集体所担负的对于学习的责任需要减轻的话,那么就麻烦了。

雷斯尼克(Lauren B. Resnick)、斯皮兰(James P. Spillane)、戈德曼(Pam Goldman)和兰热尔(Elizabeth S. Rangel)(第十二章)将"技术核心"(即课堂教学)与更广阔的政策环境中的正式组织之间的鸿沟视为问题的关键所在,他们认为这一鸿沟削弱了学习的有效性和创新的可能性。

> 学习环境应建立在学习的社会本质之上,并积极提倡开展经过精心设计的合作学习。

有效学习并不只是个体行为,它在本质上是分布式行为:个体必须通过交互、沟通和合作才能建构知识(德科尔特,第二章)。神经科学表明人脑是非常喜欢交互的(辛顿和费希尔,第五章)。无论自学和个人发现多么宝贵,学习都需要通过与他人的交互才能完成。

斯莱文(Robert E. Slavin,第七章)提到,如果使用得当,测量课堂中合作学习的一些方法是十分有效的。虽然如此,这些方法仍然被排除在主要学校活动之外。尽管我们都知道它会影响学习结果的测量,但合作和共同学习的能力仍应被视为"21世纪能力"之一。

> 学习环境中的学习专家应高度关注学习者的学习动机以及情绪在获得学习成就中的关键作用。

学习的情感和认知两个维度是密不可分的。正因如此，我们不仅要理解学习者的认知发展，也要了解他们的动机和情绪特征。然而在正式的教育思想当中，对学习者信念和动机的关注与那些已经形成目标框架的认知发展相比，相差甚远（博卡尔特，第四章）。

高度协调学习者的动机和情绪的关键作用并不意味着老师要一味地"鼓励"学生——用错地方的鼓励，弊大于利——其首要任务是使学习更有效，而不是更有趣。

技术支持的学习 [迈耶（Richard E. Mayer），第八章]、合作学习（斯莱文，第七章）、基于探究的学习 [巴伦（Brigid Barron）和达林－哈蒙德（Linda Darling-Hammond），第九章] 和服务学习 [富尔科（Andrew Furco），第十章] 等方法成功的主要原因都在于它们能够激励学习者并让他们参与其中。

> 学习环境应对学习者先前知识的个体差异十分敏感。

学习者在许多学习的基础方面各不相同：先前知识、能力、对学习的理解、学习方式和策略、兴趣、动机、自我效能、信念、情感以及社会环境方面的语言、文化和社会背景等。我们的基础挑战之一就在于应对这种差异，保证一群来自不同教育和文化背景下的年轻人能够共同学习。

先前知识是建构当前学习的最重要的资源之一，同时也被认为是学习者之间最大的个体差异所在："也许导致个体差异的一个最重要的维度是学习者的先前知识。"（迈耶，第八章）理解这些差异是理解个体或者集体学习者的能力和局限的一个方面，这一方面与动机一起塑造了整个学习过程。

"家庭是儿童获取基础认知与社交能力的首要社会系统" [芭芭拉·施耐德（Barbara Schneider）、基斯勒（Venessa Keesler）和莫洛克（Larissa Morlock），第十一章]，这就意味着先前知识主要以学习者的家庭以及相关背景为基础来源，而不单单来自学校和学习环境。

> 学习环境中的学习项目应是从各方面都对学习者具有挑战性，要求其努力，而又不让其负荷过度的。

当学习环境对个体间差异敏感时，它们就会变得更为有效，这一结论同样来自一些研究者的研究，他们强调只有学习者面对足够困难的挑战时，他们才会达到比现有能力高一层的水平。这所导致的必然结果就是我们不应让任何人花费大量时间来应对他们可以轻松完成的工作。

学习环境应该要求所有参与该环境的人都付出努力、辛勤工作。但是本书涉及的研究结果也提到负荷过度和基于过度压力的消极机制对有效学习所造成的负面影响。迈克尔·施耐德和斯特恩（第三章）提到的学习基石之一即"学习受到人类信息处理能力的限制"（迈耶在第八章中也提到相关问题）。

> 学习环境的运作应在明确的设想下进行，并通过评价策略来达成这些设想，在这之中要格外强调形成性反馈对学习的支持。

评价对学习来说是至关重要的。"评价的本质是对学生所需要完成的任务的认知要求的界定。"（巴伦和达林－哈蒙德，第九章）评价提供了教与学之间的桥梁（威廉，第六章）。当评价结果可信，且与教学目标保持一致的时候，它就是一个支持学习的有力工具；否则它就有可能造成很严重的干扰。

形成性评价是 21 世纪学习环境的核心要素。学习者需要大量的、定期的以及有意义的反馈，教师需要它来理解哪些学生在学习以及如何安排整个学习过程。

研究表明形成性评价的实践与学生学习的成功有很高的相关性。此类方法要整合到课堂实践中以便发挥其积极作用（威廉，第六章）。

> 学习环境应能够强有力地推动知识与学科领域、学习社区及更广泛的世界的"横向联系"。

复杂的知识结构是由以分层的方式组织起来的知识片段所构成的，相互离散的学习对象要被整合到更大的框架、理解和概念之中（迈克尔·施耐德和斯特恩，第三章）。

"21 世纪能力"的核心特征之一是在更大框架下使得知识在迁移到不同的情境中或不熟悉的问题中时具有联通性。学习者在将对相同问题或者关系的理解迁移到另一个领域上往往多有不足。

有意义的、基于真实生活的问题在促进学习发生、支持学习参与和激发学习动机方面都起到了关键性的作用。基于探究的和基于社区的学习方法提供了大量关于学习如何完成的实例（巴伦和达林－哈蒙德，第九章；富尔科，第十章）。一个有效的学习环境至少不会与家庭对学生的影响和期望相悖，甚至它将与家庭联手合作（芭芭拉·施耐德、基斯勒和莫洛克，第十一章）。

一项需求性教育议题

上述横向结论，或者说"原则"之中的促进性和关联性并不仅仅存在于某一结论之中，也不是相互孤立的。相反，它们为我们提供了一项需求性教育议题，议题中的所有内容都要放入学习环境以检测其是否真实有效。这样的教育议题有以下特征。

- **是以学习者为中心的**：学习环境应将学习视为核心活动，而不应试图替代教师或者学习专家的关键作用，学习仍依赖于他们。

- **是结构化且设计良好的**：要"以学习者为中心"就要求学习环境的设计是高度专业并且精心组织的，而且要留下足够的空间来支持探究学习和自主学习。

- **是十分个性化的**：学习环境要对个体和群体的背景、先前知识、动机和能力有很高的敏感度，以此提供个性化的详细反馈。

- **是包容性的**：一个具有包容性的教育议题需要对个体和群体的差异，包括群体中最弱的学习者保持敏感。

- **是社会性的**：本原则认为学习在小组情境中发生最有效，学习者在学习环境中的协作应分工明确，只有这样学习在更广阔的社区环境下才最有效。

本书的最后一章提到了应用中的挑战。虽然许多学者都建议我们应该从教师技能和专业发展方面做起，但应用是深深地扎根于学校的"常规"之中的（雷斯尼克、斯皮兰、戈德曼和兰热尔，第十二章），这也就让我们意识到持续改革的重要性与难度。

第一章 21世纪学习环境的分析与设计

汉纳·杜蒙

Hanna Dumont

德国图宾根大学

University of Tübingen，Germany

戴维·艾斯坦斯

David Istance

经济合作与发展组织

OECD

汉纳·杜蒙和戴维·艾斯坦斯解释了近年来学习逐渐走向政治舞台中心的原因，包括：知识经济与知识社会的本质，"21世纪能力"所提出的要求，信息通信技术的泛在化，不断受挫但却屡败屡战的教育改革，以及迅速发展的有关学习的研究。这些都要求我们掌握关于学习的知识，并将其更系统地运用于教育。本章将涉及为何这些发展要求重点关注创新性的"微"设置——"学习环境"，它使得 OECD 的工作重点着眼于学习者个体和传统的教育指标上。本章在书中的作用在于描述研究与政策、实践的"大鸿沟"（great distance）（公认的称呼）。

概　　论

近年来，出于一系列的外因，学习已经逐渐走向政治舞台的中心。本章——既是研究的综述，也是有关学习科学研究对教育设计的影响的分析——深受这些变化的影响。本章详细阐述了这些当代发展，后面的章节也按此顺序进行。这些发展呼吁相关人员掌握有关学习的知识，并将其更系统地应用于教育。本章阐述了这些发展为什么要特别集中于学习环境设计的"微"观层面上，以及为什么这种发展需要具有前瞻性，且注重革新。

学习走向舞台中心

我们所总结的"学习走向舞台中心"这一发展的关键阶段可以从当前的五个重要变化来描述。下面先简要描述这些内容，之后再具体介绍其核心主题。

我们的社会和经济已经经历了重大的变革——从工业型社会转变为知识型社会。全球的先驱越来越强调"21 世纪能力"——包括深度理解的能力、灵活性以及创造性思维、良好的团队工作能力等一系列所谓的"软技能"。这样一来，学习的"质"和"量"都成为核心，这也让人们意识到传统教育方法的不足。

对学习结果的测量一直有较多的关注和进展。其中包括：OECD 自身的国际学生评估项目（该项目主要对接近完成基础教育的 15 岁学生进行评估，测试学生们能否掌握参与社会所需要的知识与技能。——译者注），这也反过来使得公众和政治人物对学习有了更多的关注。但是，对于哪种学习结果才是最重要的，以及关于教育的一些"两极争论"——是要发展基本学习能力，还是发展"21 世纪能力"；学习内容是要标准化，还是公民化（citizenship）——人们尚未达成一致理解。此外，从将学习结果的水平、样式和缺点制成图表，到引发一个可取的变化需要一个关键的步骤，即找到这一问题的答案："我们怎么样才能促进有效的学习？构建什么样的模型才能促使别人去学习？"

教育已经被改了又改——**达到教育改革的极限的感觉使得人们将重点放在学习本身上。**改革特别依赖于最能控制政策影响或者大众关注点的制度变量。通常，影响教育政策制定的动机都是短浅的，这是不可避免的，这使得改革难以在教育实践领域引起深刻变化。这让许多人质疑：我们是否需要新方法去探讨影响"学习"和"教学"的因素，而不是将它们视为"黑匣子"？

快速发展的且泛在化的信息通信技术（ICT），及其在年轻群体中的重要性，正在重设教育可能性的界限并引发有关非正式学习作用的争议。然而其结果却是令大多数人失望的，大量的投资被用在电脑和数字化上，但没有对学习环境做出多大的改进。这或是因为投资过于注重技术而不注重增加学习的机会，或是因为信息通信技术用于教育的程度尚未达到其临界值，目前不得而知。

基于学习的研究在迅速发展，但并没有引领变革。令学习科学家感到遗憾的是，很多学校没有应用他们的研究结论。与此同时，实在有太多的学习研究是与现实生活中的教育实践和政策制定不相关的。这就是我们所说的"大鸿沟"。

全球知识型社会

近几十年来，OECD 国家最基本的变化就是从工业时代向知识时代转变。现在，知识是经济活动的核心推动力，个人、公司和国家的繁荣越来越多地依赖于人力资源与智力资本。创新正在成为我们经济和社会的主要驱动力（Florida，2001；OECD，2004；Brown，Lauder and Ashton，2008）。以知识作为核心的教育与学习系统正处于这个强大趋势的核心位置。

我们生活在"地球村"。在全球化进程中，我们的经济与其他国家十分紧密地联系在一起，最近的危机体现了不同的依赖程度是如何影响不同国家和种族的发展前景的。包括但不限于中国和印度的一系列不同的经济体已经占据了经济链前端的位置。那么，向劳工成本更低的国家转移工业活动就带来了"再培训"的挑战，而其中的学习活动却逐步消失。

全球化带来了人口的重大改变，汇集了不同文化的信仰、观念和生活习惯。全球化体现在国际旅游和与其他国家的文化和民众的交流之中。这就提示我们思考，教育是否为学生的开放性、文化多样性，以及为所有公民提供平等的受教育机会做好了准备（OECD，2010a）。

向知识经济的转变主要是由科学技术的进步所驱动的，尤其是信息和通信技术。互联网和其他先进媒体形式的广泛传播和使用改变了我们的日常生活方式。一些学者认为：由于时间和空间所带来的障碍缩小了，更大的潜力有可能被释放出来；另一些人却将注意力转向由变革所带来的信息负荷和国际数字鸿沟上。教育和学习正处于这些多样化的变革的核心位置，不得不去适应日新月异的变化与负荷，还得提供应对这些变化的坚实基础。

我们面临的主要挑战是可持续发展。这在某种程度上是一个与环境和生态相关的问题，但从根本上讲，它是与个人价值观、习惯和更广泛的企业和政治文化相关的。在某种程度上，可持续发展是 OECD 国家在第二次世界大战后的 20 世纪出生率降低、人口老龄化加剧、社会福利和养老金制度发生明显改变的背景下形成的问题。另外还有一个问题是，在个人主义如此泛滥的今天，任何可持续的社会都需要对凝聚力、公平和团结有所共识（OECD，2008a）。从狭义的观点来看，学习的价值和态度不只以知识为基础，但这种学习很难在具体教育项目中被教授，我们要教的还有很多。

正如知识的基石作用一样，学习也越来越重要——知识如何并在何种程度上被学习者获取成为人们最重要的关注点。但要注意，我们即便从如此简明扼要的对 21 世纪社会的主要发展问题的总结中都能看出，发展趋势自身以及要学习的知识、价值观和态度都是十分复杂且多维的。

为终身学习奠定基础

这些强大的经济和社会推动力，以及对原本的正式教育已经不足以满足现在需要的担心，使得一个更为广泛的概念——"终身学习"——产生了（详见：OECD，1996）。该概念指出，学习不只发生在人的青少年时期，而是贯穿于一生之中的；它还指出，学习不仅发生在中小学和大学之中，而是存在于正式、非正式以及非正规学习环境（non-formal and informal learning environments）之中的。

有许多不同的理论可以用来解释终身学习（Istance，Schuetze and Schuller，2002）。一些评论人士认为，经济和工业角度的论点过度地主导了政治中的话语方向，与此同时他们也提醒我们，应该平等地认为："每个人都有学习的潜在能力"（Longworth and Davis，1996，p.21），终身学习"是一个人成长和发展的重要组成部分"（Jarvis，2009）。本着这种精神，终身学习不仅应被看作一个使经济体充满活力的手段，也应被看作一种发展有效的社区、社会活动，参与式民主以及充实生活和有意义生活的方法和手段。

尽管终身学习的范围很广，但正式学习中最初的学校教育的质量和范围在终身学习中是至关重要的（Gorard，2009；Hargreaves，2003）。学生在早期阶段所获得的知识、技能、价值观和态度奠定了其终身学习习惯的基础。因此，学校是学习型社会组织的核心所在，然而，人们往往会忽视其在学习型社会中为进行终身学习打下基础这一作用。导致这种情况的重要原因在于，大部分的教育研究都是以学校为焦点的，以至于终身学习的倡导者们一直将研究重点放在学校上，而不是其他年龄与阶段上。这种自相矛盾的结果就将"从出生到老去"的终身学习概念默默地改成与专科教育和技能培训相类似的理念（OECD，2005）。

"为终身学习奠定基础"到底意味着什么？衡量一所学校成功与否的核心要素在于：该校培养出的学生具备多少有意义的知识基础，以及具备多少下文列出的"21 世纪能力"。

"21 世纪能力"

上文中所描述的社会和经济的主要发展趋势，其焦点越来越多地集中在学习所需的能力上，在这里我们将其归纳为"21 世纪能力"。这一概念将内容的重点集中于"学习结果"上，而**哪种结果**是需要优先被考虑的并没有引起足够的关注。高阶思维能力成为当今和未来工作场所中日益重要的能力。我们需要学会生成、处理和分类复杂信息，需要进行系统化思考和批判性思维，要能针对不同形式的证据权衡其价值并做出决定，要能针对不同主题提出有意义的问题，要能灵活地适应新信息，要敢于创新，也要能够发现并解决真实世界中的问题（Bransford，Brown and Cocking，2000；Darling-Hammond et al.，2008；Fullan，Hill and Crevola，2006；Green，2002；OECD，2008b）。

年轻人应该具有如下能力：深刻理解复杂概念、具有适当媒体素养，以及能够运用先进的信息技术工具（Sawyer，2008；Darling-Hammond et al.，2008；MacDonald，2005）。团队合作、社交和沟通技能是在知识型社会中工作和生活不可缺少的能力。学生应该成长为自我指导的终身学习者，尤其是要为"应对目前还不存在的工作，使用还没有发明出来的技术，并且解决我们甚至闻所未闻的问题"做好准备（Darling-Hammond et al.，

2008）。

这并不意味着未来的人都会从事智力或者技术工作。复杂的知识型社会确实在宏观上会导致社会技能的"一定提升"，但它并没有使手工业或者服务行业彻底消失，同时，创意产业很可能是未来的主要就业方向之一。年轻人很有可能工作在跨度非常大的专业环境之中，其中甚至包括手工业和艺术界。

需要注意的是，在当代和未来的工作场所中要用到的技能，不是仅仅满足经济需求，而不注重社区、社会及个人的生活的能力，即"21世纪能力"与上面所提到的领域都有相关。正如德科尔特（本书）所述：教育的核心目标应该是获取适应性能力，即能够在不同情境和环境中灵活地、创造性地应用所学到的有意义的知识和技能的能力。

在学习型社会中，学习者被赋予了中心角色后，当今的学校应该如何面对21世纪的需求呢？当然，在各个不同OECD国家和机构中，现有的实践差异甚广。不过，我们可以说大多数学校教学模式的目标仍然是适应工业经济的要求。有时我们会将这些方法称为"教授主义"（instructionism）。在许多班级和学校中开展的教学活动，与我们所强调的知识型社会中知识型企业的核心所需的活动是大相径庭的。学校中默认的"头脑即容器隐喻"（Bereiter，2002，p.20）并不能反映出知识型社会的高效和创造性等诸多优点。这就引发了学校教育核心的学习模式与学习环境是否能够让学生具备符合21世纪知识型社会需求的技能的争论。本书旨在阐明应该如何组织学习，才能实现以上目标。

新千年的学习者

快速发展且泛在化的信息通信技术正在改变社交的性质、与他人联系的方式，这同样也加重了非正式学习所扮演角色的分量。在OECD国家中，越来越多的儿童和年轻人在成长过程中就已经具备了使用互联网、手机和游戏机的能力。在荷兰、英国、奥地利以及北欧国家中，95%以上的青少年每天都要在家上网（OECD，2010b）。他们平均每天上网两个小时，主要用于社交以及数字消费，但有时他们也会做一些与学习有关的事情。

年轻人被界定为"新千年的学习者"（此标题亦是 OECD 相关项目的名称）的原因在于：他们能够通过数字化的空间增加与同龄年轻人交互的可能性。这也与他们的学习方式有关：与数字媒体的交互改变了学习者获取信息和阐述知识的方式。事实上，年轻人对于数字媒体的使用，与上面所述的"21世纪能力"和已经确定的学习原则所对应的学习方法是相一致的。因为这些方法往往是高度社会化的，包含大量的试验与"修补"，并且鼓励产出知识，并对其进行共享；数字媒体对学习的促进在于学习者可以更多地互动和参与，而不是被动地消化知识或信息（Ananiadou and Claro，2009）。

我们需要理解年轻人在课外的学习、娱乐以及社交，它们也许能对教育创新的灵感有激发作用。数字化的媒体能够通过它密集的网络和随时随地的访问能力转换学习环境，这就可以将零散的校内学习和校外学习框架中的经验有效地"焊接"起来。技术能够使得学习者在塑造自己的学习环境中变得越来越积极。

这种潜在的学习形式何时能够融入目前更为明确的教学活动中，则是一个完全不同的问题。传统的教学环境通常"技术含量较低"，而且在许多学校中技术的使用并不密集，这些学校自然也享受不到技术带来的好处。正如最近通过使用国际学生评估项目的数据进行作图（OECD，2010b）所描述的一样，要制定明确的"临界值"来确定研究结果是否达到或者超过了目标，以此找出教育中的进步，并将其显现出来。与创新性的、高技术性的学习环境相比，我们估计，欧盟国家一般义务教育学校现在使用技术的平均水平仍然远低于这一"临界值"——大约每周只有1个小时（Empirica，2007）。这一结果与上面提到的每周在家上网14个小时左右比实在是相形见绌。也正如迈耶（本书）所述的那样，技术的存在本身并不能够保证它的优点会被运用到学习上面。

教育改革的限制

最近几十年来，OECD 国家和其他一些国家已经开展了诸多的教育改革，其目的是提高办学质量和学生成绩，尤其是后进生的表现。这些改革包括但不限于：开展骨干教师培训项目，提供与教授新技术，开展课程改革以及赋予学校更多权利的体制改革。大量的资源被分配到学校，以促进硬件设施的改善，减小班级规模，以及改善教师教学质量。

改革对学校的外部结构和内部体制都有较大的冲击和持续的影响，然而要重塑课堂中的动态学习与核心活动则远没有这么简单。目前的改革趋于将重点放在可见的、易于改变的、资源所允许的变量之中：即便花费要更高一些，但是这么做往往更简单，例如，将班级规模缩小并提高学校中原有计算机的数量，相比于持续不断地提高教师对学生个体差异做出反应的能力来说投入更高，但是实施起来更容易。但无论如何，通过资源水平提升来促进教育质量提高毕竟是间接的，并且其作用只有在它们改变了课堂和其他环境中的教与学时才会体现出来。

富兰和他的同事（Fullan et al.，2006）认为"很少有政策制定者或者实践者真正了解日常教学中的质量意味着什么"。贝赖特（Bereiter，2002）则呼吁我们不要再在教育改革中将"根本弊端"归结到教学活动上去。然而，我们目前尚未了解哪些政策手段能够在促进对如此丰富的课堂的理解的同时，也能够兼顾课堂的专业自主性。

上述的所有内容表明，这是非常严峻的挑战，而不是那种光靠政策制定者的才智就能完全解决的问题。要做到这些，就需要更加深入地理解在几乎所有情境中有组织的学习都发生了什么，而且这种观察和理解的方式应该是支持性的，而不是侵入性的或分裂性的。这种开放教室的大门（理解成窗户或者围栏也可以）来支持深度的监督和理解的方法自身可能是教育中的一大实践转换，而身处教育一线的人往往会认为这很令人厌恶。我们应该意识到，政策改革能达到的重大影响往往是在潜移默化地改变学校环境和气氛之中完成的。这些众所周知的困难不仅使政策很难产生影响力，也很难将其增加到媒体关注的项目中去，因为媒体往往只关心那些简短的、有冲击力的小新闻。

因此，改革需要对学习的本质与促进学习的最好方法进行重新定位，但支持这种做法的机制往往与现代教育系统和政策现实相差甚远。教育研究者与实践者也应该直接参与改革，而不是期望政策制定者慢慢将这些问题自己琢磨出来。这又反过来提醒我们关注有关知识管理的重大问题，因为它在教育实践中几乎没有怎么得到发展（OECD，2000，2004）。同样地，我们也应该考虑教育研究与政策和实践二者之间的"大鸿沟"（Berliner，2008）。

新兴的学习研究——理论与实践的实证基础？

关于人脑如何工作、人脑如何发展、兴趣怎样形成、人与人之间有何种不同以及我们最关心的人们如何学习的实证研究，在最近几十年里有了长远的发展（Olson，2003；Sawyer，2006）。许多不同的领域都对我们理解学习与教学有所帮助，例如认知科学、教育心理学、计算机科学、人类学、社会学、信息学、神经科学、教育学、设计研究和教学设计（Sawyer，2008）。关于人们怎样学习的知识基础已经积累起来，可以说"我们现在对学习的理解远比以前丰富得多"（Bransford et al.，2000，p.3）。德科尔特（本书）也描述了研究是如何从人工的实验情境和活动转移到真实的课堂活动中，并因此与教育越来越相关的。

随着新兴的研究宣称教育实践与教育政策现在是真的"有据可循"（OECD，2007），我们的学习科学愈发"强调对于教了什么，如何教，以及学习是如何得以评估的进行反思和审视"（Bransford et al.，2000），以此指导并设计更新更强大的学习环境（de Corte，2000）。劳登布什（Raudenbush，2008）甚至超前得出结论："有关什么能影响教学的知识正是政策选定相关资源的科学依据，因此教育政策之中的课堂教学研究就起到了类似于医疗政策中临床研究的作用。"

这种对于知识的基础的效能和意义的乐观主义视角与前面一节中所提到的对课堂中所发生的事情普遍不怎么了解的感叹有着鲜明的对比——这至少表明教学这块热土不太喜欢研究在这里扎根发芽。至少从研究者的角度上来讲，我们可以质疑对政策制定者的不信任是否最能够促使他们做出一定的反应。但事实上，如果我们都期望他人来吸取学习科学所获得的教训，而不是一起进行交流和教学设计的话，那么这一系列的改革与实践就很有可能失败。

在某种程度上，产生这一问题的根本原因来自许多纯理论研究的冥顽不化，这些研究是研究者专门写给研究者的，它们往往是某一个特定研究关注点的一个子研究。再加上学科间的彼此分隔，就造成了知识基础支离破碎难以跨越内部障碍的问题。如果学习科学不能为内部的子学科建立相互沟通的桥梁，那么其他学科做不到彼此联通也就不足为奇了。因此，要实现知识基础的价值，就必须做出这方面的努力，将知识结构综合起来，使其能够相互联通，使它的重点分支和难点分支相互关联。要使研究结果的传播途径合理，研究结果易于理解，只有这样才能够将研究所获得的实证结果传播到政策制定者和实践者之中去（Harlen and Crick，2004）。目前，已经有一些机构为我们提供了很好的例子（例如，APA Work Group of the Board of Educational Affairs，1997；Bransford et al.，2000；Vosniadou，2001），本书也为此做出了相应的贡献。

然而撇开政治意愿和相关因素来看，希望通过上面的行动使得学习科学的研究结论被广为采用的希望仍然过于乐观。问题的根本在于当下对于学习的理解上。正如德科尔特下一章将会涉及的，当代研究成果认为学习的核心在于"情境化"，以至于目前对学习的本质与其结果的研究过于依赖情境，这就阻碍了一般化并能被广泛采用的研究结论的产生。

第二个基础问题将由雷斯尼克和她的同事们在第十二章给出。学习科学的专家往往对于学习与教学的本质十分了解，但却对这些内容在不同文化中如何组织和执行知之甚少。而这往往导致他们明确或者暗含的对教育产生影响的努力在此功亏一篑。若要克服这一不足，就需要从不同的组织和社会学研究中吸收不同的观点，直接理解教师的信念以及他们工作的情境。换言之，了解个人如何学习并不足以促进为学生更好学习而进行的对学习环境的设计。因此，我们需要至少关注学习过程的另一半——学习环境自身。

为什么讨论学习环境

将学习转移到"舞台中央"的不同因素是学习环境改革项目所采取的方法的基础，本书自身也是该项目的成果。该项目十分注重学习自身，并且将"微观层面"上的内容也整合到其中，而不是像大多数教育政策的制定思路那样将学习和教学的连接视为"黑匣子"。

术语"微观层面"本身并不精确，因为精确与否取决于教育及学习的研究是通过"望远镜"还是通过"显微镜"被人们观察的。"教室"与"教室层面"仅仅是总结性的简要的对包括规模大于单独学习者的小组学习活动的学习环境的缩写。但它能立即将我们的注意力转移出学习所发生的环境：学习是在研讨会上还是运动场上发生的？是远距离的，在社区中发生的，还是在一系列非正式情境中发生的？尽管这种效果并不是术语提出者本人的意愿。如果有人认为我们仅仅对目前教育中某一特定机构中的实体单元，而不是对不同的情境和组织中的学习感兴趣，那么他就危言耸听了。虽然"教室层面"可被视为许多情境的概括，但它并不会在研究完全不同的学习环境和学习方法时被使用。

在这种情况下，我们会使用"学习环境"一词。这仍处于"黑匣子"之内，但是要比脱离情境——环境（即学习者的学习发生的地方）——的个人和特定学习事件更为综合一些。这样，一个"学习环境"就可以被理解为四个关键的动态因素以及它们之间的交互——**学习者**（谁？），**教师和其他学习专家**（和谁？），**内容**（学习什么？）以及**教学设施和技术**（在哪儿？用什么？）。这种动态性和交互性包含在以周、学期甚至学年为单位的教学和学习中。由于这些关系的集合或者说混合的活动只有在按照时间顺序展开时才有意义，时间因此成为基础性的关键因素。评估从两方面讲是必不可少的：考核教学目标这些外在内容，以及它在交互与动态的教与学中所起的作用。这是对"环境"更为系统和全面的理解，"环境"不是日常所指的学习的物理上或技术上的一系列设置（虽然设备与技术的设置也对其起积极作用；详见Manninen et al.，2007）。

这一概念是建立在德科尔特在下一章节中所提到的学习本质的视角上

的，即学习应该被理解为情境性的。任何学习的内容都是为某一特定的学习活动所精心准备的，也就是我们所说的"学习环境"。社会、家庭和社区的影响——第十章、第十一章的核心主题——都包括在这一框架中，特别是在学习者这一维度中。该维度不仅指学习者的人数和概况（年龄、性别等），还包括他们的社会背景、学习态度、家庭环境等。这一概念也与雷斯尼克和她的同事们在第十二章所讲的一样，即有太多的研究对学习的组织性和文化的导向性重视不够，从而导致了这些研究的局限性。

学习环境改革项目主要对年轻人——至少部分年轻人——所涉及的各种各样的学习环境感兴趣。由于我们感兴趣的是学习的组织和配置方式，而不是这些机构自身，我们特意不把这些学校称为"创新学校"，也不是说每一所学校都有这样的环境（尽管很多都会具备）。对于改革的关注源于本章的起点——将学习推向核心位置要求我们有新的学习方法和学习配置，而不是赖在已经证实的安全区偷懒。若要满足本书所涉及的以及第十三章中总结的使学习有效的原则，就需要对大多数年轻人所处的和即将经历的既定教育环境进行翻天覆地的变革。

本书的目标

本书的目的是为缩小关于学生学习的研究与政策和实践之间的"大鸿沟"贡献我们自己的一份力量。显然，政策和实践涵盖的角色和需求的范围更大一些——从授课教师、学校领导、研究人员到管理者乃至上层的政府官员。尽管涵盖如此大的范围，但是后面章节的重点以及对学习科学研究所提供的证据的整理仍以不同的方式提供了与上述各方面相关的观点。

来自不同国家的教育研究领导者和学习专家们都以自己独特的视角，向目标受众——政策制定者和教育实践者——综述了自己的研究成果。这些章节包括：关于学习本质的理论综述（认知科学、动机和情绪、神经科学等），更多的教育观点（基于探究的和合作的方法、形成性评价和技术应用等），诸如社区和家庭中的非正式情境中的学习的研究成果。倒数第二章反映了改革的实施，而我们自己撰写的最后一章试图将所有这些不同的研究

"线路"综合起来。

虽然本书在范围和细节的丰富性上都是可圈可点的，可是我们任何一个章节的作者都不敢说，对学习的研究结果的论述是全面的、彻底的。总有一些研究，或者说世界上某个角落的内容没有被很好地体现出来。也正因如此，我们就刻意避开了学科带头专家所追捧的"手册"一词（例如，Bransford et al.，2000；Sawyer，2006）。

本书主要以三种截然不同的方式从OECD获益。第一，既然是OECD的作品就自然是国际化的。第二，OECD是政府间组织，其本职工作就是分析和吸收研究，这意味着其研究的改革的政策往往具有很宽泛的框架，这一点在研究界并不一定会自发生成。第三，作为大项目（学习环境改革项目）的一部分，以及与平行的改革研究的连接，本书有助于促进OECD国家的教育系统的改革，而不仅仅被作为针对某一国家的特定综述使用。

本报告基于将我们的学校打造成适合21世纪的学习环境这一理念，同时也包含了相关实证数据。这些实证数据本身并不能为学校和政策的重新设计提供足够的支持，但它们能够反映哪些内容促进了学习，哪些内容抑制了学习。在目前如此追崇"实证"政策的年代（OECD，2007），将这些内容拿来影响政策和改革再合适不过了。因此，本书的主要目的是影响教育政策和实践，以期塑造适合21世纪的教育改革议程。

参 考 文 献

Ananiadou, K. and M. Claro (2009), "21st Century Skills and Competences for New Millennium Learners in OECD Countries", OECD Publishing, Paris; EDU Working Paper No. 41.

APA Work Group of the Board of Educational Affairs (1997), *Learner-centred Psychological Principles: A Framework for School Reform and Redesign*, American Psychological Association, Washington, DC.

Bereiter, C. (2002), *Education and Mind in the Knowledge Age*, Lawrence Erlbaum, Mahwah, N.J.

Berliner, D. C. (2008), "Research, Policy, and Practice: the Great Disconnect" in S. D. Lapan and M.T. Quartaroli (eds.), *Research Essentials: An Introduction to Designs and Practices*, Jossey-Bass, Hoboken, N.J., pp. 295-325.

Bransford, J. D., A. L. Brown and R. R. Cocking (eds.) (2000), *How People Learn: Brain, Mind,*

Experience, and School, National Academy Press, Washington, DC.

Brown, P., H. Lauder and D. Ashton (2008), "Education, Globalisation and the Future of the Knowledge Economy", *European Educational Research Journal,* Vol. 7, No.2, pp. 131-156.

Corte, E. de (2000), "Marrying Theory Building and the Improvement of School Practice: A Permanent Challenge for Instructional Psychology", *Learning and Instruction*, Vol. 10, No. 3, pp. 249-266.

Darling-Hammond, L., B. Barron, D. P. Pearson, A. H. Schoenfeld, E. K. Stage, T. D. Zimmerman, G. N. Cervetti and J. L. Tilson (2008), *Powerful Learning: What We Know about Teaching for Understanding*, Wiley.

Empirica (2007), *Benchmarking Access and Use of ICT in European Schools 2006-Results from Headteacher and Classroom Teacher Surveys in 27 European Countries*, European Commission, Brussels.

Florida, R. (2001), *The Rise of the Creative Class: And How It's Transforming Work, Leisure, Community and Everyday Life*, Basic Books, New York, NY.

Fullan, M., P. Hill and C. Crevola (2006), *Breakthrough*, SAGE , London.

Gorard, S. (2009), "The Potential Lifelong Impact of Schooling", in P. Jarvis (ed.), *The Routledge International Handbook of Lifelong Learning* (pp. 91-101), London: Routledge.

Green, A. (2002), "The Many Faces of Lifelong Learning: Recent Education Policy Trends in Europe", *Journal of Education Policy*, Vol. 17, No. 6, pp. 611-626.

Hargreaves, A. (2003), *Teaching in the Knowledge Society: Education in the Age of Insecurity,* Teacher's College Press, New York.

Harlen, W. and R. D. Crick (2004), "Opportunities and Challenges of Using Systematic Reviews of Research for Evidence-Based Policy in Education", *Evaluation and Research in Education*, Vol. 18, No. 1-2, pp. 54-71.

Istance, D. H., H. G. Schuetze and T. Schuller (2002), *International Perspectives on Lifelong Learning: From Recurrent Education to the Knowledge Society,* Open University Press, Buckingham UK .

Jarvis, P. (ed.) (2009), *The Routledge International Handbook of Lifelong Learning,* Routledge, London.

Longworth, N. and W. K. Davis (1996), *Lifelong Learning: New Vision, New Implications, New Roles for People, Organisations, Nations and Communities in the 21st Century*, Kogan Page, London.

MacDonald, G. (2005), "Schools for a Knowledge Economy", *Policy Futures in Education,* *3*(1), pp. 38-49.

Manninen, J., A. Burman, A. Koivunen, E. Kuittinen, S. Luukanne, S. Passi, H. Särkkä (2007), *Environments that Support Learning: An Introduction to the Learning Environments Approach*, Finnish National Board of Education, Helsinki.

OECD (1996), *Lifelong Learning for All*, OECD Publishing, Paris.

OECD (2000), *Knowledge Management in the Learning Society,* OECD Publishing, Paris.

OECD (2004), *Innovation in the Knowledge Economy: Implications for Education and Learning*, OECD Publishing, Paris.

OECD (2005), "How Well Do Schools Contribute to Lifelong Learning?", *Education Policy Analysis 2004 Edition*, Chapter 3, OECD Publishing, Paris.

OECD (2007), *Evidence in Education: Linking Research and Policy*, OECD Publishing, Paris.

OECD (2008a), *Trends Shaping Education*, OECD Publishing, Paris.

OECD (2008b), *Innovating to Learn, Learning to Innovate*, OECD Publishing, Paris.

OECD (2010a), *Educating Teachers for Diversity: Meeting the Challenge*, OECD Publishing, Paris.

OECD (2010b), *Are the New Millennium Learners Making the Grade? Technology Use and Educational Performance in PISA 2006*, OECD Publishing, Paris.

Olson, D.R. (2003), *Psychological Theory and Educational Reform: How School Remakes Mind and Society*, Cambridge University Press, Cambridge.

Raudenbush, S. W. (2008), "Advancing Educational Policy by Advancing Research on Instruction", *American Educational Research Journal,* Vol. 45, No. 1, pp. 206-230.

Sawyer, R. K. (2006), *The Cambridge Handbook of the Learning Sciences*, Cambridge: Cambridge University Press, London.

Sawyer, R. K. (2008), "Optimising Learning: Implications of Learning Sciences Research", in OECD (2008b), pp.45-65.

Vosniadou, S. (2001), *How Children Learn*, The International Academy of Education (IAE) and the International Bureau of Education (UNESCO).

第二章 对学习的理解的发展历程

埃里克·德科尔特

Erik de Corte

鲁汶大学

University of Leuven

　　埃里克·德科尔特描述了早期行为主义是如何逐渐让位给将学习视为信息加工过程而不是对刺激做出的反应的认知主义的。继而，更为主动的学习概念（"建构主义"）产生了，随着"社会建构"的出现，这一领域从此不再局限于人脑之内的活动，而是拓展到了学习者与周围情境的互动中。研究对象也从假定的练习与非真实情境中的学习转移到真实情境中的学习，这对教育的意义越来越重大。当前对学习的理解，旨在促进"21世纪能力"或者说"适应性能力"的发展，其特征可以概括为CSSC："constructive"（建构性）即学习者主动建构他们的知识和技能；"self-regulated"（自主调控）即学习者主动运用不同策略进行学习；"situated"（情境性）即知识在情境中比抽象到环境之外更容易被理解；"collaborative"（协作性）即学习是非个体的行为。

概　　论

　　自古以来，人们一直对什么是学习及如何影响学习饶有兴趣。古希腊时代的苏格拉底（Socrates，公元前5世纪）和古罗马的塞涅卡（Seneca，公元1世纪）就对学习的本质有所探讨。现代文明伊始，维韦斯（Juan Luis Vives，1493—1540）和夸美纽斯（John Amos Comenius，1592—1670）关于教与学的观点就颇有影响（Berliner，2006）。近代的赫尔巴特（Johann

Friedrich Herbart，1776—1841）和他的追随者们被视为科学研究学与教的先驱。他们都强调，学习中的先前知识在思想状态或观点的构成中起重要作用，新观点的学习是通过与已有的思想状态或"领悟"相联系进行的（详见Bigge，1971）。

然而，对学习的正式的科学研究却始于 20 世纪初。本章的第一部分将对西方世界一个世纪以来与学习有关的主要概念和理论进行概述，内容涵盖行为主义，格式塔心理学，符茨堡学派（Würzburg School）的思维心理学（德语为 Denkpsychologie。——译者注），认知主义，建构主义以及社会建构主义。

虽然针对学习的科学研究有促进教育实践的可能，并因此被赋予了很高的期望，然而整个 20 世纪，研究与实践的关系都非常尴尬，且没有什么进展，具体内容下一节会提到。后面的部分会综述当前教育中较为主流的、可以引导设计创新型学习环境的观点，包括一个小学高年级数学问题解决的案例，最终将会以我的个人评论和这些观点对教育政策的启示作为结束。

20 世纪主要的学习概念

行为主义

行为主义对学习的关注始于 20 世纪初的美国，随后在整个 20 世纪前期占据主流地位。行为主义的基本观点是，学习是一种行为的转变，通过获取、强化与应用环境中的刺激（例如"3+3"）与个体可观察到的反应（给出答案是"6"），得到所谓的"刺激-反应联结"或者说关联。这一观点所衍生的一系列行为主义学习理论各有不同。不同点主要在"刺激-反应联结"的决定机制上。对教育领域影响最大的两位行为主义者是桑代克（Edward Lee Thorndike）和斯金纳（Burrhus Frederic Skinner）。

桑代克行为主义的变体流行于 20 世纪的前几十年中，且通常被称为"联结主义"。对桑代克而言，刺激与反应之间的联结是由不同学习法则决定的，最重要的是"效果律"：对刺激的某一反应会被正面奖励所增强，这即便在非蓄意干预的情况下也会自动发生。例如："16+9 等于几？"彼得回答："25。"教师强化："彼得答对了。"其次重要的法则是"练习律"：刺激－反应联结会被练习与重复增强。不难看出这些学习观点与那些所谓的"演练与实践"项目之间的直接联系。在这一时期，桑代克对教育产生了重大影响，其代表作是 1922 年出版的《算术心理学》（*The Psychology of Arithmetic*）一书。

斯金纳在 20 世纪中叶发展了他的行为主义理论，该理论被称为操作性条件反射理论。不同于桑代克，斯金纳将受到外界刺激产生的行为和个体内部自发的行为（例如在网球中，靠个人感觉做出正确姿势来发球）区别开来。复杂行为的整体（正确的发球）中正确的部分（合适的身体姿势）会受到奖励（教练会说"很棒"），这就使得它更有可能会再次发生。这样，强化就能控制理想的部分行为的发生，即所谓的操作性条件反射。

虽然操作性条件反射基于的是鸽子之类的动物试验的结果，但斯金纳认为它可以被直接应用到学校学习当中去。正如网球中正确的发球一样，学习被视为递进的或者说是对预期复杂行为的逐次逼近的结果。学习由不断重复的、合适的做法所主导，但也会部分被学习者个人行为或是被教师组织的不同的促进学生表现的情景所引发。斯金纳理论中最著名的教育应用就是"程序教学"，它会通过一系列的详细任务来分析确定要学习的部分行为的正确顺序。

格式塔心理学和符茨堡学派的思维心理学

20 世纪早期的欧洲理论中与行为主义理论遥相呼应的是格式塔心理学与符茨堡学派的思维心理学。这两个学派都坚决认为心理学不是行为科学，因为它们觉得行为科学的视角太过于机械。虽然行为主义在欧洲广为人知，但它的地位远不如在美国那么高。

格式塔心理学的核心采用德语单词"Gestalt"，即"形式"——有组织的整体，而不是零散的集合——来表达。以韦特海默（Max Wertheimer）和科勒（Wolfgang Köhler）为代表的学者认为，人类的行为不能通过被分解为部分行为的行为主义方式来理解。恰恰相反，它应被视为整体来研究

(Bigge，1971）。头脑是根据人类接受的整体形式的"格式塔"的组织原理来解读感知的，而不是通过原子论观点（atomistic perceptions）来解读感知的（de Corte, Greer and Verschaffel，1996）。这种自发观察的整体［例如伦勃朗（Rembrandt Harmenszoon van Rijn）的绘画《夜巡》］首先进入头脑中，之后才逐渐形成结构。整体要大于部分的组合。在学习与思维上，格式塔心理学的主要贡献在于他们对顿悟的研究：学习是不断地顿悟，发现其结构，并因此获得理解的过程。顿悟通常在解决某个问题时忽然发生。但由于格式塔的学习观点更多是从全局角度出发的，它对于教学没有什么实际帮助（Knoers，1996）。

以屈尔佩（Oswald Külpe）为代表的符茨堡学派则注重对思维的研究，尤其是对问题解决的研究。符茨堡学派的基本思想是问题解决的过程是被决定性倾向所引导的，即思维过程是目标导向的，被任务（德语为Aufgabe。——译者注）所控制的。在这个理论的基础上，泽尔茨（Selz，1913）对思维过程进行了研究，并发现良好的思维取决于合适的解决方法的使用，对于特殊问题有特殊的解决方法（Frijda and de Groot，1981）。

认知主义

20世纪50年代末的美国心理学界有了重要的发展，这一发展被称为"认知革命"。这导致了行为主义到认知主义的转变（Gardner，1985）。人不再被视为对外界刺激的反应的集合，而是信息处理的主体。产生这种转变的原因之一在于对心理学中使用行为主义理论来解释复杂思维现象的日益增多的不满。与此同时，认知主义先驱西蒙（Simon，1979）认为，这种发展受到符茨堡学派和格式塔心理学的强烈影响，并受到信息处理设备计算机的影响，人类思维与计算机的类比促成了这一转变的发生。

受到欧洲研究的影响，与行为主义相比而言，所谓的"信息处理"的路径在20世纪70年代的教学心理学中越来越受到重视。这一路径并不满足于研究可以观察到的外部行为，而是致力于分析与理解内部思维过程，以及人类行为背后的知识架构。因此，其对教育的兴趣就在于找出解决复杂数学问题的策略，或揭示学生对于法国大革命知识的概念建构过程。

伴随这一新视角而来的，就是对于人类认知本质基础的不同理解的兴起，即从原子观到格式塔观的转变。它将知识的组织视为认知的核心特点（Greeno，Collins and Resnick，1996）。行为主义者对学习的反应－加强隐喻，被知识－获取隐喻所替代（Mayer，1996；Sfard，1998）。学习被视为知识的获取：学习者是吸纳信息的信息处理者，他们在大脑中执行认知操作，并将其存储到记忆中去。因此，讲授与课本阅读就成为首选的教学方法；最极端的情况下，学习者成为被动接受知识的客体，而知识则被视为教师配发的货物（Mayer，1996；Sfard，1998）。

建构主义

为了揭示人类学习与思考的内部思维过程与知识结构，认知心理学家在研究中就必须组织更加复杂的任务，而不是使用行为主义者常用的简单实验室任务。这些研究产生了 20 世纪七八十年代的流行观点，即学习者不是被动的信息接收者，而是与情境进行交互并重构他们个人的思维结构的主动的知识与技能建构者。正如雷斯尼克（Resnick，1989，p.2）所述："学习并不是记录信息的过程，而是解读信息的过程。"这里，学生就被看作意义的建构者。换句话说，知识－获取隐喻被换成了知识－建构隐喻（Mayer，1996）。譬如德科尔特和弗斯哈费尔（de Corte and Verschaffel，1987）就用解决一步简单加减法的应用题找到了支持建构主义观点的儿童学习案例。事实上，他们在一年级的儿童中观察到的解题策略种类繁多，其中大部分都不是学校教的，换言之，它们都是儿童自主建构的。例如，为了解决"彼得有一些苹果，他给了安 5 个苹果后，还有 7 个苹果，那么一开始他有几个苹果？"这样的问题，一部分儿童会先估计初始时的苹果数量，然后用它减去5 看看结果是不是 7，通过一系列自创的试误方法解决这个问题。越来越多的证据支持学习的建构本质，诸如皮亚杰（Piaget，1955）（附录）和布鲁纳（Bruner，1961）（附录）这样的知名学者的研究也支持这种观点。

建构主义有许多不同的学派（Phillips，1995；Steffe and Gale，1995）。与教育相关的学派就有激进建构主义与中立建构主义。激进建构主义者认为，所有的知识完全是特异性的认知建构产物，而不是"外界事实"

的反映。中立建构主义者则认为，学习者通过与外界环境的事实比较，最终建构出与外界环境一样的认知架构，而这一建构过程可以被教学所引导。但所有的建构主义视角都同意以学习者为中心的教育方法，认为教师应作为指导学生学习的认知导航仪，而不是知识传送器。

社会建构主义

20 世纪后期，强调环境，尤其是社会交互的重要作用的"情境认知学习"的出现进一步加强了建构主义对于学习的理解（Brown，Collins and Duguid，1989；Greeno，1989）。这在很大程度上受到维果茨基（Vygotsky，1978）（附录）观点的影响，同时也因为人类学与人种学研究的开展（如 Rogoff and Lave，1984；Nunes，Schliemann and Carraher，1993），认知与学习的信息处理建构观点受到越来越多的批判。主要批判意见在于这一观点将认知与学习视为封闭的人脑中所发生的过程，认为知识是自给自足独立于所开展的学习环境的。在新的范式中，认知与学习被视为个体与环境交互的活动，知识在环境中被理解，"它是发展和被应用的活动、情境与文化中的一个部分"（Brown et al.，1989，p. 32）。

这样，认知就被视为某种背景下的交互关系，而不是个体的思想活动（Greeno，1989）。这就产生了学习的新隐喻："参与"（Sfard，1998）和"社会协商"（Mayer，1996）。莱夫、默托和德拉罗恰（Lave，Murthaugh and de la Rocha，1984）的研究最能够证明真实情境中认知的本质。他们的研究涉及一个减肥项目中购物、计划以及制作减肥餐的过程。这项研究的主要发现是，参与者在解决超市购物的数学问题上几乎毫无纰漏，而他们在使用纸笔的传统考试中解决同类问题时，错误却层出不穷。

不断发展的学习概念

在整个 20 世纪，学习的概念经历了如上所述的重要发展。行为主义者认为学习是被不断强化的反应。这一观点随着认知心理学的问世，得到了根本性的改变。认知心理学注重信息处理的作用，将学习视为主动的知识获取过程，将学习者视为意义建构者，对他们积极作用的关注产生了学习的"知识建构"隐喻。20世纪末，这种建构主义的视角通过强调学习和认知所发生的情境的作用得到补充，社会建构主义则将学习视为"参与"或"社会协商"。最后的观点就构成了目前主流的学习观点。在这种观点下，学习者内部发生的心理过程包括两个方面：一方面学习受到社会和情境的影响，另一方面这种关联是相互的，对双方都是平等的（Cobb and Yackel，1998）。这样，社会建构主义的观点就与赋予社会与文化不同等级的"社会－文化观"区分开来了。

学习理论与教育实践：尴尬的关系

教育的主要目的是促进学生学习。因此，随着对学习的科学研究的出现，人们就愈发希望它能够引领教学实践与学习材料的完善。现在我们就来验证上面提到的学习观点是否以及在何种程度上满足了这一期望。

德科尔特、弗斯哈费尔和马苏（de Corte，Verschaffel and Masui，2004）认为，所谓的"教育学习理论"（Bereiter，1990）应该由以下四个部分组成：

- 需要获得的能力；
- 追求和实现这些能力所需的学习过程；
- 开始和维持这些学习过程的原则与指南；
- 能够检测并完善学习过程的评估方法。

因此，任何与教学实践相关的学习理论，都应该包含上面这些部分。桑代克的联结主义理论与斯金纳的操作性条件反射理论都在很大程度上满足了这些要求。他们的理论都有配套的获得特定能力的方法，以此解释学习是如何发生的，以及教学和干预所需的条件（Resnick，1983）。

然而这些行为主义的理论无法从实质上影响教育实践。从上述两者的角度出发的研究数不胜数，但是这些实验往往在受控的实验室环境中进行，使用非学习情境中的，通常是人造的甚至是无意义的学习任务和材料（例如，无意义的文字或音节）。一边是研究所设置的任务和情境，另一边是复杂的真实教学，两者之间存在着巨大的鸿沟。对于诸如复杂概念知识的教与学，或者培养思考和推理技能这些问题，联结主义理论与操作性条件反射理论都未做出任何实质性贡献。贝利纳（Berliner，2006）对联结主义理论有如下评价："桑代克的研究是不朽的，但方向是错的。他在20世纪将严谨的科学方法带入了教育研究之中，使教育心理学在教育界中占有一席之地的同时，也带领着我们完全脱离教育实践。"

相比行为主义，格式塔心理学与符茨堡学派在促进对教育应该培养学生的思维能力的理解方面做出不少贡献。韦特海默（Wertheimer，1945）对学生高效思考的研究，泽尔茨（Selz，1913）对问题解决的研究都是很好的证明。例如泽尔茨致力于找出适合解决特定问题的有效方法。一旦找到这种方法，它们就能被个体学习，教师就能够而且应该帮助学生获取这些方法。但这个美好的愿景并没有得到相关的研究评估，也没怎么实施。上述情况普遍适用于格式塔心理学与符茨堡学派的教育应用。教育学习理论的主要部分（即能力的组成结构，有效学习的过程，支持过程的指南以及评估方法）基本缺失，即便有也非常粗糙，这就阻碍了学习对于思维能力的促进，所涉及的干预方法也无法引导与支持这样的学习（Resnick，1983）。

这与美国早期的认知心理学对学习的理解十分相似。在行为主义时代，对学习的研究主要在心理学领域中开展，而随着认知心理学的产生，研究的重点也有转变。信息处理的路径致力于理解人类能力的内部生成过程与所包含的知识架构，要达到这个目的就必须使被试面对足够复杂的任务，以此引发预期的信息处理活动。这样一来，研究中所使用的任务和问题就更接近以学科为主导的学校课程教学中所使用的内容（Resnick，1983）。然而，由于研究的主要目的是揭示心理过程与知识架构，对于要获得能力的学习的研究就又被当作研究背景了（Glaser and Bassok，1989）。

这种情况终于在20世纪末发生了改变。首先，20世纪70年代和80年代理解知识架构、技能以及专家行为内部过程的研究取得了重要进展，人们对获得这些能力所需的学习过程重新产生了兴趣，并因此对支持这一过程的教学安排产生了兴趣。其次，兴起的社会建构主义的观点强调社会交互中情境的重要性，这就激发了人们对于复杂的真实课堂研究的关注（Greeno et al.，1996）。

随着上述这些理论的发展，对教育中学习的研究也就在这 20 年中经历了巨大的变化。由于关注真实课堂的教与学，且用到了大量的定量以及定性研究方法，与行为主义研究相比，这些研究与教育有着更多的关联。事实上，它们极大地促进了我们对于学生在学校的不同学科领域中的学习的理解，也有助于我们了解促进有效学习的教学方法。这些内容在 1996 年（Berliner and Calfee，1996）与 2006 年（Alexander and Winne，2006）出版的两本《教育心理学手册》（*Handbook of Educational Psychology*），还有《剑桥学习科学手册》（*Cambridge Handbook of the Learning Science*）（Sawyer，2006）中有很好的记录和说明。例如，对数学学习的研究产生了许多关于问题解决知识与相关技能的深度解析，以及对于学生解答数学题所面对的困难的了解。这一研究的成果是提出了设计关于问题解决以及开发监控学与教的评估工具的创新学习环境的指导方针（de Corte and Verschaffel，2006）。

尽管有不少上述发展，但对于如贝利纳（Berliner，2008）所提到的研究与实践之间"大鸿沟"的抱怨，如今仍然比比皆是。学科带头人自身也非常清楚这种处境。例如，美国教育研究协会（AERS）1994 年的年会上，布朗（Ann Brown）在她的就职致辞上说："本世纪中我们对学习与发展的理解取得了巨大的进步。但是大多的教学实践还没有机会将这些发展融入其中。"（Brown，1994，p.4；参见 Weinert and de Corte，1996）。就在最近，贝利纳（Berliner，2008，p.306）指出："20 世纪末才开始有对真实情境中的学习的像样的研究（Greeno et al.，1996），但可悲的是，即使是这些研究似乎也对教学实践没什么影响。"

正如上文所述，我们在自己最近的研究中发现，关于数学问题解决的教与学的理解是无法轻松地被应用到课堂实践中的，即使被编入基于新课改的教材中也难以奏效（Depaepe，de Corte and Verschaffel，2007）。这不应该被实践者（教师）视为研究结果应用的失败；消除"研究−实践"鸿沟需要教育系统的所有参与人员——研究者、政策制定者与实践者——共同努力才可以实现（de Corte，2000）。

这种旷日持久的"研究－实践"间的尴尬关系的起因是什么？贝利纳（Berliner，2008）给出了一个对于"大鸿沟"的启发性分析。纵观教育史，对于教学是什么的一般理解是相对稳固的，这就使教师的行为难以发生改变。课堂是多元化的和复杂的，这使得我们无法将研究结果转化成符合所有课堂并且在实践中普遍有效的教学"配方"。教育心理学的创始人之一威廉·詹姆斯（William James）早在 1899 年就说过，心理学是一门科学，而教育是一门艺术，科学自身并不能产出艺术。近几年，艾斯纳（Eisner，1994）也认为，教学是无法被常规和惯例所主宰的艺术，但会被教学质量和教学中无法预料的突发事件所影响。

虽说好的教学在某种程度上是艾斯纳所描述的艺术，但这并不能阻碍优秀的学习理论与教育实践相联系（National Research Council，2005）。学习理论可以给教师提供一个有用的框架，帮助教师对课程、教材和其他材料以及自身行为进行反思。即便一个好的理论不能为课堂应用提出具体方案，但只要将学生人数和特殊环境考虑在内，它的原理就可被教师们灵活地、自发地运用在他们教育实践准则的设计和执行中。

消除学习的理论、研究与教育实践的鸿沟，不仅给教育研究者和教育者带来了共同的挑战，也为能够通过创造相关条件来填补这一"大鸿沟"的政策制定者带来了挑战。这个问题十分重要，我将在本章的最后部分对它进行深度讨论。

目前对学习的理解

布兰斯福德等人（Bransford et al.，2006）将学习研究划分为以下三大部分：

- 内隐学习与脑；
- 非正式学习；

- 设计正式学习和其他学习。

在**内隐学习**中，人们不费吹灰之力就能获取信息，有时候甚至意识不到自己的学习——幼童的语言习得就是个好例子。**非正式学习**会在家中、游乐场中、博物馆中、同伴当中或其他"非权威且非持续的，但是经过设计与计划的教育性"场景中发生（Bransford et al.，2006，p.216）。非正式学习的案例包括非西方文化中不受教学形式限制但每天发生的关于学习的人种志记载（详见 Luria，1976），也包括西方文化中对数学的非正式学习的研究，例如上面引用过的关于减肥者采购和下厨活动的研究（Lave et al.，1984）。**设计正式学习和其他学习**主要与教育情境中通过教学所发生的学习有关。布兰斯福德等人所做的研究表明，这些研究涉及"使用有关学习的知识来设计正式学习和其他学习（'其他'包括学校学习的重新设计及其与非正式学习活动的连接），并研究这些设计的结果，为学习理论发展做贡献"（Bransford et al.，2006，p.221）。

它们遵循有关正式学习的以下观点：（1）有关学习的系统化和高级的知识是至关重要的（本节主要观点）；（2）基于设计的研究（附录）是发展这些知识的适当途径；（3）重要的是激发正式学习与非正式学习之间的协同作用。

关于最后一点，美国研究委员会（National Research Council，2000）表示，学生在清醒的时间中，在学校度过的只有21%，而那79%的非学校活动中的非正式学习则通过多种途径的与成人、同伴及信息的交互不断开展。由于现代社会信息通信技术和媒体的广泛存在与影响，正式的学校教育早已不是学习的唯一资源和途径。这也难怪上学要与参加其他更具诱惑性、更有趣的活动相竞争了。因此，增强正式的创新学习环境与学生的非正式学习之间的交叉联合就变得相当重要了。这样做的方法之一是将新信息与学生先前的正式与非正式知识相联结。

适应性能力——教育与学习的终极目标

目前教育领域中的许多学者都认同一个观点，即不同学科学习与教学的终极目标是获得"适应性专长"(Hatano and Inagaki，1986；Bransford et al.，2006)或者说"适应性能力"，即将有意义条件下习得的知识与技能巧妙并创造性地应用到不同情境的能力。与它相对应的是"常规性能力"，即能够迅速准确地完成典型的学校作业，而不用去理解它们的能力。

在某领域中培养适应性能力需要一些认知、情感与动机方面的理论知识(de Corte，2007；de Corte et al.，2004)。

1. **需要结构良好的、灵活的特定领域的知识基础，**包括构成一个学科领域所需的事实、符号、概念与规则。

2. **启发式方法，**即关于问题分析与转换的搜索策略(例如将问题分解为一系列子目标，或将问题画成图表来表示)。它虽然不能保证问题得到解决，但是能够通过系统化的方法明显增加找到正确解决方案的概率。

3. **元知识，**一方面，它包括对于自身认知功能的认识，即"元认知"(例如，相信自己的认知潜能可以通过学习和努力被进一步开发)；另一方面，它还包括可以被用于促进学习的关于个人动机和情感的知识(例如，意识到自己害怕数学成绩不及格)。

4. **自律能力，**即控制个人的认知过程和行为(元认知能力或认知自律，例如对自身问题解决过程的设计与监督)以及控制个人意志过程和行为(动机自我调节，如维持注意力和动机以解决给定问题)的能力。

5. **积极的信念，**即学习者自身在一般或特定主题中，对课堂或者其他情境、领域中更具体的内容需要具有积极的信念。

这里强调适应性能力并不意味着常规性能力不重要了，相反，掌握某些常规性能力(如基本算数、拼写、技术技能)对解决各种情况下的各种问题都是至关重要的。如果复杂问题可以被机械式方法解决掉一部分的话，那就可以给学习者腾出精力来关注解决这个问题所需的高层次的认知活动。随着年龄的增长，人们也可以学会如何有效地使用他们的常规性能力。

适应性能力之所以重要，是因为它超越了上面的层次，"涉及更换核心竞争力并且不断地扩大专业知识的广度和深度的意愿与能力"(Bransford et al.，2006，p.223)。它从根本上说是将个人的知识与技能转移到新的学习任务和情境中的能力，而这么做确实是必要的(de Corte，2007；Hatano and Oura，2003）。因此，适应性能力是终身学习的核心。

将获得适应性能力作为一个重要的目标，对在学习过程中有效地获取它有重要意义。传统学校的学习领域中，学习是由教师引导的，即西蒙斯、范德林登和达菲（Simons，van der Linden and Duffy，2000b）所说的"引导式学习"——"培训者或者教师会做出一切相关决策，而学习者应该认同他们的决定。他们决定学习目标、学习策略，以及衡量学习结果的方法，也会负责反馈、判断和奖励"（p.4）。

既然适应性能力的重要组成部分是"对于个人学习与思考的自我调节能力"，很明显，教师指导或者引导的学习就并不是完成学习的唯一途径。此外，西蒙斯等人还提出了其他两种学习方式，即"体验学习"与"行动学习"。体验学习并不受教师控制，也没有先前制定的学习目标。情境、学习者的动机、学习者所接触的人、学习者发现的东西等决定了学习者能学到什么。学到什么是学习者参与活动过程的副产品。行动学习不是一种副产品，且不同于引导式学习的是，学习者在决定学习目标中起到更积极的作用。行动学习在很大程度上是由学习者自身组织和计划的。

与西蒙斯等学者（Simons et al.，2000b）一样，我也认为需要新颖的课堂实践与文化，将引导式学习实质性地转变为行动与体验学习，达到这三种学习方式的平衡，从而通过整合效果来支持适应性能力的有效获取。这种平衡，应该在需要的时候允许教师提供框架与指导，同时也应该为学生的自律学习与自主学习创造空间。它还应该为艾斯纳（Eisner，1994）所提出的"表现结果"（expressive outcomes）的达成提供可能，表现结果是在博物馆、森林等众多情境中无意识学习所达成的且未预料到的结果。

学校学习应该加入额外的学习目标，使得学习目标比传统情况下更加宏大，它应该是主动的、建构的、可累积的、自我调节的、目标导向的、情境化的、协作的，并允许不同的意义建构与知识建构的存在（de Corte，1995，2007）。这些观点参考了苏尔（Shuell，1988）的良好学习观（Mayer，2001；National Research Council，2000）。

西蒙斯等（Simons et al.，2000b）确立了一个内容更丰富的扩展清单：一方面要转变为行动学习，这需要更多的活动、更多的累积、更多的建构、更多的导向性目标、更多的诊断以及更多的学习反思；另一方面，要转变为经验学习，这又需要更多发现导向的、更多情境化的、更多基于问题的、更多基于案例的、更多社会化的以及更多由本质驱动的学习。沃斯尼阿多（Vosniadou，2001）在国际教育学院出版的"教育实践系列"的小册子《儿童如何学习》（*How Children Learn*）中总结了具有以上大部分特征的质性研究。她将这些研究结果归类为十二个"学习法则"，认为它们与教育实践高度相关：（1）积极参与；（2）社会性参与；（3）有意义活动；（4）联结新信息与先前知识；（5）有策略；（6）进行自我调节与反思；（7）重新建构先前知识；（8）致力于理解而不是背诵；（9）帮助学生学习迁移；（10）花时间实践；（11）注重发展性与个体性差异；（12）创造有动机的学习者。

有效学习：建构、自我调节、情境化与协作（CSSC 学习）

我们不可能综述所有的特性与原则来引导、支持学生获取适应性能力，而我本人更注重四个关键的特征，即学习是建构的、自我调节的、情境化的以及协作的。框注 2.1 中的四个案例能很好地说明这些问题。

框注 2.1　四个描述有效学习特征的案例

案例 1

小学生解一道简单的减法题：543-175 = 432。学生是如何得出这个错误的结果的呢？

案例 2

在巴西的累西腓（Recife），一个人从 12 岁的小贩手里以每个椰子 35 克鲁塞罗（Cruzeiros，巴西货币单位。——译者注）的价格买了 10 个。小贩很快通过下面的方式算出总价："3 个椰子 105 克鲁塞罗，再加 3 个是 210 克鲁塞罗，再加 4 个，那就是……315……那就是 350 克鲁塞罗。"

当他在学校中解决传统教科书中的问题时，他做得比他在街上卖椰子

时差多了。在班上他并没有使用他在街上所熟练使用的方法，而是试图应用在学校没学好的正式算法来解决这个问题（摘自 Nunes et al., 1993）。

案例 3

为了提升五年级学生的阅读能力，任课教师决定配合语文教学新课标教 4 个阅读策略：激活先前知识，找出生字词，制作文本的示意图，以及找出文章的中心思想。教师的目的不仅是让学生可以使用这些策略，而且想让他们能够自我规范它们的使用，就是说让他们在需要的时候就能自动和自发地使用这些策略。

在学习这些策略的开始阶段，教师在全班做了这个策略有何作用和如何使用的详细示范。然后，通过全班阅读小短文并讨论的形式实践这一策略。在这一阶段，策略的使用过程仍然受教师"文中有没有生难词？"之类的问题所调控。但是学习者要自己动手执行策略。

在下一阶段，学习者被分到 3—4 人的小组中，在教师的指导下应用这些策略。这一阶段以每组组员轮流组织讨论的形式进行。学习者不仅要动手执行策略，也要对策略的调控负责。教师仍然在需要的情况下给予支持和帮助，但更注重激发学生对策略的使用及研讨反思。

案例 4

为了与科索沃的时事相关联，教师在初中三年级某 25 人班级中开展了关于巴尔干地区局势的项目。班里的一名学生有阿尔巴尼亚血统，他的父母是几年前从科索沃移民到比利时的。

学生被分成 5 个研究小组，每组 5 人。每一组对巴尔干地区的研究角度都不同：（1）政治的，（2）社会的，（3）经济的，（4）文化的，（5）宗教的。

当研究小组通过几节课的时间准备就绪后，这个班被重新分配成学习小组。每一组中都有 5 个不同研究小组的代表组员。每一个学习小组通过将他们 5 方面的知识进行整合与研讨，使所有的学生都学到了有关巴尔干地区的全球局势与问题所在。

学习是建构的

如今，建构主义学习观在教育心理学领域多少达成了共识（例如，Phillips，2000；Simons et al.，2000a；Steffe and Gale，1995）。但是这到底意味着什么？有确凿证据证明，学习在某些方面始终是建构性的，即使在以指导为主的学习环境中也一样。这是通过对传统数学课之中的错误概念（如"相乘就变大"）与有缺陷的程序性技能（例如，案例1）的研究被严谨证明了的。正如波多野（Hatano，1996，p.201）所述："希望教过以后学生就掌握是不太可能的。"

建构主义视角的核心强调了学生在与环境互动获取知识和技能的过程中所付出的意志和努力。这一点在案例2对巴西街头少年烦琐但不失精准的计算过程的描述，以及在前面介绍建构主义中一年级学生解决简单应用题的解题策略案例中也都得到了很好的说明。

然而建构主义的学派如此之多，以至于相关文献融合了各种理论和认识论的观点，正如菲利普斯（Philips，1995）在他的文章《好的，坏的，丑陋的：建构主义的多面性》（The Good，the Bad，and the Ugly：The Many Faces of Constructivism）之中所述。这一特征时至今日仍然存在，所以到目前为止，仍没有一个全面的、以研究为基础的建构主义学习理论。目前，这一领域的发展要求我们继续进行理论和实证的研究，提供能够促进知识获取、认知、自我调节能力发展以及适应性能力发展的有效组织的建构学习过程，以拥有对其更深刻的理解和更精细的分析。我们需要进行更多的教学的角色和本质的研究，才能组织这样的学习。

学习是自我调节的

作为过程而不是结果的建构主义学习也是"自我调节"的。这就表明，"学习过程中，个体是在元认知、动机与行为上都非常积极参与的"（Zimmerman，1994，p.3）。虽然教育中有关自我调节的研究仅仅开展了25年，但已有了大量的研究与理论工作并得出了许多有意思的结论（Boekaerts，Pintrich and Zeidner，2000；National Research Council，

2000，2005；Simons et al.，2000a）。

第一，我们已知学习者自我调节的主要特点是能很好地管理学习时间，设定较高的近期学习目标，进行更频繁和准确的自我监控，设定让自我满意的高标准，有更强的自我效能感，不畏困难，勇于坚持。第二，自我调节与学术成就密切相关。这一点已经在不同学科中被证实（Zimmerman and Risemberg，1997）。第三，对最新教学实验的元分析令人信服地指出，如框注 2.1 中的案例 3 一样，自主调节能力可以通过小学和中学阶段合理的指导获得有效提升（Dignath and Büttner，2008；Dignath，Buettner and Langfeldt，2008；Boekaerts et al.，2000）。最近，安德森（Anderson，2008）的重要研究表明，后进生的学习与成绩可以通过由教师对其进行自我调节技能培养而大大提高。

目前，还要对学校学习中的有效自我调节，学生自我调节技能的发展过程，以及学生在何种教学环境中才能成为自我调节的学习者进行进一步的研究，以对其有更好的了解。也就是说，在学生如何应对与监控他们的知识建构与技能获取，如何将（教师的）外部监管转换为自我调节这些方面，还需要有更多的了解。

学习是情境化的

教育研究者们也公认，建构与自我调节的学习在情境中发生，学习应该在情境中被研究，也就是说在学习发生的社会、自然环境和文化环境之中被研究（Kirschner and Whitson，1997；National Research Council，2000，2005）。20 世纪 80 年代末，情境认知与学习范式成为研究的焦点。这是对学习与思考是个性化的、在人脑中发生的纯粹的认知过程这一观点的回应，它认为学习是在交互中产生的（Brown et al.，1989）。这一情境观强调学习主要发生在交互中，并且要在社会和文化情境的参与之中发生（Bruner，1996；Greeno et al.，1996）。案例 2 也说明了这个问题，巴西街头卖椰子的小孩在工作的时候通过自创的计算法则思考。而在数学教学中，这种情境观点引发了更真实的数学教学（de Corte et al.，1996）。

情境认知观点和其他观点一样也饱受批判。出于一些不准确或夸大的不合适的教育课程研究（Anderson，Reder and Simon，1996）以及对学习中知识的作用的贬低，至少是没有正确对其进行定位等原因，它被认为只不过是"一种'随意配对'的观点"（Gruber，Law，Mandl and Renkl，1995）。因此，就需要开展进一步的理论探索与实证研究将认知心理学理论和情境理论中的优点相结合（Vosniadou，1996）。

学习是协作的

学习的协作本质与强调学习社会性的情境理论密切相关。有效学习并不是个体的单独行为，而在本质上是涉及学生个体、学习环境中的他人、资源、技术以及可用工具的分布式学习（Salomon，1993）。将学习理解为社会性过程对于社会建构主义也十分重要，如果抛开它几近理想化的知识建构过程，它就意味着个体不过是在获取共享的概念与技巧罢了（Ernest，1996）。一些学者认为社会交互是不可或缺的，例如，作为个体知识建构的数学学习要通过交互、沟通和合作展开（Wood，Cobb and Yackel，1991）。

现有研究足以证明协作学习对学业成绩的积极影响（斯莱文，本书；Lehtinen，2003；Salomon，1993；van der Linden，Erkens，Schmidt and Renshaw，2000）。这就意味着课堂上应该出现更多的社会交互，而尽量少关注传统的个体学习。然而，应当注意不要走向另一个极端：协作与交互的学习不能彻底抛弃传统的个体学习。分布式认知与个体认知在高效的学习中会有交互（Salomon and Perkins，1998；Sfard，1998），在小组交互的协作学习之中也还有数不清的问题尚待解答（Salomon and Perkins，1998；Sfard，1998）。举例来说，我们需要更好地理解小组活动对学生学习和思维的影响方式，小组协作中个体差异所扮演的角色，以及合作学习的机制（van der Linden et al.，2000）。

除了以上四个主要学习特征之外，我还要简述两个观点：学习是"**可累积的**"，"**互不相同的**"。"累积"表明了在建构过程中，学生能够不断发展并在已知基础上建构新的知识和技能。奥苏贝尔（Bavid Pawl Ausubel）早在1968年就提出，影响学习的最重要单项因素就是学习者的先前知识。这一说法已经被研究所证明，学习结果的差异会受到先前知识30%—60%的影响（Dochy，1996）。先前知识的重要性把正式学习与非正式学习相关联的价值凸显了出来。

学习是互不相同的，这表明学生之间的学习过程与学习结果在很多因素上都有所不同。先前知识就是这些因素中的一个，类似的因素还有能力、学生对学习的理解、学习风格与策略、个人兴趣、动机、自我效能感以及情感等。因此鼓励和维持有效学习，就意味着学校应该尽可能地进行适应性教育（Glaser，1977），以此来解决这些差异问题。

对于建构主义的批判

上文中对如何理解学习的描述，大体上是社会建构主义的观点，尽管其加入并整合了**知识获取**和**参与**的内容，即学习的个体与社会角度。然而，尽管现有文献较为支持 CSSC（即建构的、自我调节的、基于情境的、协作的）学习（更详细的综述请参见 Bransford et al.，2006；National Research Council，2000，2005），这一建构主义观点还是受到了不少批判。基施纳、斯韦勒和克拉克（Kirschner，Sweller and Clark，2006）认为，建构主义过分依赖发现学习，而且只给学生最低程度的指导，无视人类的认知结构并造成了工作记忆的认知负荷。这些学者都希望直接教学能够重返舞台。

这些批判认为纯探究不能产生最好的学习效果的观点是正确的，正如迈耶（Mayer，2004）在对过去 15 年的文献进行综述时曾经提到过的那样。但是，他们错误地将建构学习等同于发现学习了。学习作为积极建构的过程，并不意味着学生的知识和技能建构不需要来自教师、同伴或者教育媒介提供的合适的模型、教学与脚手架式的引导（Collins，Brown and Newman，1989）。事实上，迈耶 2004 年的综述表明，有指导的发现学习比直接教学有更好的学习结果。他指出，一个好的创新学习环境一定要在发现、个人探究与系统化教学和指导之间找到平衡点，同时要对学习者个体的能力、需求和动机差异保持敏感。

教师的外部监管与学生的自我调节之间的关系，会随着学习者的学习经历有所改变——随着能力的增长，自我调节的成分会越来越多，而明显的教学监管的比例会相应降低。如果设计学习环境时遵循这些原则，就会防止认知负荷过载，产生促进有效学习的"相关认知负荷"（Schmidt, Loyens, van Gog and Pass，2007）。

框注 2.2 介绍了班级层面的学习环境设计是如何将 CSSC 学习理念融入进去的。

框注 2.2　有关小学数学问题解决的 CSSC 教室学习环境

项目目标：设计与评估应用 CSSC 学习方法促进五年级数学课中学生适应性能力发展的创新学习环境。将 CLIA 模型（能力、学习、干预、评估模型）（de Corte et al.，2004）作为指导框架。该项目要设计的学习环境如下：4 名参与教师在 4 个月期间要教授一系列课程共 20 节。培养的能力为：学生获取解决数学问题的自我调节策略的能力。它还包含 5 个阶段：（1）在头脑中建构问题的表征；（2）确定解决方案；（3）进行必要的计算；（4）解释得到的结果，形成答案；（5）评价这一解答策略。在这一策略中包含了一系列共 8 个启发策略（包括画图，区分相关和无关信息等）。

学习与干预：为了在所有学生中引入并执行 CSSC 学习过程，设计学习环境时需要注意以下 3 个 CSSC 学习观。

（1）使用一系列精心设计的、情景化的、复杂的和开放性的问题来替代传统教科书中的任务，具体如下例。

教师告诉学生，学校计划组织学生去荷兰著名的艾夫特琳（Efteling）游乐园玩儿，但是去那里的话太贵了，所以可能要换一个便宜点儿的游乐园。学生四人一组，每组发一份内含不同公园门票价格的文件夹。文件夹中的清单包含票价。票价在一年中的不同时段各不相同，也会跟游客年龄以及团体大小有关（个人、家庭、团体）。另外，每组都会收到一份由当地巴士公司寄给校长的传真，内容是巴士的价格信息。

小组第一个任务是确认在每个学生最多只能花 12.5 欧元的限制下，他们能不能去成大本钟乐园。在他们计算出结果并发现不可能之后，小组的下一个任务就是找到同样条件下可以去的乐园。

（2）通过应用一系列的活动与交互教学技巧——尤其是小组协作和全班讨论——创建学习共同体。在授课过程中教师鼓励学生在熟练问题解决的五阶段策略中反思自己的认知与自我调节活动。随着学生在问题解决活动中越来越具有自我调节能力，教学上的支持就逐渐减少了。

（3）通过问题解决的教与学，形成了新的课堂文化，例如：讨论何种答案算得上好回答（例如，以估测值回答问题往往要好于准确值）；在数学课中重新审视教师和学生的角色（例如，以班级为整体，在教师的指导下，通过优缺点评价共同决定这些小组给出的答案中哪个是最优回答）。

评估：通过一系列的手段对学生在这个学习环境中的成就进行总结性评估。大量置入的形成性评价，使得其反馈分析能促进下一步学习与教学产生更好的效果。这一结果促使了对全班的小组中明确的问题解决策略的讨论和反思。

结论

这一学习环境对提升学生解决数学问题的能力有着显著和稳定的积极效果。

同时，启发式策略的自发使用也大幅增加。

标准化成绩测验的结果表明，本系列课程知识明显被迁移到诸如几何或测量的整个数学课程体系中。

后进生和优等生与普通生一样，都在这一学习环境中明显受益。

我们可以说，在基于CSSC的学习环境中综合一套复杂的真实问题，并使用高度交互的教学方法以及新的课堂文化，能够显著提高学生的数学解题能力。

［详情请参见费斯哈费尔等人（Verschaffel et al., 1999）的研究。］

结论及政策建议

如今的CSSC学习概念已经有了很好的实证支持。如框注2.2中总结的，它可以作为设计创新学习环境的框架被应用到各种等级的教育系统中去，小至一个班，大到整所学校都可以使用。但这种积极的结论并不应使学习与教学领域内的学者感到自满，而应该使这一群人感到刺激与挑战，促使他们在这种飞速进展下继续努力，以解决本章中揭示的许多尚未解决和澄清的复杂问题。最终目标应是制定出关于学习过程的更加通透的解释性理论，以此促进并增强学生对适应性能力的获取。

回顾 CSSC 概念的实施过程，就自然想要了解教师和学生关于学习的信念是否会随着项目开展发生改变。德科尔特（de Corte，1995）首先界定了有效学习，认为它是一种建构的、可累积的、自我调节的、目标导向的、情境化的、协作的知识与意义的建构。贝里和塞尔伯格（Berry and Sahlberg，1996）开发了工具以测量与分析英国和芬兰 5 所学校中 15 岁学生关于学习的看法。主要的结论就是，大多数学生坚守的知识传输模型比较难与 CSSC 概念相搭配。他们总结道："我们的学生对于学习和学校的理解，反映了教育实践是多么死板和封闭。"（p.33）

贝里和塞尔伯格还认为，这一结论也与其他类似的教师和成人学生的研究结果相照应。因此，我们需要认识到学生与教师的学习信念可能会严重阻碍 CSSC 学习策略的实施，上面提到的教师行为中由来已久的死板观念会造成更多不利影响（Berliner，2008）。改变观念自身就构成了重大的挑战。

缩小"大鸿沟"、解决理论研究与教育实践的尴尬处境、持续构建 CSSC 创新学习环境是对教育专家、领导和政策制定者的重大挑战。首先，要重编课程与教科书。但这是远远不够的——将新观点整合到课本中不能保证它们可以在实践中被有效使用（Depaepe et al.，2007）。研究确实表明教师会根据他们固有经验来解释新观点（Remillard，2005），他们对于学习与教学的信念往往是十分传统的。这就很容易将创新的观点吸收到已有的传统课堂实践中。此外，范德比尔特大学的认知科技小组提出，通常要求教师所做的改变"太过于复杂，以致不能在培训班被简明扼要地教给教师，因而他们一旦回到各自的岗位就又处在孤立的状态了"（Cognition and Technology Group at Vanderbilt，1997，p.116）。

如此看来，对学校领导和教师进行专业培训十分有必要，以达到对"高保真"的创新学习环境与材料的应用，这样才能改变占据主导地位的学习观念和看法。教师观念的改变可以通过迭代过程被进一步促进，因为在迭代中他们的现有观点会与成功的实践起冲突（Timperley，2008；National Research Council，2000）。

最后，CSSC 学习概念的稳定执行，需要学校周边的社会的支持和理解（Stokes，Sato，McLaughlin and Talbert，1997），这是为了避免杜威1916 年就说过的"学校孤立"现象的重现。如果我们想将学校里的正式学习与校外的非正式学习建立协同关系，这一点就成了重中之重。

附　　录

瑞士心理学家以及认识论专家**让·皮亚杰**（Jean Piaget，1896—1980）根据他对儿童完成智力任务的观察和对儿童的访谈，提出了认知发展理论中最具影响力的理论。根据他的理论，人类的认知发展要经历四个阶段：感知运动阶段（0—2 岁），前运算阶段（2—7 岁），具体运算阶段（8—11 岁），形式运算阶段（11—14 岁）。对于本章尤为重要的一点在于，皮亚杰认为儿童的知识并不是对外部现实的单纯复制；恰恰相反，儿童通过对实体、社会以及概念对象的操作来自主地构建知识（de Ribaupierre and Rieben，1996）。

杰罗姆·布鲁纳（Jerome Bruner，1915—2016）（在本书英文版出版之后，布鲁纳已于 2016 年过世。——译者注）是 20 世纪最具影响力的美国教育心理学家之一，在美国从行为主义到认知主义转化的运动中起到了非常大的作用。受皮亚杰的影响，他将思维分成三种模式：动作、形象和符号。与皮亚杰不同，他并没有将每一模式划定到儿童发展的特定阶段内，而是认为每个模式在整个发展阶段中都存在，但是不同的模式主导着不同的发展阶段。他将知识视为建构出的实体的观点以及他所提倡的发现学习为建构主义的产生做出了很大的贡献。后来，他受到维果茨基（Lev Vygotsky）的文化历史发展观的影响越来越大，其结果就是认为心智潜力的充分发展需要学习者参与到社会和文化活动中去（Bruner，1996）。

列夫·维果茨基（1896—1934），俄罗斯心理学家，与皮亚杰同时代但英年早逝，去世时享年 38 岁。自从他的文化历史理论（又名"社会历史理论"）在 20 世纪 70 年代被介绍到美国和欧洲之后，他在西方发展与教育心理学领域就一直非常有影响力。他的研究重点在于高级心理机能的发展，例如思维、推理和问题解决。他的基本思想是只有在儿童经历和参与的历史与文化情境中才能了解儿童认知发展的机制。与皮亚杰不同，维果茨基的理论体现了在认知发展过程中儿童所处的社会环境所起的重要作用，尤其是面对面互动与语言交流对儿童的认知发展的重要作用（Vygotsky，1978）。

不同于试图通过限定条件来了解学习是如何发生的实验研究，**基于设计的研究**更注重教学干预的设计、实施和评价过程。基于设计的研究旨在促进校内（教学）实践的创新，而不仅仅是制定和评估特定的干预措施。这种方法试图对教学中的学习进行理论建构，并且进行基于"特定教育目标的最优化课程应包含何种教学过程"这种理论概念的学习环境设计。在递归循环分析与理论重构中，学习活动的评估与学生成绩要么支持最初的理论概念，要么就被用来修订理论（de Corte，Verschaffel and Depaepe，出版中；The Design-Based Research Collective，2003）。

参 考 文 献

Alexander, P. A. and P. H. Winne (eds.) (2006), *Handbook of Educational Psychology* （2nd edition), Mahwah, NJ: Lawrence Erlbaum Associates.

Anderson, J. R., L. M. Reder and H. A. Simon (1996), "Situated Learning and Education", *Educational Researcher*, Vol. 25, No. 4, pp. 5-11.

Anderson, L. (2008), "Successful School Programs for Disadvantaged Students", paper presented at a meeting of the International Academy of Education organized at the University of Athens, Athens, Greece, September.

Ausubel, D. P. (1968), *Educational Psychology: A Cognitive View,* New York: Holt, Rinehart and Winston.

Bereiter, C. (1990), "Aspects of an Educational Learning Theory", *Review of Educational Research,* Vol. 60, No. 4, pp. 603-624.

Berliner, D. C. (2006), "Educational Psychology: Searching for Essence throughout a Century of Influence", in P. A. Alexander and P. H. Winne (eds.), *Handbook of Educational Psychology* (2nd edition), Mahwah, NJ: Lawrence Erlbaum Associates.

Berliner, D. C. (2008), "Research, Policy, and Practice: The Great Disconnect", in S. D. Lapan and M. T. Quartaroli (eds.), *Research Essentials: An Introduction to Designs and Practices*, Hoboken, NJ: Jossey-Bass, pp. 295-325.

Berliner, D. C. and R. C. Calfee (eds.) (1996), *Handbook of Educational Psychology,* New York: Macmillan.

Berry, J. and P. Sahlberg (1996), "Investigating Pupils' Ideas of Learning", *Journal of Learning and Instruction*, Vol. 1, No. 6, pp. 19-36.

Bigge, M. L. (1971), *Learning Theories for Teachers* (2nd edition), New York: Harper and Row.

Boekaerts, M., P. R. Pintrich and M. Zeidner (2000), *Handbook of Self-Regulation,* San Diego: Academic Press.

Bransford, J., N. Vye, R. Stevens, P. Kuhl, D. Schwartz, P. Bell, A. Meltzoff, B. Barron, R. Pea, B. Reeves, J. Roschelle and N. Sabelli (2006), "Learning Theories and Education: Toward a Decade of Synergy", in P. A. Alexander and P.H. Winne (eds.), *Handbook of Educational Psychology* (2nd edition), Mahwah, NJ: Lawrence Erlbaum Associates, pp. 209-244.

Brown, A. (1994), "The Advancement of Learning", *Educational Researcher*, Vol. 28, No. 8, pp. 4-12.

Brown, J. S., A. Collins and P. Duguid (1989), "Situated Cognition and the Culture of Learning", *Educational Researcher*, Vol. 18, No. 1, pp. 32-42.

Bruner, J. S. (1961), "The Act of Discovery", *Harvard Educational Review*, Vol. 31, No. 1, pp. 21-32.

Bruner, J. S. (1996), *The Culture of Education*, Cambridge, MA: Harvard University Press.

Cobb, P. and E. Yackel (1998), "A Constructivist Perspective on the Culture of the Mathematics Classroom", in F. Seeger, J. Voigt and U. Waschescio (eds.), *The Culture of the Mathematics Classroom*, Cambridge, UK : Cambridge University Press, pp. 158-190.

Cognition and Technology Group at Vanderbilt (1997), *The Jasper Project: Lessons in Curriculum, Instruction, Assessment, and Professional Development*, Mahwah, NJ: Lawrence Erlbaum Associates.

Collins, A., J. S. Brown and S. E. Newman (1989), "Cognitive Apprenticeship: Teaching the Crafts of Reading, Writing, and Mathematics", in L. Resnick (eds.), *Knowing, Learning, and Instruction: Essays in Honour of Robert Glaser*, Hillsdale, NJ: Lawrence Erlbaum Associates, pp. 453-494.

Corte, E. de (1995), "Learning Theory and Instructional Science", in P. Reiman and H. Spada (eds.), *Learning in Humans and Machines: Towards an Interdisciplinary Learning Science*, Oxford: Elsevier Science, pp. 97-108.

Corte, E. de (2000), "Marrying Theory Building and the Improvement of School Practice: A Permanent Challenge for Instructional Psychology", *Learning and Instruction,* Vol. 10, No. 3, pp. 249-266.

Corte, E. de (2007), "Learning from Instruction: The Case of Mathematics", *Learning Inquiry,* Vol. 1, No. 1, pp. 19-30.

Corte, E. de, B. Greer and L. Verschaffel (1996), "Mathematics Teaching and Learning" in D. C. Berliner and R. C. Calfee (eds.), *Handbook of Educational Psychology*, New York: Macmillan, pp. 491-549.

Corte, E. de and L. Verschaffel (1987), "The Effect of Semantic Structure on 1st-graders Strategies for Solving Addition and Subtraction Word Problems", *Journal for Research in Mathematics Education*, Vol. 18, No. 5, pp. 363-381.

Corte, E. de and L. Verschaffel (2006), "Mathematical Thinking and Learning", in K. A. Renninger and I. E. Sigel (Series Eds), W. Damon, R.M. Lerner (Eds-in-Chief.), *Handbook of Child Psychology, Volume 4: Child Psychology and Practice* (6th edition.), Hoboken, NJ: John Wiley and Sons, pp. 103-152.

Corte, E. de, L. Verschaffel and C. Masui (2004), "The CLIA-Model: A Framework for Designing Powerful Learning Environments for Thinking and Problem Solving", *European Journal of Psychology of Education*, Vol. 19, No 4, pp. 365-384.

Corte, E. de, L. Verschaffel and F. Depaepe (in press), "Enhancing Mathematical Problem Solving in Upper Primary School Children: Lessons from Design Experiments", in O. A. Barbarin and B. Wasik (eds.), *The Handbook of Developmental Science and Early Education, Volume III: Teaching Math and Scientific Inquiry in Early Childhood,* New York: Guilford Publications, Inc.

Depaepe, F., E. de Corte and L. Verschaffel (2007), "Unravelling the Culture of the Mathematics Classroom: A Video-Based Study in Sixth Grade", *International Journal of Educational Research*, Vol. 46, No. 5, pp. 266-279.

Dewey, J. (1916), *Democracy and Education,* New York: Macmillan.

Dignath, C. and G. Büttner (2008), "Components of Fostering Self-Regulated Learning among Students. A Meta-Analysis on Intervention Studies at Primary and Secondary School Level", *Metacognition and Learning,* Vol. 3, No. 3, pp. 231-264.

Dignath, C., G. Buettner and H. P. Langfeldt (2008), "How Can Primary School Students Learn Self-Regulated Learning Strategies Most Effectively? A Meta-Analysis on Self-Regulation Training Programs", *Educational Research Review*, Vol. 3, pp. 101-129.

Dochy, F. J. R. C. (1996), "Prior Knowledge and Learning", in E. De Corte and F. E. Weinert (eds.), *International Encyclopaedia of Developmental and Instructional Psychology,* Oxford, UK : Elsevier Science, pp. 459-464.

Eisner, E. W. (1994), *The Educational Imagination: On the Design and Evaluation of School Programs* (3rd edition), New York: Macmillan.

Ernest, P. (1996), "Varieties of Constructivism: A Framework for Comparison", in L. P. Steffe, P. Nesher, P. Cobb, G. A. Goldin and B. Greer (eds.), *Theories of Mathematical Learning*, Mahwah, NJ: Lawrence Erlbaum Associates, pp. 335-350.

Frijda, N. H. and A. D. de Groot (eds.) (1981), *Otto Selz: His Contribution to Psychology*, The Hague, The Netherlands: Mouton Publishers.

Gardner, H. (1985), *The Mind's New Science,* New York: Basic Books.

Glaser, R. (1977), *Adaptive Education: Individual Diversity and Learning,* New York: Holt, Rinehart and Winston.

Glaser, R. and M. Bassok (1989), "Learning Theory and the Study of Instruction", *Annual Review of Psychology*, Vol. 40, pp. 631-666.

Greeno, J. G. (1989), "A Perspective on Thinking", *American Psychologist*, Vol. 44, No. 2, pp. 134-141.

Greeno, J. G., A. M. Collins and L.B. Resnick (1996), "Cognition and Learning", in D. C. Berliner and R. C. Calfee (eds.), *Handbook of Educational Psychology*, New York: Macmillan, pp. 15-46.

Gruber, H., L. C. Law, H. Mandl and A. Renkl (1995), "Situated Learning and Transfer", in P. Reimann and H. Spada (eds.), *Learning in Humans and Machines, Towards an Interdisciplinary Learning Science*, Oxford, UK : Elsevier Science Ltd, pp. 168-188.

Hatano, G. (1996), "A Conception of Knowledge Acquisition and Its Implications for Mathematics Education", in L. P. Steffe, *et al.* (eds.), *Theories of Mathematical Learning,* Mahwah, NJ: Lawrence Erlbaum Associates, pp. 197-217.

Hatano, G. and K. Inagaki (1986), "Two Courses of Expertise", in H. A. H. Stevenson and K. Hakuta (eds.), *Child Development and Education in Japan*, New York: Freeman, pp. 262-272.

Hatano, G. and Y. Oura (2003), "Commentary Reconceptualising School Learning Using Insight from Expertise Research", *Educational Researcher*, Vol. 32, No. 8, pp. 26-29.

James, W. (1899/1983), *Talks to Teachers on Psychology and to Students on Some of Life's Ideal,* Cambridge, MA: Harvard University Press.

Kirschner, D. and J. A. Whitson (eds.) (1997), *Situated Cognition: Social, Semiotic, and Psychological Perspectives*, Mahwah, NJ: Lawrence Erlbaum Associates.

Kirschner, P. A., J. Sweller and R. E. Clark (2006), "Why Minimal Guidance during Instruction does not Work: An Analysis of the Failure of Constructivist, Discovery, Problem-Based, Experiential, and Inquiry-Based Teaching", *Educational Psychologist*, Vol. 41, No. 2, pp. 75-86.

Knoers, A. (1996), "Paradigms in Instructional Psychology", in E. de Corte and F. E. Weinert (eds.), *International Encyclopaedia of Developmental and Instructional Psychology*, Oxford, UK : Elsevier Science, pp. 317-321.

Lave, J., M. Murthaugh and O. de la Rocha (1984), "The Dialectic of Arithmetic in Grocery Shopping", in B. Rogoff and J. Lave (eds.), *Everyday Cognition: Its Development in Social Context*, Cambridge, MA: Harvard University Press, pp. 67-94.

Lehtinen, E. (2003), "Computer-Supported Collaborative Learning: An Approach to Powerful Learning Environments", in E. de Corte, *et al.* (eds.), *Powerful Learning Environments: Unravelling Basic Components and Dimensions* (Advances in Learning and Instruction

Series.), Oxford, UK : Elsevier Science Ltd, pp. 35-53.

Luria, A. R. (1976), *Cognitive Development: Its Cultural and Social Foundations,* Cambridge, MA: Harvard University Press.

Mayer, R. E. (1996), "History of Instructional Psychology", in E. De Corte and F. E. Weinert (eds.), *International Encyclopaedia of Developmental and Instructional Psychology,* Oxford, UK , Elsevier Science Ltd, pp. 26-33.

Mayer, R. E. (2001), "Changing Conceptions of Learning: A Century of Progress in the Scientific Study of Education", in L. Corno (ed.), *Education across a Century: The Centennial Volume. Hundredth Yearbook of the National Society for the Study of Education*, Chicago, IL: National Society for the Study of Education, pp. 34-75.

Mayer, R. E. (2004), "Should There Be a Three-Strikes Rule against Pure Discovery Learning", *American Psychologist,* Vol. 59, No. 1, pp. 14-19.

National Research Council (2000), *How People Learn: Brain, Mind, Experience, and School,* J. D. Bransford, A. L. Brown and R. R. Cocking (eds.), Committee on Developments in the Science of Learning and Committee on Learning Research and Educational Practice, Washington, DC: National Academy Press.

National Research Council (2005), *How Students Learn: History, Mathematics, and Science in the Classroom.* Committee on How People Learn, a Targeted Report for Teachers, M. S. Donovan and J. D. Bransford (eds.), Division of Behavioural and Social Sciences and Education, Washington, DC: National Academy Press.

Nunes, T., A. D. Schliemann and D. W. Carraher (1993), *Street Mathematics and School Mathematics,* Cambridge, UK : Cambridge University Press.

Phillips, D. C. (1995), "The Good, the Bad, and the Ugly: The Many Faces of Constructivism", *Educational Researcher*, Vol. 24, No. 7, pp. 5-12.

Phillips, D. C. (ed.) (2000), "Constructivism in Education: Opinions and Second Opinions on Controversial Issues", *Ninety-Ninth Yearbook of the National Society for the Study of Education, Part I,* Chicago, IL: National Society for the Study of Education.

Piaget, J. (1955), *The Child's Construction of Reality,* London: Routledge and Kegan Paul.

Remillard, J. T. (2005), "Examining Key Concepts in Research on Teachers' Use of Mathematics Curricula", *Review of Educational Research*, Vol. 75, No. 2, pp. 211-246.

Resnick, L. B. (1983), "Toward a Cognitive Theory of Instruction", in S. G. Paris, G. M. Olson and H.W. Stevenson (eds.), *Learning and Motivation in the Classroom*, Hillsdale, NJ: Erlbaum.

Resnick, L. B. (1989), "Introduction", in L. B. Resnick (ed.), *Knowing, Learning, and Instruction: Essays in Honour of Robert Glaser*, Hillsdale, NJ, Lawrence Erlbaum Associates, pp. 1-24.

Ribaupierre, A. de and L. Rieben (1996), "Piaget's Theory of Human Development", in E. de Corte and F. E. Weinert (eds.), *International Encyclopaedia of Developmental and*

Instructional Psychology, Oxford, UK : Elsevier Science, pp. 97-101.

Rogoff, B. and J. Lave (eds.) (1984), *Everyday Cognition: Its Development in Social Context,* Cambridge, MA: Harvard University Press.

Salomon, G. (ed.) (1993), *Distributed Cognition, Psychological and Educational Considerations,* Cambridge, UK : Cambridge University Press.

Salomon, G. and D. N. Perkins (1998), "Individual and Social Aspects of Learning", in P. D. Pearson and A. Iran-Nejad (eds.), *Review of Research in Education,* Vol. 23, No. 1, pp. 1-24.

Sawyer, R. K. (ed.) (2006), *Cambridge Handbook of the Learning Science,* Cambridge, UK: Cambridge University Press.

Schmidt, H. G., S. M. M. Loyens, T. van Gog and F. Paas (2007), "Problem-Based Learning is Compatible with Human Cognitive Architecture: Commentary on Kirschner, Sweller and Clark (2006)", *Educational Psychologist,* Vol. 42, No. 2, pp. 91-97.

Selz, O. (1913), *Uber die Gesetze des geordneten Denkverlaufs,* Stuttgart: Spemann.

Sfard, A. (1998), "On Two Metaphors for Learning and the Dangers of Choosing Just One", *Educational Researcher,* Vol. 27, No. 2, pp. 4-13.

Shuell, T. J. (1988), "The Role of the Student in Learning from Instruction", *Contemporary Educational Psychology,* Vol. 13, No. 3, pp. 276-295.

Simon, H. A. (1979), "Information Processing Models of Cognition", *Annual Review of Psychology,* Vol. 30, No. 1, pp. 363-396.

Simons, P. R. J., J. van der Linden and T. Duffy (eds.) (2000a), *New Learning,* Dordrecht, The Netherlands: Kluwer Academic Publishers.

Simons, P. R. J., J. van der Linden and T. Duffy (2000b), "New Learning: Three Ways to Learn in a New Balance", in P. R. J. Simons, J. van der Linden and T. Duffy (eds.), *New Learning,* Dordrecht, The Netherlands: Kluwer Academic Publishers, pp. 1-20.

Skinner, B. F. (1953), *Science and Human Behaviour,* New York: Macmillan.

Steffe, L. P. and J. Gale (eds.) (1995), *Constructivism in Education,* Hillsdale, NJ: Lawrence Erlbaum Associates.

Stokes, L. M., N. E. Sato, M.W. McLaughlin and J.E. Talbert (1997), *Theory-Based Reform and Problems of Change: Contexts that Matter for Teachers' Learning and Community,* Stanford, CA : Centre for Research on the Context of Secondary Teaching, School of Education, Stanford University.

The Design-Based Research Collective (2003), "Design-based Research: An Emerging Paradigm for Educational Inquiry", *Educational Researcher,* Vol. 32, No. 1, pp. 5-8.

Thorndike, E. L. (1922), *The Psychology of Arithmetic,* New York: Macmillan.

Timperley, H. (2008), *Teacher Professional Learning and Development.* (Educational Practices Series, 18), Geneva: International Bureau of Education.

van der Linden, J., G. Erkens, H. Schmidt and P. Renshaw (2000), "Collaborative Learning", in R.J. Simons, J. van der Linden and T. Duffy (eds.), *New learning,* Dordrecht, The Netherlands: Kluwer Academic Publishers, pp. 37-54.

Verschaffel, L., E. de Corte, S. Lasure, G. Van Vaerenbergh, H. Bogaerts and E. Ratinckx (1999), *Learning to Solve Mathematical Application Problems: A Design Experiment with Fifth Graders*, Mathematical Thinking and Learning, Vol. 1, No. 3, pp. 195-229.

Vosniadou, S. (1996), "Towards a Revised Cognitive Psychology for Advances in Learning and Instruction", *Learning and Instruction,* Vol. 6, No. 2, pp. 95-109.

Vosniadou, S. (2001), *How Children Learn. (Educational Practices Series, 7)*, Geneva: International Bureau of Education.

Vosniadou, S. (2005), "The Problem of Knowledge in the Design of Learning Environments", in L. Verschaffel, *et al.* (eds.), *Powerful Environments for Promoting Deep Conceptual and Strategic Learning,* Leuven: Leuven University Press, pp. 19-29.

Vosniadou, S. and X. Vamvakoussi (2006), "Examining Mathematics Learning from a Conceptual Change Point of View: Implications for the Design of Learning Environments", in L. Verschaffel, *et al.* (eds.), *Instructional Psychology: Past, Present and Future Trends. Sixteen Essays in Honour of Erik De Corte (Advances in Learning and Instruction Series)*, Oxford, UK : Elsevier Science Ltd, pp. 55-70.

Vygotsky, L. S. (1978), *Mind in Society: The Development of Higher Psychological Processes,* Cambridge, MA: Harvard University Press.

Webb, N. M. and A. S. Palincsar (1996), "Group Processes in the Classroom", in D. C. Berliner and R. C. Calfee (eds.), *Handbook of Educational Psychology*, New York, NY: Macmillan, pp. 841-873.

Weinert, F. E. and E. de Corte (1996), "Translating Research into Practice", in E. de Corte and F. E.Weinert (eds.), *International Encyclopedia of Developmental and Instructional Psychology*, Oxford, UK : Elsevier Science, pp. 43-50.

Wertheimer, M. (1945), *Productive Thinking*, Harper, New York.

Wood, T., P. Cobb and E. Yackel (1991), "Change in Teaching Math3ematics: A Case Study", *American Educational Research Journal,* Vol. 28, No. 3, pp. 587-616.

Zimmerman, B. J. (1994), "Dimensions of Academic Self-Regulation: A Conceptual Framework for Education", in D. H. Schunk and B. J. Zimmerman (eds.), *Self-Regulation of Learning and Performance: Issues and Educational Applications*, Hillsdale, NJ: Lawrence Erlbaum Associates, pp. 3-21.

Zimmerman, B. J. and R. Risemberg (1997), "Self-Regulatory Dimensions of Academic Learning and Motivation", in G. D. Phye (ed.), *Handbook of Academic Learning: Construction of Knowledge*, San Diego, CA : Academic Press, pp. 105-125.

第三章　学习中的认知视角：十大里程碑式发现

迈克尔·施耐德

Michael Schneider

苏黎世联邦理工学院行为研究所
ETH Zurich, Institute for Behavioural Research

埃尔斯贝特·斯特恩

Elsbeth Stern

　　迈克尔·施耐德和埃尔斯贝特·斯特恩将知识获取视为学习过程的核心，尽管知识的质量与数量同等重要。这里所说的"知识"应被广义理解为那些远大于（但仍包含）已知事实的知识。他们通过十大"里程碑"总结了学习的认知视角。学习：（1）必须由学习者自觉开展；（2）必须将先前知识考虑在内；（3）需要对知识结构进行整合；（4）协调了概念、技能和元认知能力的获取；（5）通过对基本知识片段的分层组织来建构更为复杂的知识结构；（6）能够有效使用外部世界的架构来组织思维内的知识结构；（7）受到人类信息处理能力的限制；（8）是情感、动机与认知能力动态地相互作用的结果；（9）需要发展可迁移的知识结构；（10）需要时间与精力。

概　　论

请设想以下情景：

　　一名经验丰富的教师向十名好学且聪慧的小学生讲授：地球是一个在太空中移动的球体。教师的措辞简明扼要并令人信服。他（她）讲述了月球、地球和太阳三者之间的关系及异同。一周后教师要求学生画出地球的样子，却得到了一系列错误的描绘，其中包括一个空心的球形，人类居住在它的底部。这样的教学为什么没有达到预期效果呢？

上面的情景来自沃斯尼阿多和布鲁尔（Vosniadou and Brewer, 1992）的研究，它说明必须使多种因素的交互达到最优状态学习才能发生，而即使是这样也不能保证学习是百分百成功的。即使有许多积极的教育因素——有经验的教师、小班授课、好学的学生——如果这些因素不能最终导致新知识的成功获取，那么学习也不会得以改进。本章中，我们会使用本案例和其他案例来说明应用认知科学中的结论是如何促进对教与学的理解与提升的。在阐述认知视角的主要假设后，本章将介绍这十大里程碑式的发现以及相关结论。

支撑认知视角的原理与假设

学习的认知视角是建立在知识的获取是学习的核心这一假设之上的。一旦儿童在学习环境中获取了新的信息，他们就被认为以后应该能在完全不同的情境中应用这些信息。然而这种情况仅仅在他们正确地理解了信息，并将其有组织地储存在长时记忆中时才有可能发生。

对学习的认知研究的目的在于揭示知识获取与存储的机制。这些机制大多数都可以被理解成信息的转化，类似于计算机使用算法转化数据。因此，信息处理理论直至今日一直被认为是学习的认知研究的中心。研究者通过实验室实验和计算机模拟的动态信息处理模型来推动这一系列的研究。

多年来，研究者拓展了研究范围，并对社会和物理环境如何塑造我们的知识结构有了更深的认识。语言、图形和图像这些社会共享的符号系统是学习的重要先决条件。计算机与网络则提供了新的信息交换方式。研究者也开始认识到学生在学习中起到的积极作用：学生获取知识的方式取决于他们的人生目标、具体的学习目标、学习策略、对自己问题解决能力的信心，以及其他类似的因素。

由于现代认知科学涉及范围很广，所以在对学习的研究当中它也无处不在。在阅读那些发表最新学习研究的成果的顶级期刊时，例如《教育心理学杂志》（*Journal of Educational Psychology*）或《学习科学杂志》（*Journal of the Learning Sciences*）时，你很难找到不含认知科学方法或观点的文章。因此，学习的认知视角并不与其他视角相冲突（例如，生物学视角或者动机心理学视角），而是与他们相契合——这通常使得双方都获益匪浅。

模式转变：从知识的数量到其结构

教育研究者、教师、政策制定者、家长和学生一直用学了多少知识来评判学习的成功与否。相比之下，现代认知科学认为知识的**质量**与数量至少是同等重要的（Linn，2006；德科尔特，本书），因为知识是多层面的。知识有些是关于抽象概念的，有些是关于有效解决常规问题的，有些是关于如何应对复杂和变化情景中的问题的，有些是关于学习的策略的，有些是关于如何调节个人情绪的，等等。所有这些层面知识的交互，构成一个人的能力。这些层面的知识 [也被称为"知识片段"（pieces of knowledge）；diSessa，1988] 的功能特点各不相同。它们可能是孤立的或者相关的，可能受情境限制或与情境无关，也可以是抽象的或是具体的，隐喻的或是显性的，惰性的或可能不同程度被触发的。当知识以不利的方式组织的时候，知识持有者就可能在大量掌握某领域知识时，无法将其应用于解决相关的现实问题中去。

当人们提起"知识"一词时，他们往往是指事实性知识。这种观点下的知识必须和其他学习结果一起获取，这些结果包括概念理解、技能、适应能力或者某领域的相关素养。而现代认知科学表明即使是上面所述的复杂的能力也来源于有组织的知识结构（如 Baroody，2003；Taatgen，2005）。因此，本章中的"知识"同其他认知科学中的知识一样，都是指多种能力的认知基础。这些能力中有一部分是脆弱和受限制的（例如一些记忆能力），另一部分则更广泛、更灵活，也更具适应性——这取决于基础知识的认知组织。

学习的认知研究中的十大里程碑式发现

由于学习的认知研究跨越不同的学科并基于不同的方法论，我们不可能在这里给出一个全面的综述。在这里，我们仅给出认知研究的十大里程碑式发现，它们与试图理解和促进学习的所有人都相关。这十点很好地解释了学习中的认知研究通常会提到的问题。每一点都是学习者如何建构良好知识结构的一个方面。

1. 学习是学习者进行的活动

教师不能把手放在学生头上，然后把新知识塞到他们脑袋里。一个人的知识只能由他自己直接获取。因此，学习者必须自己创造新的知识结构。

虽然这看起来是显而易见的，但其影响却是深远的。这意味着学生是课堂上最重要的人。教师通常比学生懂得多，拥有更多的资源，也更有经验，他们备课、提供材料、实施教学等。这会给人造成教师的行为完全决定学生学习的印象，况且教师的行为确实能够在很大程度上影响教学的质量。但是，学习——学习环境的主要目标——产生在学生的头脑当中，这就要求学生保持思维活跃。我们在开篇的小例子中就展示了：教师为学生展示了科学而且全面的信息，但是学生存储到记忆中的内容却与教师课堂上所讲的大相径庭。

因此，教师不仅需要在教学方法上有良好的**教学法知识**（pedagogical knowledge），还需要具备他们所教科目的**学科知识**（content knowledge），以及**学科教学知识**（pedagogical content knowledge），即对学生如何在某个领域中建构知识的了解（Shulman，1987）。学科教学知识包括对学生在某领域中经常遇到的困难以及如何克服这些困难的认识。具备良好学科教学知识的教师并不以自身的需求为出发点选择教学法，而是以教学法为手段来发掘学生在知识建构过程中的特质。因此，未来的教师应学会灵活地使用教学技能以适应学生和学科教学的需求。

2. 最优化学习应考虑先前知识

教师只有在教学中了解学生已掌握的知识才能帮到他们。人们总是将新信息与先前知识相联结来理解其含义。因此，学生已经知道什么会大大影响他们之后的学习过程。

在概论部分给出的案例中，教师并没有将学生的先前知识考虑在内。小学生对于他们站立的大地是平的，以及放在球体下面的东西会掉下来有了多次体验，所以当教师讲到他们所居住的地球是球形时，就与他们的先前知识相冲突了。当学生试图将新信息与他们的先前知识相结合时，他们就想出了全新的有关地球形状的概念。明确针对学生的先前知识，并且将新旧知识关系演示出来的教学则能够避免这些问题。

并不只有小学生使用先前知识解读新知识。这种学习是人类思维的基本特征。即使是新生儿也具备天生的基本知识和隐性知识。这种所谓的"核心知识"给予婴儿理解外部世界基本属性的直觉，也帮助他们建构每天都会遇到的无数的感知。有关青少年和成年人的研究发现，特定领域的先前知识是学习中最重要的决定性因素之一（Schneider，Grabner and Paetsch，2009）。特定领域中的先前知识在用于预测学习者未来能力时比智力因素更为准确（Stern，2001）。先前知识的重要性并不局限于具体的内容之中。即使是正式领域中的学习，例如数学、国际象棋学习也都十分依赖于先前知识（Grabner，Stern and Neubauer，2007；Vosniadou and Verschaffel，2004）。研究发现，学生的先前知识与各学科的学习过程都有关联，包括物理学、天文学、生物学、进化论、医药和历史（Vosniadou，2008）。

学生的先前知识来源于各种正式与非正式的情境，包括日常观察、兴趣活动、媒体传播、朋友交往、家庭交流和学校教学。每个学生都有不同的家长，使用不同的媒体并拥有不同的爱好。因此，即使是同一班的学生也拥有大量不同的先前知识。这就要求教师的教学不仅要适应班级的水平，也必须考虑学生个体的先前知识。由于这些知识在教学的过程中会发生变化，教师必须不断地评估和诊断儿童在课堂上的知识掌握情况。这种方法与传统的那种教授一个主题然后只在期末测试中评估学生知识掌握情况的方法有很大的不同（Pellegrino，Chudowsky and Glaser，2001）。

最近，教育研究者开发了一系列在教学中评估学生知识的工具和技术（即"形成性评价"；例如 Angelo and Cross，1993；威廉，本书）。所有教师都应掌握适合他们学科和学生年龄阶段的分析方法。除此之外，将学生犯错视为知识建构过程，并对其进行分析也是十分重要的（Stigler and Hiebert，1999）。

3. 学习需要知识结构的整合

学生可以从众多的来源获取知识这一事实引发了另一个问题：学生往往不能察觉到不同情况下所需的知识片段间的抽象关系（diSessa，1988）。例如，当学生听到地球是一个球形，但是并不理解这如何与他们的先前知识相联系时，他们就可能假设存在两个地球——他们站在平面的大地上，而在太空中的球形地球则在他们的头顶上飞（Vosniadou and Brewer，1992）。这一现象在其他年龄段的学生与学科中都存在。当学生拥有某领域内的错误概念时，如果仅仅教给他们正确的知识而不将其与学生的先前知识相联系，学生就可能同时拥有正确的和错误的概念，甚至注意不到两者之间的矛盾。学生会根据情境需要激活两者中的一个（例如，日常生活中与朋友对话时，或者在学校考试时）（Taber，2001）。

当一个人同时拥有几个正确的知识片段但没有将它们在抽象层面上联系起来的时候，这种现象就会有所弱化。例如，把衣服弄脏以后洗干净会使得衣物回到原始的状态；5+3−3 这道题可以不通过计算直接给出 5 作为答案；从罐子里面拿出来三块饼干，过会儿再放回去三块，罐子里饼干数量会保持不变，即从 $b-b=0$ 推导出 $a+b-b=a$。大多数成年人可以很轻松地看出以上事实的关系——他们都描述了两个操作的相互抵消的关系。然而，实证研究表明，儿童很难注意到这些关系（Schneider and Stern，2009）。脏衣服、四则运算、饼干与代数方程各自隶属于学习者生活中的不同领域，因此，儿童一般都将它们分配到不同领域中进行考虑。

教师应该牢记：一些教学内容在他们眼里是高度相关的、结构良好的，但在学生看来却是分散和混乱的。通过逐个将更多知识片段在学生脑海中联系起来，帮助他们通过专家的视角来看问题，这是教学的主要目的之一（Linn，2006）。所有注重这一抽象关系的教学实践都有助于完成教学目标。例如，图表可以将概念的关系显现出来；学生通常通过比较某一抽象概念不同表象间的异同点来发现其抽象关系。

跨学科知识整合能够应用于学生从不同学科视角（数学、物理、地理、历史）来讨论同一问题的时候（例如，地球的形状）。课堂中的教师应向学生指出，这些学科间存在的众多关联是十分重要的。比例推理（例如，某变量是其他两个变量的系数），图示系统的使用（例如，图表或公式），计算机的优点与限制，对实证数据的解读，科学推理与日常思维的区别，如何在讨论中做出更多贡献——这些只是可用于跨学科知识整合中的一小部分。最后，与参与学生教育计划中的其他教师形成有关学习内容的良好沟通是跨学科知识整合的先决条件。

4．理想情况下，学习是获取概念、技能与元认知能力的完美结合

整合学生知识结构的一个重要目的是帮助他们将概念与程序联系起来。概念是某领域中对原理的抽象性与概括性的陈述。例如，拥有良好代数概念知识的学生理解 $a+b$ 等于 $b+a$（即加法交换律）；拥有良好物理概念知识的学生理解密度是单位体积的质量并且明白它的含义，例如一个物体在液体中的沉浮。程序不同于概念的地方在于它是针对问题解决的规则。它就像菜谱一样，表明了为了达到目标必须严格遵守的每个具体步骤。好的程序可以使学生有效地解出一元二次方程，或者制作出一个能漂浮在水面上的玩具船。

哲学家与教育学家过去曾对概念与程序哪个更为重要这一问题做过辩论（Star，2005）。其中一部分人认为只有程序才能解决日常生活中所面临的问题，因此学习中最重要的活动是练习高效地运用程序，抽象的概念并无太大作用。其他人认为这种常规性能力在解决复杂和多变的实际问题时因过于受限而无用，所以说教育应该主要关注教授概念。这种假设认为当一个人完全理解问题背后的概念时，就能在需要的时候轻松地建构出解决方案。如今，人们普遍认为概念和程序都是个人能力中不可或缺的两个部分（Siegler，2003）。好用的程序使学生能在最小的认知负荷下有效地解决常规问题。剩余的认知资源则可以在更深层的概念理解下解决更新与更复杂的问题。

然而，学生只掌握概念与程序是远远不够的。学生也需要了解概念与程序是如何联系的（Baroody，2003；Rittle-Johnson，Siegler and Alibali，2001）。例如，使用身边的材料做一条玩具船可以加深学生对浮力概念以及浮力与物体密度关系的理解，因为这个实际问题为测试概念含义以及将抽象

概念与具体经验相联系提供了很多机会。此外，抽象概念的获取可以帮助学习者理解他们所用程序为何有效，会在什么情况下有效，以及这些程序可应用于何种新问题等。本章一开始所举例子中教师所布置的任务很难，因为地球形状是一个拥有许多概念的教学内容，而只有很少的实际程序能够帮助学生探索和体验这些概念的实际含义。在这种情况下，可行的解决方案之一是使用地球仪这类的实体模型来辅助教学。

概念与程序的相互促进，可以通过学习者反思他们的知识获取过程而被进一步加强。它通常被称作元认知，即关于认知的认知（Hartman，2001）。元认知可以使学生自主检测、评价以及优化他们的知识获取及使用情况。没有元认知，学生就无法意识到他们知识基础中的不一致之处。与此同时，元认知的意义更多在于它是知识获取的一种手段。综上所述，在具体的学科领域中，元认知与知识获取是不可分割的，它不能在没有指导的情况下被教授或学会。

5. 学习通过分层组织基础知识片段建构最优化的复杂知识结构

在同一个领域中拥有同样高能力的人们可能会有非常不同的知识结构，这些结构取决于他们的个人喜好和他们的学习经历。但是高能力者的一个最大的共同点就是：他们的知识都是分层组织的。这一点在知觉、语言处理、抽象概念和问题解决程序中都是适用的。

"虽文然字的顺被序打断了，但你能仍懂读这话段。"（Tihs sencente mkeas snese to you, eevn thugoh the lretets are sclrabmed up.）这是因为人们并不在字母层级独立编码。相反，人类的分层记忆表明字母是最基础的层次而单词则高其一等。这样，有关字母的知识就能帮助你识别出单词，而有关单词的知识也能帮助你识别出字母。通过这种相互支持，在一个层面上的完整知识就可以帮助你纠正或者补全另一层面上的知识。

这些结论同样适用于（生物）分类学知识（Murphy and Lassaline，1997）以及更加复杂的知识（Chi, Slotta and de Leeuw, 1994）。可以想象一个对美洲金翅雀一无所知的人，当你告诉他金翅雀是鸟的时候，他会立即明白好多。鸟类会产卵，所以金翅雀也产卵。鸟类属于"动物"类，动物会呼吸，所以金翅雀会呼吸。鸟类与哺乳类动物不同，所以金翅雀不会给小金翅雀喂奶喝。

知识的分层组织对于程序同样重要。例如建房子是一个包含很多子问题的复杂问题。没有多少先前知识的新手很快就会被它的复杂所迷惑。而专家则会将大问题分解成一系列的小问题以及更容易处理的子问题（例如，先计划外墙的形状和位置，然后分层规划内墙）。在下一步中，专家会将这些问题分成更小和更可控的子问题（例如，先规划楼梯和浴室，然后再设计其他房间），以此类推。结果一个复杂的问题就成了很多小且容易解决的问题。在本文中，这个过程也被称为"任务（或目标）分解"。有大量的实证研究和计算机模拟证明了这种问题解决途径的普适性和易用性（例如，Ritter，Anderson，Koedinger and Corbett，2007）。

6. 在理想情况下，学习可以利用外界支架组织脑中的内部知识结构

教师应确保学生能获取丰富的、平衡的、有组织的知识结构，但是他们不能将这些知识结构直接塞到学生脑子里去。那么教师能够做什么呢？答案是，他们能够通过准备结构良好的学习环境为学生提供最优化的学习机会（Vosniadou，Ioannides，Dimitrakopoulou and Papademetriou，2001）。这种策略的工作原理是：学生社交和物质环境中的有组织的信息会帮助他们在脑中架构信息。不同的学习环境会提供不同的架构方式。课堂的组织就是很好的例子，包括一节课中介绍给学生的概念或者任务的顺序、一本书的纲要、学生共同学习小组的非正式社会结构、任务表的设计、技术术语、公式、图表以及教师语言中的特殊内容。本节会对它们之中较为重要的内容进行详述。

教师只能根据他们所理解的教授内容的结构、学生的先前知识，以及教学过程中学生应该掌握的知识结构这三者来准备有组织的学习环境。但这往往会被已有某一规定注明某一年级教什么课程内容这一事实所阻碍。这就可能导致教师以线性的或者仅以教学内容的顺序来考虑教学方法。虽然这么做可能没错，但是它必须和第二视角结合才够完整，即教师必须理解他们所教授知识的层次结构（参见第五点）。

　　语言是在学习环境中最能够帮助学生建构知识的工具之一。语法结构能够强调概念与程序的关系（Gentner and Loewenstein，2002；Loewenstein and Gentner，2005）。通过慎重选择所用语言，教师可以强调两种相互冲突的知识（例如，"……但……"），能解释另一个观点的观点（例如，"……因此……"），两个变量的比例（例如，"……每……"），等等。同时，通过使用标签教师可以强调组内对象的共性，以及组间对象的差异性（Lupyan，Rakison and McClelland，2007）。例如，日常生活中人们经常说"天空中的太阳和星星"可能导致儿童认定太阳和星星是不同的星体。教师可以通过给太阳贴上"恒星"的标签，来帮助学生整合关于恒星和太阳的知识。

　　语言的第二种功能是组织课堂会话。学生间的讨论之所以重要，是因为它可以帮助他们交换意见，让他们了解不同观点与意见的存在。它有助于教师评估学生的知识。然而一定要记住，一节课中的会话是有明确目的的。教师可以通过提出问题，质疑、陈述或者总结学生的发言来组织讨论。这些活动能保证讨论不是一些不同内容的简单堆积，而在有目的地建构出新的见解（Hardy，Jonen，Möller and Stern，2006）。

　　有效组织时间也能提供知识结构。无论是一学年、一学期内的内容，还是一节课的内容都需要将引导性和激发性引入、内容讲解和巩固总结等几部分有效地组织起来。虽然听起来容易，但它意味着教师需要利用相当长的一段时间提前计划，因为只靠准备一份教案，然后一成不变地教学是行不通的。教师在一定程度上即兴发挥，同时提供指导与框架的时候，就能够对课堂中正在展开的社会互动做出反应。它要求教师对学生可能做出的反应给予预测，并准备为这些反应做出相应回应。

　　技术设备可以在很大程度上促进学习环境的建构（Winn，2002）。幻灯片课件、电影、录音、实验、电脑程序以及交互网页都可以通过刺激一些思维过程的发生并防止其他过程的出现来促进知识的架构。但一定要注意，即使是最好的技术设备也不能够替代教师和课堂中的面对面互动，技术设备只能做它们的补充（Koedinger and Corbett，2006）。

　　技术设备是教师用来促进特定学习活动的工具。因此，技术本身对教学并没有促进或阻碍作用。当技术只是为了用而用的时候就没什么用。当它巧妙地被作为帮助学生建构特别知识结构的工具时就非常有用了（迈耶，本书）。例如，将教师对地球是个球体的讲授换成同样内容的网页时，基本上没起什么作用，而使用不同角度演示地球的样貌的模拟交互软件则能够让学生理解：同一个地球，站在地面上看和在遥远的太空中看，其样貌是十分不同的。

最后，在学习环境中提供框架意味着教师和学生都已经了解了学习目标（Borich，2006）。无论学生是在实践常规性任务时，还是在进行跨学科项目时，抑或在观看一部电影时，在这些复杂情境中，只有在教师结合教学目标将学生的注意力集中在相关方面时教学才会有效。学生则需要理解教学活动背后的原因。

人类花了几千年才发现了现在初中教学内容中的一部分，如经典力学、直角坐标系或者光合作用的机制。这些内容并不是由一般人所发现的，而通常是某位天才花费很多年刻苦研究的结果。你不能指望一般的学习者通过偶然的机会或者非正式学习就学会这些概念，例如去博物馆或者工厂参观，参加一个社区项目，或者进行个人的兴趣活动。恰恰相反，他们需要专门设计的有组织的学习，来一步步精心引导他们进行知识建构。非正式学习的环境对于培养自律能力、优化动机、应用知识等方面较为有效。然而从认知的角度考虑，非正式学习的体验可作为更有条理的正式学习的补充，却永远不能替代它。

7．学习受到人类信息处理能力的限制

人类认知结构中的一些基本属性与设计、优化学习材料的结构有关（Sweller，van Merrienboer and Paas，1998）。这些属性包括即时处理信息的**工作记忆**和储存信息的**长时记忆**。工作记忆容量有限，存储在工作记忆中的信息如果不在几秒钟内更新的话很快就会丢失，而长时记忆的容量几近无限，能将信息保留数天甚至数年。新的信息只有通过工作记忆才能进入长时记忆。然而由于新信息需要被过滤，并不是所有工作记忆的信息都能被转移到长时记忆中去，那些更具有意义、更重要、更常被回想起的信息就更有可能从工作记忆中被转移到长时记忆中去。教师可以通过将信息和学生的先

前知识相联系，以及展示对解决真实生活中问题有用的案例，使得信息对学生更有意义，也更加重要。

受容量的限制，工作记忆成为了知识转化为长时记忆的瓶颈。学习者虽然能够在长时记忆中构建复杂的知识网络，但他们的工作记忆一次最多只能记住 7 个信息片段（Miller，1956）。因此，从环境中获取信息并将其与长时记忆中的先前知识相结合，需要在工作记忆中执行一系列的小步骤（Anderson and Schunn，2000）。

教师通过减少不必要的工作记忆负担来进行辅助（迈耶，本书）。构建层次化信息也很有用，因为它使得学习者能够在工作记忆中提取一个跨越层级的知识片段，而不是它内部那一大堆子成分。例如，试图记忆数字串01202009 的人需要将 8 个数字储存进工作记忆。另一些人则能够将这些数字归入"奥巴马作为美国总统的就职日期"这一跨越层级的知识片段之内。他们可以通过在工作记忆中存储一条信息回忆起这 8 个数字。通过层次化组织的知识通常被称为"组块"，"组块"有助于克服工作记忆的限制。

如果放在一起才有意义的信息片段被一起呈现的话，就能够进一步减少不必要的工作记忆负荷（转引自 Mayer and Moreno，2003）。例如要表示一个包含一些线图的坐标系，直接将这些线图进行标记所产生的效果要好于在坐标系的下面罗列这些信息的效果。在后一种情况下，学习者的思维会在坐标系与坐标系下方的信息之间跳转，这就造成了不必要的认知负荷。同理，当书中出现一个拥有很多新符号的公式时，这些符号的注解应出现在公式旁边，而不是其他地方。如果一个复杂的图形需要文字解释的时候，最好将文字以音频的形式体现出来，这样学习者就可以边看图边听解释，而不是在图形和文字之间跳转。

另一种降低额外认知负荷的方法就是保证学习材料尽可能简单。例如，当一个定量的公式可以使用二维图形来表示的时候，就不应因为美观而使用三维图像。同理，电脑呈现的幻灯片只要足以吸引观众的注意力即可，不必包含一些卡通、交叉渐变效果或者动画。该原理同样适用于语言：解释复杂关系所用的语言越简单，就越能又快又好地使学生理解它们。

当学生学习使用多步骤解决问题时（例如，学习使用方程组），他们的工作记忆会很快达到最大容量。这是因为学生不仅要执行问题解决的具体步骤，还要找出问题解决背后的抽象原理。在这种情况下，可以通过学习已经得以解决的案例来降低工作记忆负荷。通过学习解决方案而不是实施它们，学生可以仅专注于方案背后的大思路，同时不用担心需要执行问题解决的具体步骤。

8．学习是情感、动机和认知三者动态交互的结果

在认知科学研究的起步阶段，不少研究者都认为人类的认知过程类似于计算机的信息处理过程。这导致很少有人注意人类认知中的情感和动机。这一现象在 1960 年之后才有了较大的转变。现在，动机和情感被认为是思考和学习的重要决定因素。

许多外行人和教师，甚至一些研究者习惯将动机视为驱动学习的马达。马达发动，学习就发生；马达不动，学习就不发生。有实证研究证明这种说法至少有三处错误。第一，动机是逐渐地、动态地变化着的，它从来不是"开"与"关"的状态。第二，动机驱动认知学习过程，它也受到诸如对个人能力的了解和论证这些认知活动的影响。第三，这种说法造成了有关认知与动机的错误的二分论。为了理解这两个概念是如何相互影响的，它们被分解开来讨论。学生的学习目标、人生目标、对个人能力的认识以及他们对学术成功的归因或对失败潜在原因的分析，甚至他们的兴趣和爱好都对认知与动机，以及两者之间的复杂交互有着影响。

综上所述，好的学习环境并不会将动机视为能使得知识获取得以发生的马达。恰恰相反，他们将知识获取与动机视为多方面的、动态的交互系统，在这一系统中二者通过多种途径增强或削弱对方。

9．理想的学习应建立可迁移的知识结构

即便学生有了动机并建构了复杂的知识结构，这也并不意味着他们获取了生活中的实用技能。生活中可用到的概念和过程有许多都可以在学校中学到。但教师并不知道他们教授的哪条知识与学生未来的人生有关，因为人生

是如此多样又难以预料。下面的文献提供了解决这个问题的两种方法——领域一般技能训练与知识迁移能力培养。

对于领域一般技能（例如，智力、工作记忆能力或脑的工作效率）的培养以这些能力有助于不限特定领域的泛化问题的解决的观点为基础。进而，如果用学校中教授其他科目的时间来培养领域一般技能的话，学生有可能获得不受具体科目限制的能力。支持这种想法的人很多，因为它看起来是一种能力获取的有效方式——通过单一能力的训练解决无限种问题。然而数十年的研究表明，这种希望是不现实的。以智力为例，这些领域一般技能的培养十分困难且代价高昂。它只能够在狭义的范围内得以提升，且这种提升拖得时间越长就越不稳定。更重要的是，如果人们对所遇到的问题与其解决方法缺乏有效的了解，领域一般技能起不到任何的作用。一个人即使拥有最高智力、最大工作记忆容量和最高的脑工作效率，也无法解决对他们来说没有相关知识储备的问题。

与此相关的错误概念（misconception）是，正规的训练，例如，学习拉丁文或使用较为随机选取的内容来进行脑的训练（俗称"大脑慢跑"），能够使得随后所有领域中的学习更加有效。据目前的实证研究来看，这并不是事实。即使脑是可塑的，它也并不能像锻炼肌肉一样通过随意练习而获得能力上的提高（Stanford Center on Longevity and Max Planck Institute for Human Development, 2009；Chi, Glaser and Farr, 1988）。基于上述原因，牺牲具体学科知识来获得领域一般技能是无效的教学方法（Stern, 2001）。

拓展能力的一种有效方法是在教授具体学科知识的时候，使用一种能使其迁移到新情境、新问题类型和其他领域的方式。然而，这种灵活的技能并不会自我发展。教师和研究者经常会因为学习者完全掌握一个问题后，却不能解决本质上一样但只是一小部分说法不同的问题而感到惊讶（例如，用词或表述方式不同）（Greeno and Middle School Mathematics Through Applications Project Group, 1998）。而灵活地运用知识以适应新情境是人脑的最重要功能之一（Barnett and Ceci, 2002）。

教师要尽其所能帮助学生充分利用这一潜力（Bereiter, 1997）。迁移的一个重要前提条件是学生应注重两个不同问题情境的深层共性，而不是表面差异。只有这样，他们才会将某一情境中获取的知识应用到解决另一问题上。这一过程可以通过向学生指出解决两个不同问题需要类似的步骤（Chen，1999），也可以通过使用图表将不同问题的深层结构展示出来（Novick and Hmelo，1994；Stern，Aprea and Ebner，2003），还可以通过鼓励对两个问题的比较以突出它们结构上的异同（Rittle-Johnson and Star，2007），以及通过细心地比较不同领域的现象（Gentner，Loewenstein and Thomson，2003）来进行。人们更乐意迁移结构良好的知识结构中的一部分，而不是孤立的知识片段（Wagner，2006）。学习者对教育世界中学习环境与现实世界的联系了解得越多，他们的知识就越容易得到迁移。

因此，教师应尽可能多地使用更具现实意义的真实情境问题（Roth，van Eijck，Reis and Hsu，2008；The Cognition and Technology Group at Vanderbilt，1992）。另外，家长、博物馆、媒体、计算机学习软件等都可以通过揭示科学概念和方法与生活情境的关联来促进学习者知识的迁移（Renkl，2001；巴伦和达林－哈蒙德，本书）。

10．学习需要时间和精力

建构复杂的知识结构对于学生和教师来讲都需要长时间的辛勤工作。因此，投入到练习问题解决与拓展个人知识基础的时间和精力，是决定学习成功与否的最重要的影响因素（Ericsson，Krampe and Tesch-Römer，1993）。

一些自诩"专家"的人士声称，如果教学更为有趣，更充分地利用脑，更基于计算机，或者在早年发生的话，学生不用投入太多时间和精力就能学得很好。这些结果从未被实证研究验证过。如果在正确的时间被适量地使用，这些内容可以在一定程度上帮助学习。然而，它们不可能代替复杂知识结构的获取过程，甚至连知识获取是否发生都不能保证。就算它们真的有效促进了学习，那也是一个耗时且困难的过程，无异于任何一般的学习过程（转引自 Anderson and Schunn，2000）。学习可以，也应该是有趣的，但这种乐趣应类似于登山过程中的乐趣，而绝不是在山顶坐享其成式观景的乐趣。

结　　论

在认知科学中，仅有特定的领域会涉及学习过程。由于在一章之中无法概括所有认知科学中的发现，甚至连有关学习的认知研究都陈述不完，我们只能给出十大具有奠基意义的学习领域中的认知研究，借此说明本领域的典型问题、研究方法以及研究结果。这十点都注重知识获取，因为认知研究表明良好的知识结构的建立是基于概念理解、高效技能以及适应性能力等这些更为复杂的能力的。缺乏这些知识的学习者将无法利用他们身边那些诸如社会、生态、科技、文化、经济、医疗以及政治的资源。

本章所述的十点对设计有效学习环境有着直接的影响。因为它们由人脑工作的一般性原则出发，自然可以被应用到所有年龄阶段的个体、所有类型的学校以及所有科目中去。良好的学习环境应具有以下特点：有效地激发学习者的活跃思维；联系先前知识；将零散的知识片段整合成有层次的知识结构；使概念、技能和元认知能力得到平衡；提供能够帮助学习者发展良好的知识结构的适宜环境；为人脑有限的处理能力（例如，有限的工作记忆能力）提供充足的信息以助其高效工作。良好的学习环境可以促进学科领域间的知识迁移，也能促进学习与日常生活的转换。它们不会试图回避学习所需经历的辛勤付出。相反，它们会通过确保学生要学的内容具有意义，通过明晰课程的目标，通过强调学习与学习环境外真实生活的关系，也通过促进学生对自身的兴趣、目标和自我认识等内容的感知来最大限度地增强学习动机。

参 考 文 献

Anderson, J. R. and C. D. Schunn (2000), "Implications of the ACT-R Learning Theory: No Magic Bullets", in R. Glaser (ed.), *Advances in Instructional Psychology: Educational Design and Cognitive Science*, Erlbaum, Mahwah, NJ, Vol. 5, pp. 1-34.

Angelo, T. A. and K. P. Cross (1993), *Classroom Assessment Techniques: A Handbook for College Teachers*, Jossey-Bass, San Francisco.

Barnett, S. M. and S. J. Ceci (2002), "When and Where Do We Apply What We Learn? A Taxonomy for Far Transfer", *Psychological Bulletin*, Vol. 128, No. 4, pp. 612-637.

Baroody, A. J. (2003), "The Development of Adaptive Expertise and Flexibility: The Integration of Conceptual and Procedural Knowledge", in A. J. Baroody and A. Dowker (eds.), *The Development of Arithmetic Concepts and Skills: Constructing Adaptive Expertise*, Erlbaum, Mahwah, NJ, pp. 1-33.

Bereiter, C. (1997), "Situated Cognition and How to Overcome It", in D. Kirshner and J. A. Whitson (eds.), *Situated Cognition: Social, Semiotic, and Psychological Perspectives*, Erlbaum, Hillsdale, NJ, pp. 281-300.

Borich, G. D. (2006), *Effective Teaching Methods: Research-Based Practice*, Prentice Hall, Upper Saddle River, NJ.

Chen, Z. (1999), "Schema Induction in Children's Analogical Problem Solving", *Journal of Educational Psychology*, Vol. 91, No. 4, pp. 703-715.

Chi, M. T. H., R. Glaser and M. J. Farr (1988), *The Nature of Expertise*, Erlbaum, Hillsdale, NJ.

Chi, M. T. H., J. D. Slotta and N. de Leeuw (1994), "From Things to Processes: A Theory of Conceptual Change for Learning Science Concepts", *Learning and Instruction*, Vol. 4, No.1, pp. 27-43.

diSessa, A. A. (1988), "Knowledge in Pieces", in G. Forman and P. B. Pufall (eds.), *Constructivism in the Computer Age*, Erlbaum, Hillsdale, NJ, pp. 49-70.

Ericsson, K. A., R. T. Krampe and C. Tesch-Römer (1993), "The Role of Deliberate Practice in the Acquisition of Expert Performance", *Psychological Review*, Vol. 100, No. 3, pp. 363-406.

Gentner, D. and J. Loewenstein (2002), "Relational Language and Relational Thought", in E. Amsel and J. P. Byrnes (eds.), *Language, Literacy, and Cognitive Development: The Development and Consequences of Symbolic Communication*, Erlbaum, Mahwah, NJ, pp. 87-120.

Gentner, D., J. Loewenstein and L. Thomson (2003), "Learning and Transfer: A General Role for Analogical Encoding", *Journal of Educational Psychology*, Vol. 95, No. 2, pp. 393-408.

Grabner, R., E. Stern and A. Neubauer (2007), "Individual Differences in Chess Expertise: A Psychometric Investigation", *Acta Psychologica*, Vol. 124, No. 3, pp. 398-420.

Greeno, J. G. and Middle School Mathematics through Applications Project Group (1998), "The Situativity of Knowing, Learning, and Research", *American Psychologist*, Vol. 53, No. 1, pp. 5-26.

Hardy, I., A. Jonen, K. Möller and E. Stern (2006), "Effects of Instructional Support within Constructivist Learning Environments for Elementary School Students' Understanding of 'Floating and Sinking'", *Journal of Educational Psychology*, Vol. 98, No. 2, pp. 307-326.

Hartman, H. J. (2001), *Metacognition in Learning and Instruction*, Kluver, Dordrecht.

Koedinger, K. R. and A. T. Corbett (2006), "Cognitive Tutors: Technology Bridging Learning

Science to the Classroom", in K. Sawyer (ed.), *Cambridge Handbook of the Learning Sciences*, Cambridge University Press, New York, pp. 61-78.

Linn, M. C. (2006), "The Knowledge Integration Perspective on Learning and Instruction", in R. K. Sawyer (ed.), *The Cambridge Handbook of the Learning Sciences*, Cambridge University Press, New York, pp. 243-264.

Loewenstein, J. and D. Gentner (2005), "Relational Language and the Development of Relational Mapping", *Cognitive Psychology*, Vol. 50, No. 4, pp. 315-353.

Lupyan, G., D. H. Rakison and J. L. McClelland (2007), "Language Is not Just for Talking: Redundant Labels Facilitate Learning of Novel Categories", *Psychological Science*, Vol. 18, No. 12, pp. 1077-1083.

Mayer, R. E. and R. Moreno (2003), "Nine Ways to Reduce Cognitive Load in Multimedia Learning", *Educational Psychologist*, Vol. 38, No. 1, pp. 43-52.

Miller, G. A. (1956), "The Magical Number Seven, Plus or Minus Two: Some Limits on Our Capacity for Processing Information", *Psychological Review*, Vol. 63, No. 2, pp. 81-97.

Murphy, G. L. and M. E. Lassaline (1997), "Hierarchical Structure in Concepts and the Basic Level of Categorization", in K. Lamberts and D. Shanks (eds.), *Knowledge, Concepts, and Categories*, Psychology Press, Hove, pp. 93-132.

Novick, L. R. and C. E. Hmelo (1994), "Transferring Symbolic Representations across Nonisomorphic Problems", *Journal of Experimental Psychology: Learning, Memory, and Cognition*, Vol. 20, No. 6, pp. 1296-1321.

Pellegrino, J. P., N. Chudowsky and R. Glaser (eds.) (2001), *Knowing What Students Know: The Science and Design of Educational Assessment*, National Academy Press, Washington, DC.

Renkl, A. (2001), "Situated Learning, Out of School and in the Classroom", in P. B. Baltes and N. J. Smelser (eds.), *International Encyclopedia of the Social and Behavioral Sciences*, Pergamon, Amsterdam, Vol. 21, pp. 14133-14137.

Renkl, A. (2005), "The Worked-Out Examples Principle in Multimedia", in R. E. Mayer (ed.), *The Cambridge Handbook of Multimedia Learning*, Cambridge University Press, New York, pp. 229-246.

Ritter, S., J. R. Anderson, K. R. Koedinger and A. Corbett (2007), "Cognitive Tutor: Applied Research in Mathematics Education", *Psychonomic Bulletin and Review*, Vol. 14, No. 2, pp. 249-255.

Rittle-Johnson, B. and J. R. Star (2007), "Does Comparing Solution Methods Facilitate Conceptual and Procedural Knowledge? An Experimental Study on Learning to Solve Equations", *Journal of Educational Psychology*, Vol. 99, No. 3, pp. 561-574.

Rittle-Johnson, B., R. S. Siegler and M. W. Alibali (2001), "Developing Conceptual Understanding and Procedural Skill in Mathematics: An Iterative Process", *Journal of Educational Psychology*, Vol. 93, No. 2, pp. 346-362.

Roth, W. M., M. van Eijck, G. Reis and P. L. Hsu (2008), *Authentic Science Revisited*, Sense,

Rotterdam.

Schneider, M. and E. Stern (2009), "The Inverse Relation of Addition and Subtraction: A Knowledge Integration Perspective", *Mathematical Thinking and Learning*, Vol. 11, No. 1, pp. 92-101.

Schneider, M., R. H. Grabner and J. Paetsch (2009), "Mental Number Line, Number Line Estimation, and Mathematical Achievement: Their Interrelations in Grades 5 and 6", *Journal of Educational Psychology*, Vol. 101, No. 2, pp. 359-372.

Shulman, L. (1987), "Knowledge and Teaching: Foundations of a New Reform", *Harvard Educational Review*, Vol. 57, No. 1, p. 1-22.

Siegler, R. S. (2003), "Implications of Cognitive Science Research for Mathematics Education", in J. Kilpatrick, W. B. Martin and D. E. Schifter (eds.), *A Research Companion to Principles and Standards for School Mathematics*, National Council of Teachers of Mathematics, Reston, VA, pp. 219-233.

Stanford Center on Longevity and Max Planck Institute for Human Development (2009), *Expert Consensus on Brain Health*, http://longevity. stanford.edu/about/pressreleases/ CognitiveAgingConsensus.

Star, J. R. (2005), "Re-Conceptualizing Procedural Knowledge: Innovation and Flexibility in Equation Solving", *Journal for Research in Mathematics Education*, Vol. 36, No. 5, pp. 404-411.

Stern, E. (2001), "Intelligence, Prior Knowledge, and Learning", in N. J. Smelser and P. B. Baltes (eds.), *International Encyclopedia of the Social and Behavioral Sciences*, Elsevier Science, Oxford, Vol. 11, pp. 7670-7674.

Stern, E., C. Aprea and H. G. Ebner (2003), "Improving Cross-Content Transfer in Text Processing by Means of Active Graphical Representation", *Learning and Instruction*, Vol. 13, No. 2, pp. 191-203.

Stigler, J. W. and J. Hiebert (1999), *The Teaching Gap: Best Ideas from the World's Teachers for Improving Education in the Classroom*, Free Press, New York.

Sweller, J., J. J. G. van Merrienboer and F. G. W. C. Pass (1998), "Cognitive Architecture and Instructional Design", *Educational Psychology Review*, Vol. 10, No. 3, pp. 251-296.

Taatgen, N. A. (2005), "Modeling Parallelization and Flexibility Improvements in Skill Acquisition: From Dual Tasks to Complex Dynamic Skills", *Cognitive Science*, Vol. 29, No. 33, pp. 421-455.

Taber, K. S. (2001), "Shifting Sands: A Case Study of Conceptual Development as Competition between Alternative Conceptions", *International Journal of Science Education*, Vol. 23, No. 7, pp. 731-753.

The Cognition and Technology Group at Vanderbilt (1992), "The Jasper Series as an Example of Anchored Instruction: Theory, Program Description and Assessment Data", *Educational Psychologist*, Vol. 27, No. 3, pp. 291-315.

Vosniadou, S. (ed.) (2008), *International Handbook of Research on Conceptual Change*, Routledge, London.

Vosniadou, S. and W. F. Brewer (1992), "Mental Models of the Earth: A Study of Conceptual Change in Childhood", *Cognitive Psychology*, Vol. 24, No. 4, pp. 535-585.

Vosniadou, S., C. Ioannides, A. Dimitrakopoulou and E. Papademetriou (2001), "Designing Learning Environments to Promote Conceptual Change in Science", *Learning and Instruction*, Vol. 11, No. 4-5, pp. 381-419.

Vosniadou, S. and L. Verschaffel (2004), "Extending the Conceptual Change Approach to Mathematics Learning and Teaching", *Learning and Instruction*, Vol. 14, No. 5, pp. 445-451.

Wagner, J. F. (2006), "Transfer in Pieces", *Cognition and Instruction*, Vol. 24, No. 1, pp. 1-71.

Winn, W. (2002), "Current Trends in Educational Technology Research: The Study of Learning Environments", *Educational Psychology Review*, Vol. 14, No. 3, pp. 331-351.

第四章　课堂学习过程中的关键角色：动机与情绪

莫妮克·博卡尔特

Monique Boekaerts

荷兰莱顿大学

Leiden University, Netherlands

比利时勒芬市鲁汶天主教大学

Katholieke Universiteit, Leuven, Belgium

　　莫妮克·博卡尔特假定，在对学习安排和教师专业发展进行设计时，情绪和动机的作用被严重忽视了。她运用已有的一些文献对情绪和动机的关键作用进行了概括。当学生感觉有能力去完成他们所期望做的事情时：他们会有动机参与到学习之中，并且察觉到行动和成绩之间稳定的联系；他们会重视学习并且有一个明确的目的；他们会在学习活动中经历着积极的情绪。反之，当他们察觉到良好的学习环境但却经历着消极的情绪时会厌恶学习。当学生能够影响其情绪的强度、持续时间和表达时，他们会释放认知资源，并且当他们能够有效管理他们的资源并且应对困难时，他们会更加持续地进行学习。

概　　论

　　情绪和动机对教育来说是必不可少的，因为它们共同促使学生以一个有意义的方式来获得知识和技能。如果所有的课堂活动都是让人感兴趣且有趣的，那么学生就会自然而然地参与其中。但是，学生常常要面对一些他们不喜欢的任务，这些任务可能不是他们所感兴趣的或者是他们感觉不能胜任的。因此，教师需要知道如何去调整课程和教学，从而使学生感觉到课堂活动更加有趣、有目的和令人愉快，并且使学生有更多的信心去完成这些课堂活动。当学生理解了他们的学习和动机系统如何工作，并且知道了如何去激发自己的动机时，无论老师做什么，他们都会成为更加有效的学习者。

　　大部分有关学习和教学的理论会涉及"动机"这一观念，但却没有对其进行整合，而更多地把它作为学习环境来考虑。能力模型主要关注学生需要获得的特定领域的知识，以及学生为了成为策略型学习者而需要了解的认知和元认知过程。然而，所有的学生并不是以相同的方式来获得知识的，他们所重视的新知识和新获得的策略的价值有所不同。这意味着常常用来设计教学和学习的模型并没有捕捉到学生在其学习过程中的复杂性。除非把学生学习的认知和情绪方面的因素作为因子充分纳入模型，否则这些模型就不能够很好地表现学习的动态过程。

　　在这一章中，我对相关研究进行了综述。这些研究大范围地调查了相应的动机和情绪过程，并且通过实证研究讨论并揭示了动机系统的工作原理。然而，并没有一个包罗万象的动机理论来解释学生对学校学习有无动机的原因。相反，我们有一套有限的"迷你理论"来解释学生的感知、认知、情绪和投入如何为学习过程提供能量。我把它们概括为一组"原理"。最近一些针对课堂的研究帮助我们澄清了学生的参与是如何同特定的课堂特征、教学和评估练习联系在一起的。

动机信念和情绪对学习的影响

　　下面的例子很好地说明了情绪和动机信念是如何成为学习的一个主要部分的。

　　　朱丽叶的数学考试失败了必须得重考。她在重考前的一周里积极努力地学习。她的想法是复习课堂中所做过的所有练习。她已经把整个学年的学习内容分成了七个单元，并且计划每天复习一个单元。在两天的努力学习之后，朱丽叶已经复习了三个单元。她感到自豪且轻松，并且决定花一天时间去游泳。但是，第四和第五单元要难得多，在第四天的时候她感到疲倦和失落，因为第四单元她只理解了一小部分。她决定第二天的时候早点开始，在午餐时间之前复习完第四单元，并且在睡觉前把第五单元的绝大部分复习完。如果她能够完成这些，那么在考试之前她仍然有希望复习完所有的材料。朱丽叶整个上午都非常认真地复习并且不允许自己有任何的休息。只有在她很好地理解了材料并且能够解决大部分的问题时她才能放心，然而她发现她的进度太慢了。在第五天的最后，朱丽叶开始感到焦虑，因为她意识到努力学习可能还不够。在第六天，朱丽叶开始出现问题，她不停地想象她考试失败时妈妈的脸。她不能保证她理解了所有的问题，从而能在考试中解决相似的问题。在第六天的最后，朱丽叶还没有复习完第五单元。她被反复出现的想法和可以预料到的羞愧感不断地折磨着。在午餐之后，她感觉到房间里那么热，并且自己十分疲倦和不开心。朱丽叶感觉失控：由于计划的不合理，她不能按时复习所有的材料。她很肯定自己将会考试失败。

在这个例子中，朱丽叶有一个清晰且具体的目标——好好准备考试。在准备过程中，她经历了积极和消极的情绪。她对情况的估计是基于先前知识及其对自己在一周内能完成的事情的信念的——她的"元认知和动机信念"。例如，她认为自己每天能够完成一个单元，并预期了一个稳定的发展进度。开始的时候她的进度比计划快，因此她经历了积极的情绪（自豪、高兴、感觉放松）并且调整了她的计划，她的惰性开始了。同样，当她第一次感受到消极情绪（沮丧）的时候，她把这个解释为复习进度较慢导致的，并且通过加快速度和不休息来调整她的行动计划。朱丽叶的认知和情绪是通过影响她的行为来起作用的。她发现改变策略能够获得进步，但当她意识到自己无法完成目标的时候，她的放松转变成担忧。在她的工作记忆中，复杂反复的思考与有限的推进能力发生了矛盾，这减慢了她的复习速度并且导致她在复习中发生了错误（Pekrun, Frenzel, Goetz and Perry, 2007）。

情绪的出现表示个体已经监测到了现实朝某一方向偏离了预定标准的信号，同时这一信号也需要被解释以促使现状得以改变（Carver, 2003）。学生通过与这些目标相关的情绪的不断变化判断自身与目标之间的距离，并选择和完善达到目标的策略。学生的动机信念作为或者有利或者不利的内部环境对学习产生各种不同的作用。研究者探讨新知识和技能如何通过学生与老师和同伴的观察和交流来获得。社会认知理论为描述学生的动机信念提供了构想，这一描述是基于学生以往的经历和他们被社会教育环境影响的方式来进行的。

动机信念是某一领域（例如，数学学习）中有关自我的认知：它涉及学生所具有的知识和观点，这些知识和观点是关于他们的动机系统如何在不同科目中发生作用以及不同教学实践对他们动机的影响的。所有的这些也被称作"元动机"。学生使用他们的动机信念为学习任务和环境以及他们的社会和教育环境赋予意义。很多不同类型的动机信念已经被确认，它们包括：学生所持有的关于他们能够完成某件事情的能力的信念（自我效能感），关于某一行为会导致成功而其他行为会导致失败的信念（结果期望），关于某一学习活动的目的的信念（目标取向），关于活动是有趣还是无聊的信念（价值判断），关于成功和失败的原因的信念（归因）。

动机信念可以是积极的或消极的。它们基于某一领域（例如，数学学习）的直接经历，但同样也基于对他人行为的观察以及教师、家长和同伴所讨论的内容。动机信念是重要的，因为它决定了学生所做的选择、所付出的努力以及面对困难时所坚持的时间。

情绪向学习者发出信号：需要采取行动

"情绪"涉及广泛的情感要素，包括感觉、心境、情感和幸福感。一般来说，这一术语包括六种主要的情绪：高兴、悲伤、生气、恐惧、惊讶和厌恶。很多教育心理学家也会把"次生情绪"包括进来，例如妒忌、希望、同情、感激、后悔、自豪、沮丧、放松、绝望、羞愧、内疚、尴尬和戒备。弗里达（Frijda，1986）认为，情绪具有两个主要的功能。第一，它们会给出高优先级的警告信号，打断正在进行的活动并且告诉我们现在我们正面临着一个非常有价值或者危险的环境，这增强了唤醒的程度，警告我们要立即行动。第二个重要的功能是让我们做好准备并及时地做出回应。增强的唤醒程度与血液中的荷尔蒙分泌物一起产生物理变化并且提供生理能量和动机能量，使得我们采取行动。我们可以觉察到自身的很多变化，例如心跳加快、呼吸急促或者双手湿冷。

正如我们从朱丽叶身上看到的那样，学生在唤醒阶段会发觉变化并因此而做出反应。一些刺激对所有的学生有着相同的影响，例如，在公众场合说话会增强唤醒程度，而在沉默中等待很长一段时间则会降低唤醒程度。这并不是说增强或降低的唤醒程度本身会影响学习结果，产生影响的是学生如何解释这一变化。对于在考试之前增强的唤醒程度，学生若将其视为一种积极的因素则容易帮助自身挑战困难，那些将其解释为消极情绪（焦虑、担忧）的学生在考试中更容易发挥失常。这些情绪，如生气、放松和高兴，是短暂的，并且对进一步的学习意义不大。其他情绪，如羞愧和绝望，将与课堂学习持久相关，因为它们构成了学习情境的标签，并且当学生面对相同的任务时会被激活。

情绪对于教师来说具有诊断性的价值，因为它揭示了潜在的认知、投入和关注。教师需要认识到学生的动机信念，并且关注他们的情绪，因为这能够为学习过程的设计提供信息。他们自己的行为、教学和评价实践会在学生中触发特定的情绪和动机信念，而这些转而会影响正在发生的学习的质量。

动机信念和管理策略被整合为自我管理

面对一个新的学习任务，学生首先会观察任务的特点和它所处的教育环境。其次他们会激活相关领域的知识和相应的元认知策略。最后，他们会激活关键的要素——动机信念和管理策略。动机与学习的整合模型，例如"双处理自我管理"（dual processing self-regulation）将动机看作自我管理学习的一个关键的方面（Boekaerts，2006；Boekaerts and Niemivirta，2000）：学生使用所有以上三个信息来源而不仅是前两个，使自己适应新的学习情境。所有这些信息被带入工作记忆来决定：（1）学生如何理解和评价一个特定的学习任务；（2）他们解决这一任务时所要付出的投入；（3）在学习过程中学生如何管理他们的动机。

评价——对于特定任务的动机信念——在自我管理中扮演着一个重要的

角色。它的关键功能之一是明确学习活动的意义和目的：这一活动是无聊的还是有趣的？它所期望的结果是什么？为什么要去完成这一活动？是否现实？是什么导致了成功或失败？评价的另一个同等重要的功能是在自我管理系统中指引活动或者朝着发展个人资源的方向（拓展知识或者提高学习策略的水平或学习能力），或者朝着体验幸福感的方向（例如，感到安全、可靠、满足）发展。动机信念因此影响了学生参与学习活动的幸福感，即使学生没有意识到这些也是如此。

学生对学习任务的评价会影响其对任务的投入程度，这也有可能在中途发生改变，就好像我们所看到的朱丽叶那样。学习的时候可能会出现障碍或干扰。改变内部和外部的条件可能会改变学生对这一学习任务的评价，从而触发消极的情绪，导致学生不再投入到任务中（Boekaerts and Niemivirta，2000）。尽管学生可能会因为"自动导向"而继续完成任务，但是他们已经转而关注他们的情绪（例如朱丽叶反复的复杂的想法）或者转而关注学习环境中的不利因素（她发现房间里非常不舒服）。这个时候，学生需要使用情绪管理策略来降低他们的情绪唤起程度（关键原则6，见后文），并且使用动机调节策略来维持他们的动机（关键原则7，见后文）。没有这些策略的学生需要来自教师（外部管理）或者同伴（共同管理）的帮助，从而使他们得以重新调整学习策略。

激发动机的关键原则

这一部分将介绍8个激发动机的"关键原则"[加强动机信念（关键原则1—关键原则5），改善动机管理策略（关键原则6—关键原则7）和学习环境（关键原则8）]，并且讨论它们对于教学的启示。

关键原则1：当学生感到有能力达成期望时，他们会更有动力

大量的研究报告显示，那些认为有能力完成特定任务（高自我效能感）的学生会选择更加具有挑战性的问题、投入更多的努力、坚持更长时间，并且会参与到非必修的课程当中（Pintrich and Schunk，1996；Schunk and

Pajares，2004；Wigfield and Eccles，2002）。高自我信念、高自我效能感以及对成功的期待会积极且一贯地与正向的结果相关，例如，在母语学习和数学学习中，更好地对学习材料进行回顾、更好地使用策略以及获得更高的分数。这些信念在预测分数的时候甚至比先前的分数还要有效。

威格菲尔德和埃克尔斯（Wigfield and Eccles，2002）发现，学生对能力的感知在小学之后变得更加不同并且大体上有所减弱：年长的孩子更容易将自己与同伴进行比较，并且更加习惯于分数和评价程序。成功的学生使用这些信息来加强他们对自我效能感和期待的感知，并且会同时增加对学习任务的价值的认识，而不成功的学生的动机信念则在他们还没有意识到为什么的时候就减弱了。

对自身能力的感知和判断与实际表现相符的学生在自我管理学习中表现得更加有效（Winne and Jamieson-Noel，2002）。他们拥有更加准确的信息去监测自己的表现，并且知道如何重新定位自己的学习水平来提高成绩。无法精确定位自己学习水平的学生会高估或者低估自己的表现（Schunk and Pajares，2004）。低估自己表现的学生会充满不确定感并且会不假思索地倾向于采取他人的观点和问题解决办法（Efklides，2006）。这些学生也可能因为不愿意去尝试而延迟了技能的获得。相反，过分自信的学生可能会很有动力并且表现出寻找一种问题解决办法的决心，但是他们同样有可能走下坡路。当这些学生出乎意料地失败时，他们会变得沮丧并且有可能会对这个学习活动表现出反感。

班杜拉（Bandura，1997）提出，稍微超出实际表现的自我效能判断对学习是有益的。在没有太多失败的时候，这些动机信念会促进个体的努力和坚持，然而在经历反复失败后，有高的自我效能感的个体还是会减少和放弃努力。申克和帕亚雷斯（Schunk and Pajares，2009）强烈反对教师轻率地鼓励学生"尝试一下"，或者告诉学生只要他们付出努力就会成功。没有根据的鼓励会使学生过分自信，这些学生往往没有必要的技能来支持他们的高自我效能感。一些研究已经表明，教师组织课堂练习的方式会以支持或抑制的方式影响学生的自我效能感和他们对结果的期望（例如，Nolen，2007）。布罗菲（Brophy，2001）认为，教师应该通过密切关注学生的发展来不断更新他们对学生所能达到的目标的期望，不论学生是独立的还是在他人的帮助下去完成学习任务的都应如此。教师的期望会塑造学生对自己的期望，并且，教师应该与学生主动进行积极而现实的交流。学生的自我效能感和期望可以通过真正的或象征性的榜样、警句以及鼓励或自我教育得到增强。

关键原则 2：当学生感受到特定行动与成就之间的稳定联系时，他们会更加有动力参与到学习中

　　一些学生认为教师控制着自己的学习结果，而其他学生则认为他们自己可以控制自己的学习结果而且可以完成得更好。有证据表明，学生在完成他们曾经完成得很好的任务时会认为自己依旧能做得很好。但韦纳（Weiner，1986）认为，成功或失败会对下一步的表现有影响这一说法并不准确。倒不如说，学生对其成功或失败原因的理解会形成他们的动机信念，并且以此形成对自己下一步表现的期望。例如，韦纳发现物理测试中的糟糕表现会被同学和老师归咎于一些特定的原因，例如有限的物理学习能力、没有投入足够的努力、测试太难或者运气不好。他发现把失败归咎于低能力会对学生的自我概念造成毁灭性的影响，这将会使他们充满无力感，并且不利于他们在未来付出努力。

　　塞利格曼（Seligman，1975）为这一稳定的归因模式创造了一个术语——"习得性无助"，反映了个体认为自己具有低能力并且无论做什么都不会有所改变的信念。相反，当学生把一次糟糕的表现归因为努力不够或者使用了错误的策略（变量，内部归因）时，他们不会产生无力感。这样的归因方式可以保护学生免受消极情绪（关键原则 5）和来自教师与同学的消极反应的影响，因为努力不够或者使用错误策略被认为是可以改变的。

　　齐默尔曼和基特桑特斯（Zimmerman and Kitsantas，1997）表明，把失败归因于使用了错误的策略对于动机来说是有益的。进行精心计划并且使用了某个特定策略来解决问题的学生更容易把他们的失败归因于策略而不是能力。这能够帮助他们在失败的时候保持自我效能感。把结果归因于策略选择的学生趋向于坚持，直到他们所具备的策略都被尝试完为止。相反，一些研究表明，当学生感受不到他们的策略与期待的结果之间具有稳定的联系

时，学生不会投入努力（Boekaerts，2006）。在我们的例子中，朱丽叶在开始的时候具有高自我效能感和期待，但当她发现她所做的工作并不奏效时，虽然她的自我效能感仍然保持但她的期待改变了。她把这一问题归因于错误的计划（策略失败），从而保持了她的自我效能感并且驱使她在下次复习时完善她的计划。

教师需要保证学生以一个健康的有利于提升动力的方式来进行归因，包括在取得了糟糕的表现之后。学生需要事先知道期望的结果以及他们将要使用的策略是什么。在完成学习任务的时候，他们需要仔细回忆他们所使用的策略的适用性。学生需要察觉到学习结果是使用特定认知与元认知策略的**可能产生的**结果。他们需要感受到自己的行为（例如，重读课本、突出主要观点和为某一信息写短评）与成就之间的稳定关系，从而把学习结果归因于策略的使用。

关键原则 3：当学生重视学习科目并且有一个明确的目标时，他们更有动力参与到学习中

如果学生认为学习任务没什么价值，那么他们就不可能主动参与到活动中并且保持投入。完成预期任务所带来的满足与自豪能够为他们提供能量。威格菲尔德和埃克尔斯（Wigfield and Eccles，2002）通过研究得出结论：学生关于某一领域重要性、趣味性和相关性的认识是预示他们是否坚持投入、选择具有挑战性还是容易的任务以及是否会学习该科目的课程的最好的预测器。能力信念是预测学生真正成就的最好的指标。德威克（Dweck，1986）认为，学生会为学习任务的意义的设定规划一种快捷的路径：他们会倾向于采取"精通"或者"成就"目标取向。采用成就目标取向的学生想要在任务中表现他们的能力，从而获得高成绩并且超过其他人。相反，采用精通目标取向的学生参与学习是为了理解新的材料并且提高他们的能力。在两个例子中学生所感知的目标是完全不同的。

大量研究表明，精通目标取向与兴趣相关，并且有益于学习（深层学习策略）。开始的时候，研究认为成就目标取向是不利于学习的，因为它取决于两个不利的动机信念：第一，一个人需要高能力来获得成功；第二，成功

通过很少的努力就可以获得。埃姆斯（Ames，1992）认为，当某人面对复杂或模棱两可的任务时，这种信念会引发焦虑。学生会把错误隐藏起来并且不会寻求反馈，因为他们认为错误是低能力的信号。他们认为其他人会认为他们并没有表现出来的那样有能力。这导致学生投入更少的努力、拒绝帮助、拖延以及逃避任务。相反，精通目标取向以有利于学习的动机信念为基础，例如，努力能获得成功以及个体可以从反馈、脚手架和帮助中获得自信。这种建设性的信念会触发积极的情绪并且推动学生去寻求反馈和帮助从而得到提高。

近期，更多的研究再次讨论了这些结论，并且区分了"成就倾向"（想要去表现能力）和"成就回避"（想要去隐藏能力的不足）。哈里科维奇等人（Harackiewicz，Barron，Pintrich，Elliot and Thrash，2002）表明，只有成就回避目标取向是不利于学习的。实际上，成就目标取向和精通目标取向本身比其他目标取向会导致更好的认知投入和成就。

教师能够推动学生树立精通目标取向或者成就目标取向（Ames，1984）。当教师给出竞争性的教学、强调成绩并且把学生的注意力引向任务的困难部分时，大部分学生会采取成就目标取向，并且把学习目标的达成看作他们能力的展现。瑞安和萨普（Ryan and Sapp，2005）强烈批评了那些评价性程序、竞争和高奖学金考试，因为它们倾向于表彰那些具有高成就和想要展现能力的学生。甚至这些具有高成就的学生也会经历消极副作用所带来的危险，因为他们会被鼓励去展示表面上的学习成果、会依赖外部刺激以及会因回避错误而获得奖励。相反，进行非竞争性的教学、把学习任务与学生的兴趣和个人目标联系起来的教师会培养出精通目标取向的学生（Nolen，2007）。这些学生理解努力的作用，并且通过分析自身的不足而监测自己的表现。在适当的时候学生会向教师寻求帮助来支持自己的学习。

关键原则4：当学生对学习活动持有积极的情绪时，他们更有动力参与到学习中

不同的学习经历塑造了学生对学习的情绪。积极和消极的情绪被整合到特定的心理表征当中。积极的情绪主要是在长时记忆中进行编码的，表

明某个人做得很好，从而引发积极的情绪状态和对个人表现的有利的判断（Bower，1991）。积极的情绪表明个人的心理需求——对能力、自主性以及社会连接的需求——得到了满足，从而激励个体主动地、有建设性地参与学习（Ryan and Deci，2000）。积极的情绪同样也是个人具有充足的个人资源来处理某个特定情况的信号，且这与改变和参与有趣活动的程度是一致的（Aspinwall and Taylor，1997）。积极的情绪为学生提供能量，因为他们会把注意力定位在与任务以及学习环境相关的线索上，从而创造出最佳的学习、自我管理和达成成就的内部环境。

在一个有挑战性的数学或写作任务中经历的积极的关于事情会变好的愉快感和自豪感，将产生鼓励学生去寻求类似学习任务的"任务吸引"和"任务满足"（有时也叫"情境兴趣"）。与之类似，自豪和愉快的感觉与需要努力完成任务的信念——"内发动机"相伴而生，这相对于获得明确的奖励来说更具有价值。不幸的是，并不是每一个成功完成任务的个体都能够获得自豪和满足感。根据韦纳（Weiner，2007）的说法，成功必须是自我归因的，并且涉及对以往成功的经历的分析或者与一个社会标准的比较。他提出学生在把成功归因为稳定的内部因素（例如，能力和坚持）并且把失败归因为变化的、外部因素（例如，运气不好、太累、没有足够的时间或帮助）时会经历积极的情绪。当学生表现不好时，这种归因模式会消除消极的情绪。同时，他会对引起失败的因素表现出相应的社会情绪（沮丧、生气），例如，"老师没有给予我们足够的时间来完成任务"。这是一种健康的归因风格，因为它允许学生把学习任务编码为一组积极因素的结合：学生将建立一个积极的自我概念，并且，这一积极的自我概念可以在将来的学习中触发有利的反应。

无端的积极情绪被其他人认为是不利于学习的。例如，对于某人在抄袭了他人后获得高成绩所表现出来的骄傲，学生们表现出愤怒的情绪，他们认为宽慰或感激应该更合适。被任务或情境触发的积极情绪会很快消失，但在适当的情况下它们也可能会发展成个人兴趣。个人兴趣从刺激性情境中发展而来，并随时间推移得以保持，且允许个人在教育的背景下不断完善对课程内容的多元理解。因此个人兴趣对于学校教学来说类似于内发动机。对于具有内发动机的学生，积极的情绪在他们参与到学校任务中时被自动触发，并且支持他们自主地去完成任务（关键原则8）。卡梅伦和皮尔斯（Cameron and Pierce，1994）所开展的一项元分析显示，对学生已经完成的某些任务给予外在的奖励会减少其内在动机，并且对学生的创造性、努力的程度和成绩产生不利影响。

关键原则5：当学生经历负面情绪时，他们会从学习中转移注意力

作业焦虑是与学习最为相关的典型负面情绪，羞愧、厌烦、生气、沮丧和绝望则是另外一些负面情绪。负面情绪的反复出现能够抑制个体的表现（回顾朱丽叶的例子）。负面情绪主要在长时记忆中对信息进行编码，并且给学生发出信号说某些事情是错误的（Bower，1991）。这触发了有关任务以及任务中表现的消极情绪和否定的判断。负面情绪还表明学习者对能力、自主性和社会连接的心理需要没有得到满足。

随着儿童进入学校教育系统，他们开始越来越意识到自己的内在需求。与此同时，他们认识到了与其同伴们相比自己在完成学校任务时能力上的限制，他们的自我价值也因此受到了影响。韦纳（Weiner，1986，2007）和科温顿（Covington，1992）描述了学生对失败的反应对其自我价值可能产生的毁灭性影响，特别是那些把失败归因于稳定的、内在的原因（"我没有足够的能力来完成那个任务"）的影响。这会在下一次进行学习任务时触发负面情绪和不利的动机信念——低期望、低自我效能感以及成就回避——从而强化消极的学习体验。

鼓励教师去打破这种恶性循环的一般建议是让教师为学生安排一系列的成功体验。但是，当学生享受到的是意外的成功时，他们不会体验到往常的积极情绪，相反，他们会因为事情没有变坏而感到释怀，并且对教师、同伴甚至是他们认为有可能引发成功的环境充满感激。他们归因的方式不允许他们树立一种积极的观点，即使是在享受成功的时候也一样。因此，这些学生将会继续以一种消极的方式来对学习活动进行编码。

这些学生还会认为努力对他们的自尊心来说是一种威胁。当他们已经很努力但仍然失败的时候，大部分学生会感到丢脸，因为他们认为其他人会把

这看作低能力的一种标志（Covington and Omelich，1979）。为了避免这种消极的感觉，他们会进行自我保护并抑制自己的行为。当学生已经为了考试而努力学习但仍然失败的时候，羞愧和个人的不满达到极点，而当他们没有做任何努力就失败时，这种情绪却是最弱的。这一研究提出，有关为什么他们没有努力学习的可接受的借口（例如，由临时教师进行教授）能够使学生的羞愧和不满减少很多。

教师需要通过提供难度稍高于学生能力的学习任务，并且给予学生没有威胁性的反馈来打破这种恶性循环。德威克（Dweck，1986）建议，教师应避免提及学生的智力、对学生进行社会比较以及个人批判，并且鼓励学生评价自己的表现，促使学生认真听取教师的反馈。教师应强调，错误是学习中的必然，并且我们可以从中学到很多（Brown，1994）。他们应该鼓励学生去反思自己和其他学生的优点，并且享受那些需要经过努力才获得的成功。当失败发生的时候，教师应采取这样的反应："你虽然进行了很好的尝试但它没有取得良好的效果，你知道这是为什么吗？"或者"下次你可以再想另外一个办法来完成这个任务吗？"不太成功的学生应该有机会回答这些问题。维贝·贝里（Wiebe Berry，2006）建议教师不要过度帮助学生，并且要确保学生是讨论中的一员。这些学生也需要扮演帮助提供者的角色，因为同伴认为没有得到帮助同样是他们没有做出贡献的信号。

关键原则 6：当学生能够控制其情绪的强度、持续时间以及表达时，他们会为学习释放认知资源

学生在课堂中会经历很多有压力的情况，这将不利于他们建立积极的自我概念，会引发负面情绪和反复思考，而这些都将阻碍信息的处理（关键原则 5）。学生需要去除这些内在的阻碍，并且重新将他们的注意力转移到学习任务上来。他们需要表达自己的情绪，或者降低由这些情绪所触发的唤起的水平和持续时间。有时，表达一个人的情绪是有益处的，这样其他人才能考虑到你的感受（比如，当某人没有做事而获得奖励的时候表现出对这一事件的沮丧或者恼怒）。有时，一个人也有必要去调节自己的情绪，因为这些情绪会阻碍学习的发展。并不是所有学生都能够很快控制自己的情绪从而继

续完成学习任务，尽管他们已经意识到他们管理情绪的方式会影响自己课堂中的学习和社会互动。

"情绪调节策略"（也称"情绪处理策略"或"情感调整策略"）指的是当情绪影响目标实现时，将情绪作为能量的来源并对其进行调节的策略。这些策略可以通过这样的方式来实现：重新评估引发消极感、情绪抑制、焦虑或者危险控制、松懈以及烦乱的相关任务。格罗斯和约翰（Gross and John，2002）认为，情绪调节可以是预防性的或者是补救性的。学生在负面情绪被触发**之前**就可能会使用情绪调节策略，例如，由于能力不足预感到会产生羞愧感时，学生可能会事先安排一个更有能力的同伴来提供支持，以免自己的策略会失败。学生也会通过强迫自己冷静、和自己谈话、分散注意力（例如，去到另一个地方坐下）或者逃避来尝试着减弱情绪的影响。一种有效减弱情绪的影响的方式是对情况进行重新评估（"情况是否真的糟糕到我不能解决这个问题？昨天我完成了7个类似的任务。"）。重新评估是有益的，因为它与自我效能感、积极的情绪和情绪交流正相关，与神经质负相关（Gross and John，2002）。由于重新评估只在一段时间内发生，不需要持续的监测，因此不会使学生有过重的处理负荷。情绪的抑制也是有价值的，因为它与失去控制以及消沉的感觉有关。但它会减少正在进行以及即将进行的活动的认知资源，因为在整个情绪存在的时间段内它都需要持续地被监测。

学生带到课堂上的情绪调节策略的类型会被父母的管理模式、教育方式以及父母所提供的支持所影响。经历很多负面情绪并且发现难以进行自我调节的学生需要来自教师和同伴的支持。如果教师能建构有效的情绪调节策略模型并且为学生构建脚手架，那么这些学生将会获益。这是一个新的研究领域，并且仅有少数学生已经表现出了由情绪调节策略训练所获得的益处（例如，Punmongkol，2009）。

关键原则7：当学生能够管理他们的资源，并且有效地处理障碍时，他们的学习会更加持久

通常，课程和教师会指定需要学习的内容以及完成的时间。学生需要理

解学习任务、在分配的时间内完成并且在需要的时候请求反馈和帮助。正如我们所看到的，动机信念影响学生对学习赋予意义和目标的方式，并且为学生提供如何提高和保持动机的信息。理想情况下，学生应当在开始学习任务之前使自己了解这个任务，从而能够明确任务的目标和将要达到的结果。建立一个清晰且具体的学习目标可以帮助学生选择合适的学习策略，并且帮助他们评估需要付出多少时间和努力。但是，事情可能会与所期望的不一样。学生可能会把学习活动重新评估为比预期更困难、更无聊或者更浪费时间的活动（例如，朱丽叶）。他们可能会遇到意料之外的障碍和令人分心的事情。因此，他们需要"动机调节策略"（也被称为"意志策略"）。这些策略能够让学生牢记完成任务的重要性，帮助学生保护他们学习的意愿，特别是在遇到困难的时候。

学生可能会意识到不同动机调节策略的存在，并且会不定期地使用它们。这些策略包括对完成任务的奖励与对放弃的消极影响的预期、自我对话（思考关于完成任务的目的）、提高兴趣、去除那些可能会不利于完成任务（环境控制）的因素、建立良好的学习习惯。

学生常常要很久才能意识到他们的学习是有问题的，这是因为他们缺少必要的动机调节策略。人们常常将自己要完成任务的意志或投入与他们把这种打算转变成行动的能力混淆起来（Gollwitzer，1999）。戈尔维特（P. M. Gollwitzer）提出，人们应该把行动的意图和特定的动机调节策略（"**当我从学校回到家的时候，我会走进房间并且马上开始做家庭作业**"）联系起来。这些行动意图（"时间-地点"计划）鼓励学生通过特定的环境线索去培养良好的学习习惯。戈尔维特发现，当学生构思出特定的行动意图时，它促进了对障碍的检测并增强了处理这些问题的能力。计划的开始是迅速且有效的，一旦障碍出现，它会保护学生免受多余负面情绪的影响。

难以获得成功的学生需要教师的帮助去达成长期的目标。这些学生能够从良好学习习惯的培养以及与同伴分享有效的动机调节策略中受益。当教师塑造良好的学习习惯模型并且为学生的动机调节策略发展搭设脚手架时，所有年龄的学生都能够从中获益（Corno，2004）。学生喜欢去分享并且积累有关个人资源最优使用方法以及处理障碍和难题的方法的信息。观察学习是有益的：研究已经发现，相对于观看完美的表现，观察一个与障碍斗争进而获得成功的过程之后，学生更加有动机去学习新技能（Zimmerman and Kitsantas，2002）。他们欣赏现实的榜样，这些榜样遇到了他们曾经遇到的障碍，描述了解决问题的过程和他们仍然需要专家帮助的地方。

关键原则 8：当学生感觉到周围的环境有利于学习时，他们会更加有动力参与到学习中并且使用动机调节策略

学生在社会和课堂情境中学习，这些情境与他们的个人特征、动机信念和个人策略进行交互。学生观察教师展示新技能，听教师的提问、反馈、训斥和赞扬。他们和其他同学共同参与到学习活动中，观察他人的成功和失败。总之，学生通过观察和参与社会学习活动来理解并整合学习策略。他们对于任务及其情境的评估是在特定的教育和社会情境中**共同建构**的（Perry，Turner and Meyer，2006）。

不同的教育情境为学生提供不同结构层次、不同动机、不同社会及不同情绪方面的支持。教师所选择的不同的任务以及任务所发生的不同的学习环境对学生的激励有所不同。学习任务的各个方面——新颖性、多样性、真实性、适切性、奇妙性——可能能够也可能不能够满足学生的兴趣。教师组织学习并且设计社会情境的方式可能能够也可能不能够保持学生的兴趣。在上文中，我已经对能够增强成就目标取向（关键原则 3）的学习环境的各个方面，不利于学习的教学实践（关键原则 2 和关键原则 5），以及符合心理需求的环境（关键原则 4）进行了论述。

当教师满足学生的喜好时学生学得最好，但要考虑到所有学生的喜好是困难的。有些学生相对于单独自修更喜欢合作学习，但仅仅是在需要合作的时候。当教师明确告诉他们要做什么时，一些学生感到沮丧，而另一些学生则会在需要自己去组织学习时感到恐惧。学生有关结构的、动机的、社会的以及情感支持的喜好类型和强度有着明显的差异，这使得为每个环境及每个学生设计最具吸引力的任务变得不可能。

最近的课堂研究（例如，Nolen，2007；Perry et al.，2006）提出，当教师和学生能够熟练地控制他们自身去适应当前的教学和学习需要时，学习

任务是具有吸引力的。这个动态的方法是以学生如何有效学习为基础的。它的启示是，在任一时刻，学生和教师都知道谁在调节学习过程：是教师（外部调节）、学习者（自我调节）还是两者一起（共同调节）。

教师应该确认他们的学生对教学是否有反应，并且从中发现谁能够为学习中的不同方面承担主要责任。缺乏对教师为某一特定活动所设定的相互依赖关系的理解会导致学生学习遇到挫折。学生会感到学习活动并没有提高他们的能力，他们没有足够的自由或者必须完成低真实性、低多样性、低新颖性和低相关性的任务（Ryan and Deci，2000）。即便任务太难而不能单独完成，他们也会拒绝成功所需的帮助。被排除在讨论之外的接受过度帮助的学生会表现出反抗，使用诸如退缩、表现得笨拙或者拒绝合作等策略（Nolen，2007）。这些策略是有代价的：它们会导致学生被同伴拒绝和被教师惩罚，从而减少学生发展技能的机会。

课堂中的观察已经显示，当给予小学生能够达成多个目标的复杂而有意义的写作任务时，他们可以共同调节或自我调节他们的学习，并且在持续的周期内得到很多的写作成果（Nolen，2007；Perry，1998）。相对于把他们引向预定写作结果的任务，复杂的写作任务允许学生用更多的方式去满足他们的需要和喜好。鼓励学生去计划自己的写作，并为学生提供良好的监测和评价的教师会拥有这样的学生：他们对写作更加有控制力，并且能够更加主动地去表达他们的想法。即使低成就的学生也会表现出更少的负面情绪，并且更加顺利地对正确和有建设性的反馈做出回应；相对于在所有的学生都学习相同任务的课堂中的低成就学生，他们更少使用自我阻碍策略。

教师应设计一系列的学习活动使得学生能从中选择他们认为有用的活动。教师应该鼓励学生对他们的学习进行自我管理，并为学生提供丰富的、需要的建设性反馈。他们应该强调学生的长处，而不是缺点，并且鼓励他们相互学习。要求学生分享有意义的成果，并且以一种没有威胁的方式对有效的和低效的策略进行讨论，能够提高策略使用的兴趣和机会，从而构建一个学习共同体（Brown，1994）。

政 策 建 议

　　动机研究为设计有效学习环境提供了启示。教师需要去理解认知和动机系统是如何起作用的以及它们之间是如何进行交互的。八个关键原则说明了有利的认知和积极的情绪是如何共同发生作用来为学生提供学习的动力的。这些原则也展示了负面情绪和不健康的归因会阻碍学生的学习并且使其意志消沉。如果教师没有创建一个充满信任感的基础，学生就不会冒险去丢脸和承担学习的责任。教师需要认识到他们自己的话语、对学习任务的选择以及教学实践中所隐藏的动机性的信息。无论它对学习有利还是不利，学生都将获取这些无意识的信息并对其倾向进行评价。

　　本章的一开始就已说明，学习和教学的理论大部分难以表现学习过程的动态性，因为它们很大一部分把动机当成一个不相关的问题。但是，这些理论在教师教育计划中仍然在被学习着。这一现象迫切需要改变。教师需要把动机信念以及情绪作为考虑的因素，这些动机信念和情绪由学生带来并对其学习产生影响。更加重要的是，教师需要使用这一信息去设置高于学生当前水平的认知和**动机**的区域。随着学生在不同领域中的技能的发展，学生的认知和动机需要也会发生改变，同时最佳的学习环境也需要因此而改变。

　　认知专家、动机专家和学习专家有必要一起努力去设计一个方案，这一方案能让教师知道认知和动机系统在学习过程中如何一起发生作用，进而设计下一学习单元来落实这些见解。这个方案应该：（1）让教师意识到学生带来的并对其学习产生影响的动机信念；（2）让教师意识到影响学习的积极和消极的情绪；（3）指导教师发现并考虑这些信念和情绪；（4）考虑如何帮助学生处理对学习起反作用的信念和情绪；（5）通过教师培训辅助学生建立良好的学习习惯以及其他意志和情绪调节策略，从而使学生能自己处理内在和外在的阻碍。

参 考 文 献

Ames, C. (1984), "Competitive, Co-operative, and Individualistic Goal Structures: A Cognitive Motivational Analysis", in R. E. Ames and C. Ames (eds.), *Research on Motivation in Education,* Vol. 1, Academic Press, New York, pp. 177-208.

Ames, C. (1992), "Classrooms: Goals, Structures, and Student Motivation", *Journal of Educational Psychology,* Vol. 84, No. 3, pp. 261-271.

Aspinwall, L. G. and S. E. Taylor (1997), "A Stich in Time: Self-Regulation and Proactive Coping", *Psychological Bulletin*, Vol. 121, No. 3, pp. 417-436.

Bandura, A. (1997), *Self-Efficacy: The Exercise of Control,* Freeman, New York.

Boekaerts, M. (2006), "Self-Regulation and Effort Investment", in E. Sigel and K. A. Renninger (eds.), *Handbook of Child Psychology*, Vol. 4, Child Psychology in Practice, John Wiley and Sons, Hoboken, NJ, pp. 345-377.

Boekaerts, M. and M. Niemivirta (2000), "Self-Regulated Learning: Finding a Balance between Learning Goals and Ego Protective Goals", in M. Boekaerts, P. R. Pintrich and M. Zeidner (eds.), *Handbook of Self-Regulation*, Academic Press , New York, pp. 417-450.

Bower, G. H. (1991), "Mood Congruity of Social Judgment", in J. Forgas (ed.), *Emotion and Social Judgment*, Pergamon , Oxford, UK , pp. 31-54.

Brophy, J. (2001), *Teaching*, in the Educational Practice Series of the International Academy of Education, International Bureau of Education, UNESCO , Geneva.

Brown, A. L. (1994), "The Advancement of Learning", *Educational Researcher*, Vol. 23, No. 8, pp. 4-12.

Cameron, J. and W. D. Pierce (1994), "Reinforcement, Reward, and Intrinsic Motivation: A Meta-Analysis", *Review of Educational Research*, Vol. 64, No. 3, pp. 363-423.

Carver, C. S. (2003), "Pleasure as a Sign You Can Attend to Something Else: Placing Positive Feelings within a General Model of Affect", *Cognition and Emotion,* Vol. 17, No. 2, pp. 241-261.

Corno, L. (2004), "Work Habits and Work Styles: The Psychology of Volition in Education", *Teachers College Record*, Vol. 106, No. 9, pp. 1669-1694.

Covington, M. V. (1992), *Making the Grade: A Self-Worth Perspective on Motivation and School Reform*, New York: Cambridge University Press.

Covington, M. V. and C. L. Omelich (1979), "Effort: the Double-Edged Sword in School Achievement", *Journal of Educational Psychology*, Vol. 71, No. 2, pp. 169-182.

Dweck, C. S. (1986), "Motivational Process Affecting Learning", *American Psychologist*, Vol. 41, No. 10, pp. 1040-1048.

Efklides, A. (2006), "Metacognition and Affect: What Can Metacognitive Experiences Tell Us about the Learning Process?", *Educational Research Review*, Vol. 1, No. 1, pp. 3-14.

Frijda, N. H. (1986), *The Emotions*, Cambridge University Press, Cambridge, UK .

Gollwitzer, P. M. (1999), "Implementation Intentions: Strong Effects of Simple Plans", *American Psychologist,* Vol. 54, No. 7, pp. 493-503.

Gross, J. J. and O. P. John (2002), "Wise Emotion Regulation", in F. F. Barrett and P. Salovey (eds.), *The Wisdom in Feeling: Psychological Processes in Emotion Intelligence*, Guilford Press, New York, pp. 297-318.

Harackiewicz, J. M., K. E. Barron, P. R. Pintrich, A. J. Elliot and T. M. Thrash (2002), "Revision of Achievement Goal Theory: Necessary and Illuminating", *Journal of Educational Psychology,* Vol. 94, No. 3, pp. 638-645.

Nolen, S. B. (2007), "Young Children's Motivation to Read and Write: Development in Social Contexts", *Cognition and Instruction*, Vol. 25, No. 2-3, pp. 219-270.

Pekrun, R., A. C. Frenzel, T. Goetz and R. P. Perry (2007), "Theoretical Perspectives on Emotion in Education", in P. Schutz, R. Pekrun and G. Phye (eds.), *Emotion in Education*, Academic Press, San Diego, CA , pp. 13-36.

Perry, N. E. (1998), "Young Children's Self-Regulated Learning and the Contexts that Support It", *Journal of Educational Psychology,* Vol. 90, No. 4, pp. 715-729.

Perry, N. E., J. C. Turner and D. K. Meyer (2006), "Classrooms as Contexts for Motivated Learning", in P. A. Alexander and P. H. Winne (eds.), *Handbook of Educational Psychology*, Lawrence Erlbaum, Mahwah, NJ, pp. 327-348.

Pintrich, R. R. and D. H. Schunk (1996), *Motivation in Education: Theory, Research, and Applications,* Englewood Cliffs, Prentice-Hall, Inc., New Jersey.

Punmongkol, P. (2009), "The Regulation of Academic Emotions", PhD Thesis, University of Sydney, NSW , Australia.

Ryan, R. M. and E. Deci (2000), "Intrinsic and Extrinsic Motivations: Classic Definitions and New Directions", *Contemporary Educational Psychology*, Vol. 25, No. 1, pp. 54-67.

Ryan, R. M. and A. Sapp (2005), "Zum Einfluss Testbasierter Reformen: High Stake Testing (HS T)", *Unterrichtswissenschaft,* Vol. 33, No. 2, pp. 143-159.

Schunk, D. H. and F. Pajares (2004), "Self-Efficacy in Education Revisited: Empirical and Applied Evidence", in D. M. McInerney and S. Van Etten (eds.), *Big Theories Revisited*, Information Age Publishing, Greenwich, CT, pp. 115-138.

Schunk, D. H. and F. Pajares (2009), "Self-Efficacy Theory", in K. Wentzel and A. Wigfield (eds.), *Handbook of Motivation at School*, Routledge, New York and London.

Seligman, M. E. P. (1975), *Helplessness: on Depression Development and Death*, Freeman, San Francisco.

Weiner, B. (1986), *An Attributional Theory of Motivation and Emotion,* Springer-Verlag, New York.

Weiner, B. (2007), "Examining Emotional Diversity in the Classroom: An Attribution Theorist Considers the Moral Emotions", in P. Schutz, R. Pekrun and G. Phye (eds.), *Emotion in Education*, Academic Press, San Diego, CA , pp. 75-88.

Wiebe Berry, R. A. (2006), "Inclusion, Power, and Community: Teachers and Students Interpret the Language of Community in an Inclusion Classroom", *American Educational Research Journal,* Vol. 43, No. 3, pp. 489-529.

Wigfield, A. and J. S. Eccles (2002), "The Development of Competence Beliefs, Expectancies for Success, and Achievement Values from Childhood through Adolescence", in A. Wigfield and J. S. Eccles (eds.), *Development of Achievement Motivation*, Academic Press, San Diego, CA , pp. 91-120.

Winne, P. H. and E. Jamieson-Noel (2002), "Exploring Students' Calibration of Self-Reports about Study Tactics and Achievement", *Contemporary Educational Psychology,* Vol. 27, No. 4, pp. 551-572.

Zimmerman, B. and A. Kitsantas (1997), "Developmental Phases in Self- Regulation: Shifting from Process to Outcome Goals", *Journal of Educational Psychology,* Vol. 89, No. 1, pp. 29-36.

Zimmerman, B. and A. Kitsantas (2002), "Acquiring Writing Revision and Self Regulatory Skill through Observation and Emulation", *Journal of Educational Psychology,* Vol. 94, No. 4, pp. 660-668.

第五章　学习的发展和生物学视角

克里斯蒂娜·辛顿　　　　　　　　　库尔特·W. 费希尔

Christina Hinton　　　　　　　　　Kurt W. Fischer

哈佛大学教育学院

Harvard Graduate School of Education

　　克里斯蒂娜·辛顿和库尔特·W. 费希尔首先考察了遗传学和经验是如何相互作用而引导脑的发展以及学习经验是如何正确塑造脑的物理结构的。他们强调认知与情感协同工作。本章回顾了关于脑如何获取核心学习能力的研究，包括语言能力、读写能力和数学能力，并讨论了这些能力的非典型发展。脑在生物学上首先获取的是语言能力，而读写能力则是随着时间的迁移通过不断的神经中枢的改造和语言问题上的多重复合而获得的。与之相似，不同的教学会使脑形成不同的有关数学能力的神经网络。神经科学的研究为关于学习的关键发现提供了基础，比如个体差异的程度和人类学习的必要社会属性，这就意味着学习环境的构建应纳入表征、评估、参与等多种要素。

概　　论

　　遗传和环境如何相互作用来引导脑的发展？脑如何将学习经验转换成神经信号？为什么儿童和青少年经常与情绪调节做斗争？为什么孩子似乎可以毫不费力地就掌握一门外语的发音？脑如何支持阅读？儿童的脑是否在小学就准备好开始接受数学教育？什么是共情的神经学基础？它在学习中的作用是什么？心智、脑与教育的研究正在回答这些问题。随着现代技术和方法，比如脑成像技术和用于描述学习路径的新的认知方法所取得的突破，这个新的领域已经做好准备为我们对学习的理解做出贡献（Hinton，Miyamoto and della Chiesa，2008；Fischer et al.，2007；OECD，2007）。

本章对出现在该领域的原理进行了综述，同时考察了它们的教育意义。本章首先解释了遗传和环境是如何相互作用促进个体发展的，学习经验是如何成功塑造了脑的物理结构的，以及认知和情绪是如何协同工作的。然后，本章回顾了最近关于脑如何获取学习的核心能力（语言能力、读写能力、数学能力）的心智、脑与教育研究。最后，本章考察了社会交互和文化背景在人们使用脑进行学习时的主要作用，同时借助于学习环境的意义得出了相关结论。

关于心智、脑与教育的研究

心智、脑与教育，也被称为"教育神经科学"，由众多学科组成，包括神经科学、认知科学和教育学（Fischer et al.，2007；OECD，2007）。教育研究已积累了广博的知识基础，并可以从心智、脑与教育领域的研究中得到补充。教育研究通常将政策、实践和学习成果联系在一起。心智、脑与教育的研究使我们能够揭示这些关系背后的因果机制。例如，教育研究表明，将外语教学与实践置于青春期之后，往往会导致学习者明显的发音和语法上的不足（Fledge and Fletcher，1992）。神经科学提供了关于这个发现的因果关系解释：儿童因其脑的成熟度的不同而使用不同的方式进行学习。当他们年幼时，他们通过与人交谈学习语言效果最佳；当他们成为青少年或成人时，他们在包含语言规则（语法、语调、讨论）的教学中做得较好（Neville and Bruer，2001）。[①] 通过跨学科的研究，心智、脑与教育研究可以阐明，某些策略和做法怎么样以及为什么可以导致或多

---

① 虽然人们在儿童阶段能够更容易地使用脑掌握某种语言的语法，但其在成年后仍有可能学习这种语言的语法。此外，成年人也更容易学习这一语言的其他方面。

或少有利的学习成果。

然而，跨学科的研究带来了新的挑战与机遇（della Chiesa，Christoph and Hinton，2009）。生物学、认知科学和教育学每一个学科都含有特定领域的术语和研究方法，这使得它们难以被不同领域的专家整合：对基本的术语如"学习"的含义依旧缺乏共识，关于测量的方法论工具在各个领域也是不一致的。在实验室工作的科学家们将研究与教育政策、学校文化和学生的差异性剥离开来。因此，他们开展的研究往往与实践关系不够紧密（OECD，2007）。

另一方面，教育工作者——本章中广泛使用的一个名词，泛指参与帮助儿童和青少年学习的所有成年人 ——往往无法准确地判定科学研究成果的教育意义（Goswami，2006；Pickering and Howard-Jones，2007）。此外，使用神经科学的语言和脑图像陈述观点，会使教育工作者更容易相信此类的陈述，并可能导致即使没有强大的神经科学研究结论来支持他们的需求，一些商业和政治组织仍会用"基于脑的学习"来支持他们的想法（MacCabe and Castel，2008）。没有生物学和认知科学背景的教育政策制定者和实施者，有时无法将这些"神经神话"从科学的神经科学中区分出来（OECD，2007）。

因此，我们应该谨慎对待脑研究的教育意义（Bruer，1997）。研究人员、政策制定者和实践者应该相互协作，将研究人员引向相关领域，并帮助政策制定者和实践者鉴定科学发现的教育意义。因此，要取得持续性进步需要创建一个支持这种类型合作的基础平台（Hinton and Fischer，2008；Fischer，2009；Shonkoff and Phillips，2000）。随着该领域的发展，心智、脑与教育的研究可以在设计有效的教育政策和实践中发挥关键作用。

先天能力与后天培养

为什么一些学生可以轻松学好代数，而另一些却需要十分努力呢？一个年轻的学生如何成为一个有才华的音乐家？为什么有些学生在逆境中依然努力和坚持？为什么有些害羞的孩子长大后会成为外向的成人？这种类型的问题没有一个简单的答案。发展不仅涉及先天能力和后天培养之间复杂的相互作用，同时还伴随着基因和后天经历的相互影响（Hinton et al., 2008）。例如，遗传性的害羞倾向可能会被社交文化消除。同样，由于母亲的鼓励、教师的指导以及自身的表演激情，一个拥有完美声音遗传倾向的人可能变成音乐天才。在整个生命过程中，遗传和经验相互影响。

正如建筑蓝图的作用一样，遗传会决定脑神经网络之间的基本联结模式。这些联结模式决定了基因倾向的后续发展，这些发展在与环境的交互中有着或大或小程度上的实现。同样，正如一个木匠会调整他正在修建的房子一样，环境也会塑造脑的结构。生命的早期几年中神经联结经历着快速的增殖，人脑每秒会形成 700 个新的联结（Shonkoff and Phillips, 2000）。然后联结通过一个叫作"修剪"的过程塑造脑，以适应环境的需求。级别较低的脑回路，如支持视觉和听觉等感官能力的形成最早。而那些级别较高的脑回路，如那些支持认知功能的则依次形成。

人如何使用他们的脑进行学习

参与学习的脑神经网络大致可以分为识别网络、策略性网络、情感性网络（图 5.1）（Rose and Meyer, 2000）。识别网络，包括感觉区，如视觉皮质，接收来自环境的信息并将其转换成知识。它帮孩子辨别应该看什么、听什么、读什么。策略性网络，包括前额叶皮质，用于规划和协调以目标为导向的行动。最后，情感性网络涵盖了边缘系统，如杏仁核。它涉及学习的情感维度，如兴趣、动机和压力等。面对一个学习任务，如阅读莎士比亚的一首十四行诗，所有这些网络共同工作来指导学习过程——识别网络识别字母、词和莎士比亚语调；策略性网络重点理解文本并监测进展以实现目标；情感性网络负责管理继续阅读的动机。

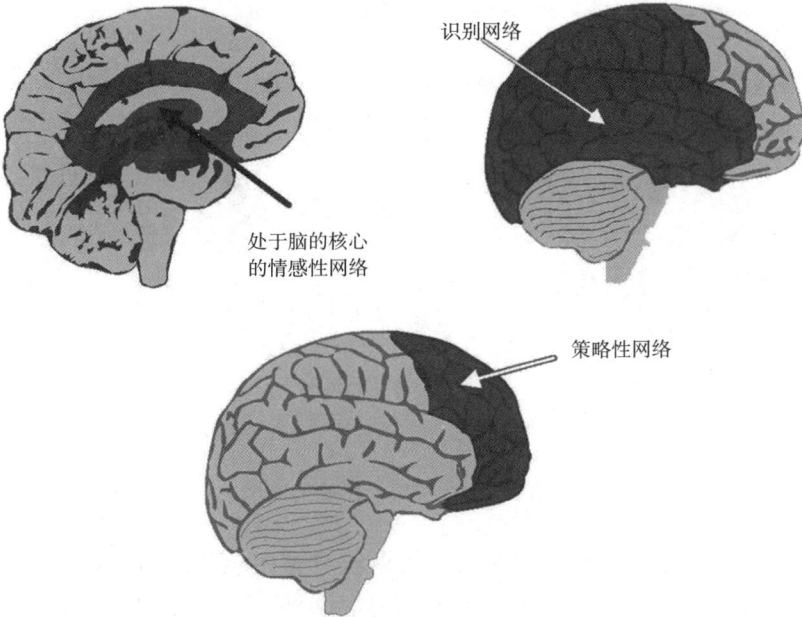

识别网络

处于脑的核心
的情感性网络

策略性网络

图 5.1   参与学习的脑神经网络的大致分类

这些网络由被称为神经元的神经细胞组成，由神经胶质细胞提供支持。学习经验被转化为电信号和化学信号，这些信号逐步修改神经元之间的联结（Kaczmarek，1997）。每个神经元有三个可辨识的部分：树突、胞体和轴突（图 5.2）。树突接收来自其他细胞对经验进行回应的化学信号。然后，它们将信号传递给胞体，胞体包含带有 DNA 的细胞核并且是蛋白质合成的主要场所（这对短时记忆转化为长时记忆至关重要）。信号如果超过一定的临界值，就会触发被称为动作电位的电信号。动作电位沿着轴突传递是一个漫长的过程，这个过程要经过被脂肪包围和隔离的轴突髓鞘，还要不断提升速度以便消息得以传送。当它到达轴突的末端时，它会提示其他细胞的树突释放化学信号。发送信息的神经元被称为"突触前神经元"，接收信息的神经元被称为"突触后神经元"。有一个狭小的空间被称为"突触间隙"，它存在于突触后神经元的轴突和突触前神经元的树突之间。

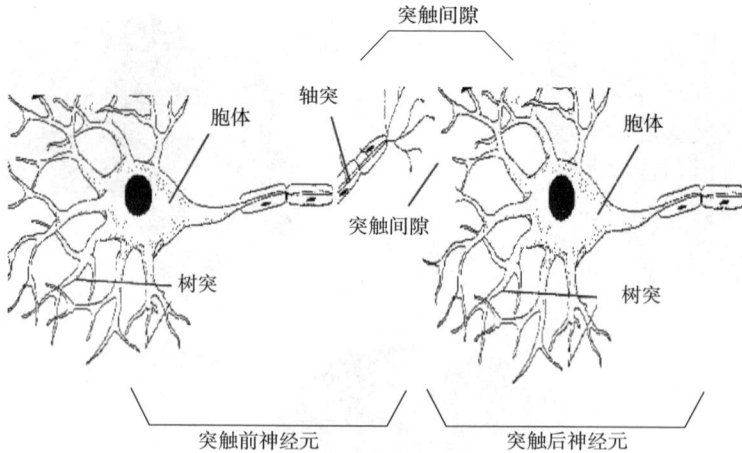

图 5.2　两个神经元之间的联结

　　学习经验通过"使用它或失去它"规则调整突触联结的变化。图 5.2 是简化的过程，在现实中，许多突触前神经元的轴突末端衔接着一个突触后神经元的树突。突触前神经元的输入可被加强或抑制，那些在突触后神经元对其他神经元输入中最活跃的将被加强，而那些相对不太活跃的将被抑制（最终被淘汰）。这些加强和抑制将提高或降低突触前神经元中动作电位被激发的临界值。最初的对联结的促进或抑制是暂时的，这些被认为是短时记忆的基础。但是，重复性活动或缺乏重复性活动，最终将导致突触联结长期性的改变，这些改变被蛋白质合成调停，这些强有力的变化是长时记忆的基础（Squire and Kandel，1999）。

　　随着时间的推移，细胞联结中的这些变化聚合在一起，从而产生识别、策略性和情感性网络的显著变化（Buonomano and Merzenich，1998）。例如，当一个儿童学习拉小提琴时，神经元的联结随着时间的推移逐步调整，通过皮质组织的变化来体现。当他练习时，隐藏在灵活的手指下的底层神经联结处于活跃状态，这进一步强化了这些联结。事实上，小提琴家与非音乐家相比，表征左手手指的皮质区域更大（Elbert, Pantev, Wienbruch, Rockstroh and Taub, 1995）。同样，小提琴家与非音乐家相比，处理音符的神经元联结通过练习小提琴得到加强，表征音调的皮质区比非音乐家更大（Pantev et al., 1998）。随着时间的推移，脑神经网络逐步重组以反映学习经验，该重组影响了未来的学习。

本研究带给教育工作者的主要信息就是，经验强有力地塑造着脑。这其实是个好消息，因为它意味着良好的教育经历可以显著提高儿童和青少年的脑发育水平。然而，它也强调了社会的重大责任，因为这意味着不良的教育经历，可以威胁儿童和青少年的脑发育的完整性。

脑中的情感和认知是紧密联系的

情感经历也参与着脑结构的发育过程。事实上，情感和认知在脑中是无缝运行的（Barrett，2006；Barrett，Niedenthal and Winkielman，2005；Damasio，1994，2003）。脑由具有特殊性质和功能的神经元组合形成。刺激会引发脑神经网络的各种汇聚，并产生学习经验。这种特殊的经验可以部分被有效标记为认知或情感，两者在理论上是有区别的，尽管它们都在脑中被整合且不可分割。

情感和认知共同引导着学习过程（Hinton et al.，2008；Fischer and Bidell，2006）。儿童和青少年的学习目标都受情感因素的影响，并且通过认知评估这一因素以某种水平阻碍或促进这些目标的实现。例如，请想象以下情境：一位高中老师将弗朗西斯科的卷面朝下放在桌子上，然后教师翻转试卷，让他看到他得了一个"F"。弗朗西斯科的皮质结构将对该情境进行认知评价——这个分数会阻碍他的目标（当一个好学生）的实现，他还需要以此取悦他的母亲，并说服她在近期给他买一部手机作为生日礼物。当他意识到了这一点时，他的边缘系统，包括杏仁核[1]，启动情绪反应，他开始体验到消极情绪（MacLean，1952）。这些负面情绪可以干扰脑中的学习过程（OECD，2007）。

我们可以学习通过认知调节情绪反应，无论如何，这可以作为一个有效的应对机制。神经科学的研究表明，情绪调节可以减少负面情绪，体现为杏仁核活性的下降和更积极的主观情感体验（Ochsner et al.，2004）。有效

---

　　① 边缘系统由许多脑的深层结构组成，包括杏仁核、海马体、隔膜和基底神经中枢，它们涉及情绪、记忆和运动的某些方面。杏仁核是一种涉及情绪和记忆的脑的深层结构。

的情绪调节策略包括重新解读和去个体化。重新解读包括以更积极的方式重新定义情景，而去个体化需要客观地考虑情况，而不是持有个人偏见。我们可以从上面弗朗西斯科的例子来考虑这种情绪调节如何才能变得有效。他可以通过认知调节情绪反应，重新解读他的测试成绩，认为这对最终成绩的影响很小，同时把他的失败解读为这是一个对每个人都有难度的考试。这些调节策略既反映在与认知控制有关的皮质区域的活动增加上，又反映在杏仁核反应的减弱上。这种调节平息了情绪反应，使得尽管情绪受挫，他仍能在课堂上集中精力。情绪调节能力，可以帮助儿童和青少年更有效地学习。

儿童往往无法熟练地控制情绪，而这些技能需要在整个童年和青少年时期进行培养。12 岁以下的儿童几乎无法减少负面情绪的影响，青少年（年龄为 13—17 岁）只有成人一半的调节水平（Gabrieli，2004）。这些差异可能有神经生物学基础。通过一个常见的情绪唤起实验研究，研究者模拟与检测了儿童和青少年（9—17 岁）对恐惧面部表情的神经生物学反应（Killgore，Oki and Yurgelun-Todd，2001）。神经成像揭示，青年人杏仁核对皮质的激活随着发育逐渐减少。这可以表征为情感认知调节功能的逐步加强。另一项研究调查了年龄为 9—17 岁的儿童和青少年与成人之间对情绪刺激的注意力调节过程的差异（Monk et al.，2003）。参与者（实验对象）需要在观察到情绪刺激时执行一项需要集中注意的任务。这种操作导致成人比儿童有更大面积的皮质激活，成人反应与儿童的原始刺激驱动响应相比，有更强的目标导向。情绪调节能力需要随着人的成熟逐步发展。

自从神经科学证实情感和认知在学习中不可分割以来，长期以来关于学习机制是否参与了学习者的情感发展的思想辩论变得无关紧要 ——如果学习机制承担着发展认知能力的责任，它们也会自动参与情感的发展（Hinton et al.，2008）。因此，教育工作者应该引导情绪调节能力的发展，正如他们引导元认知能力的发展一样。

语言与读写

脑是获得语言的生物学基础，但读写能力要随着时间的推移，通过神经活动的不断积累来培养。正如皮克（Pinker，1995）所言："儿童的听说能力与生俱来，而读写能力则必须通过一系列精心设计，成为一种附加的能力。"语言进化塑造与影响了包括布洛卡区（Broca's area）和威尔尼克区（Wernike's area）在内的脑结构（OECD，2007）。读写能力则建立在儿童积累读写经验的语言脑区"之上"。

致力于语言习得的脑结构区别性地接受了整个生命周期的经历体验。在某一时期，某些结构最容易产生依赖于经验的变化。学习一门语言的语法和声调有一个发展性的敏感期：在一般情况下，语言学习得越早，脑就越能有效地掌握它的语法和声调（Neville and Bruer，2001）。幼儿期学习外语语法的研究发现，脑左半球主要处理母语，而拖延至青春期再学习会导致加工的低效率（OECD，2007）。同样，学习一种语言的声调也有一个敏感期，在青春期前脑能更高效地习得声调（OECD，2007）。这些敏感性意味着早期的语言学习是最高效的。然而，可以肯定的是，我们可以在任何年龄习得一门外语。

最近神经科学的研究已经在判别涉及阅读的脑网络方面取得了重要进展。虽然神经科学家刚刚开始研究句子水平的阅读，但他们已经在词汇水平的阅读方面取得了显著进展。"双通道理论"提供了脑如何处理字词水平阅读的全面框架性描述（Jobard，Crivello and Tzourio-Mazoyer，2003），这一理论至少对英语而言是正确的，因为学习者已经通过实践支持了这一理论，但他们不能自动将其扩展其他语言。当您看到此页面上的文字时，这种刺激由初级视觉皮质进行初次加工，这是脑识别网络的一部分（它存在于视觉信息首先到达的枕叶皮质区）。"双通道理论"认为，初步确认处理后，脑将进行如下两个互补途径的一种。一个途径包含将字母／单词转换成声音的中间步骤，同时将其引入布洛卡区，布洛卡区位于产生语言的左半球的额叶。另外一个途径将字母／单词直接转移成相应含义，对应脑区为"视觉词形区"（VWFA）。

这项研究表明，阅读中对于语音的处理和对含义的直接加工在脑中都发挥着关键作用。这引发了语音学和阅读教学中有关"整体语言教学"文字浸没技术的经典辩论。脑中的这些进程的双重重要性表明，至少对以英语作为母语的人来说，一个兼顾式的识字教学是最有效的，它既包括语音技能的开发，又包括"整体语言教学"的学习。

然而，作为阅读基础的神经网络在不同的语言中是不完全一样的。语言的脑结构，如布洛卡区和威尔尼克区，在跨语言阅读中发挥了重要作用。不管怎样，不同的语言阅读由不同的脑区负责，这些区域支持不同语言的特定性能。阅读语言中相对简单的正字法——字母-声音的对应具有一致性——涉及截然不同的神经网络。意大利语就是一个例子，在意大利语中，与使用复杂正字法的语言相比，直译使用得较少，对意大利人来说，诸如英语的"视觉词形区"，与以英语为母语的人相比，该区域不是关键性脑区（Paulesu et al.，2001）。这种差异出现的可能原因是，讲意大利语的人阅读时更多地依靠语音加工，这是因为意大利语与英语比较，字母-声音的对应比较一致。实际上，使用意大利语进行阅读学习构建了与使用英语不同的神经回路，由此，以意大利语为母语的人即便用英语进行阅读也会使用不同的神经回路。由于阅读所依据的回路结构因语言拼写结构的不同而产生差异，因此，语音与"整体语言教学"最有效的平衡是因语言不同而改变教学方式。

脑中读写能力发展的方式似乎同样受到语言中词形的影响。脑成像研究表明，以中文为母语的人的语言脑区与空间信息处理有关，这是因为中国文字具有空间表意的功能（Tan et al.，2003）。同样，即使在以中文为母语的英语阅读中，那些涉及的脑区也表明，以中文为母语的人与以英语为母语的人相比，参与阅读的脑网络以不同的方式发展。总之，这项研究表明，脑有很多不同的方式来发展读写能力，最恰当的阅读教学应根据不同语言的特定属性有所不同。

有些儿童和青少年很难使用传统教学方法学习阅读，因为他们患有失读症——一种生物学上的语言损伤。失读症是可变的，并且是多方面的，但通常包括语音加工方面的困难（Lyon，Shaywitz and Shaywitz，2003）。神经科学家们在确定非典型皮质（失语症的基础）的功能方面取得了很大进展，促使研究人员能够设计出有针对性的干预措施，从而使失读症的儿童都能够学会阅读。当前关于语言和读写能力的神经科学研究正在迅速增多，这些研究应该在教育政策和实践的设计中得到运用。

数　　学

数学能力与语言和读写能力的脑基础相似，这是因为脑为基本的数感提供了生物学上的基础。随着时间的推移，正式的数学能力通过经验的积累建立起来。婴儿天生就有数感，婴儿通常将数感作为一种知觉的工具来解释世界。当儿童和青少年进行数学学习时，他们会依赖这一对数字的理解。

婴儿天生具有一定的数量分辨能力（Wynn，1998）。他们有 1、2、3 的概念，并可以准确地将它们——甚至是更多的数字——区分开来。婴儿也可以大致区分更大的数字。有证据表明，他们甚至可以执行简单的数学运算（Wynn，1992）。在屏风后面先放一个东西，然后再放一个的话，婴儿知道撤去屏风后应该能看到两个东西，这表明他们知道一加一等于二。这个基本的数感有可能存在于顶叶中。

顶叶回路还涉及空间的表征，数字和空间似乎交织在一起（Dehaene，1997）。年幼的儿童在正式接触数字概念之前，通常会以空间取向看待数字概念，而且似乎有将数字与空间联系起来的生物倾向。因此，教学工具，如数轴和可以进行具体的空间操作活动的工具（即积木、渔竿、棋盘游戏、测量工具等），可以加强和巩固儿童直观的数学理解。事实上，将数字与空间联系在一起的数学教学会很成功。在某个项目的实验中，将数字与不同的具体实物联系起来，也就是将数字与空间相联系，使得后进生的成绩在经历 40 个 20 分钟的教学之后有效地提高了（Griffin，Case and Siegler，1994）。

支持正式数学运算的脑区通过内在的经验积累得以建立，实际上不同的教学可以促使脑形成有关数学能力的不同的神经网络。例如，当孩子们通过练习记忆一个特定结果与两个操作数之间的关联时，与他们通过策略模式（包括应用算术运算顺序）学习相比，其会在不同的神经位置进行编码（Delazer et al.，2005）。因此，尽管两个孩子都回答 10 加 10 等于 20，如果一个孩子记住这个事实，而另一个采用两位数的加法策略，那么这两个孩子使用的就是不同的神经网络。

有些孩子在学习数学时存在严重困难。两个最常见的困难是计算障碍和数学焦虑。计算障碍是失读症的数学模拟。它是由早期基本数感的生物学基础损害引起的，但科学家们才刚刚开始探讨其神经基础（Landerl，Bevan and Butterworth，2004）。数学焦虑的特点是对数学极度恐惧，这些恐惧感扰乱个体的认知策略和工作记忆（Ashcraft，2002）。研究需要更进一步探究导致计算障碍和数学焦虑的根本原因，以此来制定有针对性的干预措施。

使用脑的方式不同，学习的方式也相对不同

教育工作者早就知道，新知识以不同的方式在已有的学习基础上构建，并且神经科学家也认为这是脑学习的基本原则（OECD，2007；Schwartz and Fischer，2003；Tobin and Tippins，1993）。教师们都理解，当他们在班里朗读《灰姑娘》时，每个孩子都在依据过去的经验积极构建对其不同的理解。对一个孩子来说，依据她和她教母之间的关系，灰姑娘的教母可能引起她温暖的感觉，而对另一个孩子来说，教母可能挑起他对一场魔术秀的记忆。听到故事时，每个孩子的脑都会根据以往的经验以不同的方式对故事进行处理。

随着学习的开展，这种新的信息塑造着脑，然后孩子们会偏向用这一处理方式来应对未来某些方面的信息。阅读为这一原则提供了一个例证。当一个孩子学习用某一种语言进行阅读时，支持读写能力的神经网络转换成关于那种语言的经验，这使脑使用的神经网络以其所偏爱的方式对待之后的阅读。例如，当一个孩子学习阅读英文时，他或她将发展"双通道理论"描述的神经网络，同时在布洛卡区（将字母／单词转换成声音，然后获取含义）的通路和"视觉词形区"的直接通路将字母／单词转化成对应的含义。与此相反，当一个孩子学习阅读意大利文时，他或她的阅读主要依靠间接途径的神经网络。如果后来让这些人学习英语文本的阅读（假设以意大利语为母语的人后来学习了英语），他们脑中处理文本的方式就是不同的：以英语为母语的人在阅读的过程中使用两种途径——布洛卡区和"视觉词形区"参与，而以意大利语为母语的人主要依靠包括布洛卡区在内的间接途径。

正如阅读的例子阐明的那样，对于一个给定的学习能力，儿童和青少年

发展了不同的脑结构。换句话说，他们遵循不同的学习途径。因此，教师可以通过多种方式的呈现、评估和参与来促进学习，以适应广泛的个体差异（Rose and Meyer，2002）。信息可以通过不同方式呈现，为儿童和青少年理解核心概念提供"入口"（Gardner，1983）。例如，当孩子们学习分数时，他们可以用量杯烤蛋糕，创建一个商店，练习找零钱，或通过测量组件制作一个鸟舍。这些丰富多彩的活动，支持孩子们建构分数的个性化意义，这将帮助他们更好地理解分数。

　　儿童和青少年的学习也可以通过多种方式进行评价。传统的总结性评价，如划分等级、判断是否能得到文凭或证书，可与形成性评价相联系（OECD，2005）。形成性评价通过各种评价技术频繁地进行进度评价，这些技术包括建立学习档案、记录进展和应用评价准则，这些技术用来塑造学习和教学。形成性评价允许教育工作者了解整个学习过程，调整自己的教学，以满足个性化需求（威廉，本书）。

　　作为形成性评价的一个组成部分，教育工作者可以通过让儿童和青少年使用"学习如何学习"的元认知技能来指导自身的学习（Schoenfeld，1987）。由于形成性评价强调学习的过程，它鼓励儿童和青少年发展在学习过程中各个组成部分的元认知技能。元认知技能包括确定目标，评估进展情况，并适当调整学习策略。学习者的元认知技能是满足广泛个体差异的有力工具，因为它允许他们成为自我指导的学习者，引导自己进步。

　　学习参与形式的多样性可以为教学适应个体差异提供支持。儿童和青少年的学习动机和他们的学习需求一样是多种多样的，学习环境应该能够挖掘不同的学习动机。例如，测量可能是与科学（"科学家怎么测量光波？"）、时尚（"做一件衣服时，裁缝如何进行测量？"）、数学［"为了剪出4段7英尺（1英尺 ≈ 0.3048米，7英尺 ≈ 2.1336米。——译者注）的纱线，我们需要多少英尺的纱线？"］、烹调（"一茶匙的量和一杯的量之间的转换关系是什么？"）等多个主题有关的一个核心概念，将一个核心概念与多个主题相联系可以帮助激发儿童和青少年不同的学习兴趣。

脑通过文化背景下的社会交互进行学习

儿童和青少年是在社会环境中学习的，因而人类的脑处在社会交互之中。脑具备共情能力，即我们能够体验到别人的经历。我们通过激活脑中的神经元 —— 镜像神经元 —— 来模拟他人的经历（Dobbs，2006）。一个孩子看过他或她的母亲建造积木塔后，当孩子构造自己的积木塔时，脑中一些相同的神经元被激活。同样，教师看过一个青少年哭泣后，当教师独自哭泣时，脑中一些相同的神经元也被激活。这些镜像神经元被认为是共情的神经基础，并为协作和学习服务。

镜像神经元在生物学上促使儿童和青少年与他人建立联系，这促进了他们与那些支持学习的成人和同伴的互动。教育工作者提供了脚手架，使儿童和青少年能够掌握各种先进的知识，与个人探索相比，这可能导致更丰富、更高效的学习（Vygotsky，1978）。例如，当一个孩子正在努力理解为什么一个木块不论大小都可以浮在水面上时，家长可以策略性地指导孩子对其他物体进行测试。由于孩子与父母相互协作并且信任他们的建议，父母与子女之间的纽带得以加强并促进了孩子的学习。这些类型的社会交往是学习的基础——环境，它提升了关系的积极性，增加了学习的社会归属感。

由于儿童和青少年与他们的家庭成员、学校成员和社区成员互动，他们融入了社会，并且内化了部分他人的文化信仰和价值观。这些文化信仰和价值观经过很多代的发展与培养而形成。社会在一代又一代的发展中构建意义——所谓的"累积性文化进化"的过程（Tomasello，1999）。大量的意义编织成儿童和青少年学习的文化环境（Smagorinsky，2001）。脑的可塑性使得将这些文化性意义的碎片整合到儿童和青少年的生活规律中成为可能。随着他们在社会中的成长和学习，他们的脑由这些文化情境和经验塑造。

因此，脑的研究站在前几代人创建的意义的"肩膀上"发展。儿童和青少年通过社会创建的工具划分意义的碎片，并将它们拼接在一起建构认知。例如，语言有文化制约的属性，该属性可以反映社会的价值，影响意义建构。儿童和青少年应了解这一过程并且意识到他们的文化偏差是很重要的。跨文化研究可以帮助儿童和青少年对自己的社会产生不同角度的认识，并发展对其他文化和生活方式的欣赏能力。这种文化敏感性在日益全球化的世界中十分关键。

对学习环境设计的启示

心智、脑与教育研究应该与其他领域的知识相整合，以建立有效的学习环境。从这一新领域揭示出的新原则对学习环境的设计具有重要意义（Hinton et al.，2008）。因此，本章试图在主要结论部分重塑这些意义。

对学习环境的关注

先天和后天持续不断地交互塑造着脑。虽然存在一定的遗传倾向，但环境有力地影响着脑的发育。因此，将关注点从个体的重点培养转向环境的重构往往是可能和可取的。

承认情感的重要性

由于神经科学已经证实，学习的情感和认知方面不可分割地交织在一起，由来已久的学习机构是否应参与学习者的情感发展的争论已不再重要 ——如果学习机构负责认知能力的发展，它们本身就涉及情感的发展以及情绪调节能力的提高。

考虑语言学习的敏感期

越早开始接受外语教育，脑就越能有效地学习其声调和语法。因此，在早期的学习环境中开始外语教学，可以为孩子学习这种语言的某些方面提供生物学优势。

利用神经科学的发现指导阅读教学

阅读过程中脑对语音和直接语义处理的双重重要性表明，读写能力教学的平衡式方法可能对类似英语的具有较弱的字母–发音对应关系的字母语言最有效。然而，不同的语言有不同的最适宜的学习方法。学习环境设计应了解脑中有关读写能力的信息。教师应被培训识别失读症，因为早期失读症干预可以减轻孩子在他们被诊断和得到帮助之前的那几年在学校所遭受的痛苦。

利用神经科学的发现指导数学教学

利用有关数学和脑的信息指导学习环境的设计是有益的。学习环境的设计应以幼儿的生物倾向为基础，以使他们了解数字化的世界和他们非正式的知识基础，进而促进他们对正式数学学习的理解。例如，学习环境应包含联结数字和空间的教学方法，因为这些能力与脑是紧密相连的。

纳入不同的呈现、评估和参与方法

学习环境应该灵活并能适应广泛的个体差异。人脑是动态的，并且学习能力可以通过许多不同的学习途径培养。这表明，学习环境应纳入不同的呈现、评估和参与方法，以满足儿童和青少年的各种学习需求和兴趣。学习环境应包括形成性评价（可以有力地促进能力的发展），并且应该支持元认知能力的发展。

构建强大的知识共同体

学习是一个社会性的活动，积极的关系会促进学习，所以学习环境应指向社会。脑为与其他人相处并向他们学习做好了准备。成人可以提供脚手架，使儿童和青少年获取各种先进的知识，与个人探索相比，这种学习可能更丰富、更有效。

创建文化敏感的学习环境

学习环境应具有文化敏感性。一代又一代人建构了社会意义，而新一代人将在这种文化背景下学习。学习环境应确保儿童和青少年意识到他们的信仰和实践是由文化塑造的。文化意识促进了对跨文化的其他生活方式的理解和欣赏，这对于日益全球化的世界非常重要。

不断调整学习环境以纳入新知

由于心智、脑与教育领域的不断发展，学习环境的创建应该了解这些新的研究，同时参考其他领域和文化背景中的研究结果。

参 考 文 献

Ashcraft, M. H. (2002), "Math Anxiety: Personal, Educational, and Cognitive Consequences", *Current Directions in Psychological Science*, Vol. 11, No. 5, pp. 181-185.

Barrett, L. F. (2006), "Are Emotions Natural Kinds?", *Perspectives on Psychological Science*, Vol. 1, No. 1, pp. 28-58.

Barrett, L. F., P. M. Niedenthal and P. Winkielman (eds.) (2005), *Emotion and Consciousness*, Guilford, New York.

Bruer, J. (1997), "Education and the Brain: A Bridge Too Far", *Educational Researcher*, Vol. 26, No. 8, pp. 4-16.

Buonomano, D. V. and M. M. Merzenich (1998), "Cortical Plasticity: From Synapses to Maps", *Annual Review of Neuroscience*, Vol. 21, No. 1, pp. 149-186.

Damasio, A. R. (1994), *Descartes' Error: Emotion, Reason, and the Human Brain*, Grosset/Putnam, New York.

Damasio, A. R. (2003), *Looking for Spinoza: Joy, Sorrow, and the Feeling Brain*, Harcourt/Harvest, New York.

Dehaene, S. (1997), *The Number Sense: How the Mind Creates Mathematics*, Oxford University Press.

Delazer, M., A. Ischebeck, F. Domahs, L. Zamarian, F. Koppelstaetter, C. M. Siedentopf, L. Kaufmann, T. Benke and S. Felber (2005), "Learning by Strategies and Learning by Drill-Evidence from an fMRI Study", *NeuroImage*, Vol. 25, No. 3, pp. 838-849.

della Chiesa, B., V. Christoph and C. Hinton (2009), "How Many Brains Does It Take to Build a New Light? Knowledge Management Challenges of a Trans-Disciplinary Project", *Mind, Brain, and Education*, Vol. 3, No. 1, pp. 17-26.

Dobbs, D. (2006), "A Revealing Reflection: Mirror Neurons Seem to Effect Everything from How We Learn to Speak to How We Build Culture", *Scientific American Mind*, May/June.

Elbert, T., C. Pantev, C. Wienbruch, B. Rockstroh and E. Taub (1995), "Increased Cortical Representation of the Fingers of the Left Hand in String Players", *Science,* Vol. 270, No. 5234, pp. 305-307.

Fischer, K. W. (2009), "Mind, Brain, and Education: Building a Scientific Groundwork for Learning and Teaching", *Mind, Brain, and Education*, Vol. 3, No. 1, pp. 2-15.

Fischer, K. W. and T. R. Bidell (2006), "Dynamic Development of Action, Thought and Emotion" in W. Damon and R. M. Lerner (eds.), *Theoretical Models of Human Development, Handbook of Child Psychology*, Wiley, New York, Vol. 1, pp. 331-339.

Fischer, K. W., D. B. Daniel, M. H. Immordino-Yang, E. Stern, A. Battro and H. Koizumi (2007), "Why Mind, Brain and Education? Why Now?", *Mind, Brain and Education*, Vol. 1, No. 1, pp. 1-2.

Fledge, J. and K. Fletcher (1992), "Talker and Listener Effects on Degree", *Journal of the Acoustical Society of America*, Vol. 91, No. 1, pp. 370-389.

Gabrieli, J. (2004), *Development of Emotions and Learning: A Cognitive Neuroscience Perspective*, Building Usable Knowledge in Mind, Brain, and Education, Cambridge, MA.

Gardner, H. (1983), *Frames of Mind: The Theory of Multiple Intelligences*, Basic, New York.

Goswami, U. (2006), "Neuroscience and Education: From Research to Practice", *Nature Reviews Neuroscience*, Vol. 7, No. 5, pp. 406-413.

Griffin, S., R. Case and R. Siegler (1994), "Rightstart: Providing the Central Conceptual Prerequisites for First Formal Learning of Arithmetic to Students At-risk for School Failure" in K. McGilly (Ed.), *Classroom Lessons: Integrating Cognitive Theory and Classroom Practice,* Cambridge, MA: Bradford Books MIT Press, pp. 24-49.

Hinton, C. and K. W. Fischer (2008), "Research Schools: Grounding Research in Education Practice", *Mind, Brain and Education*, Vol. 2, No. 4, pp. 157-160.

Hinton, C., K. Miyamoto and B. della Chiesa (2008), "Brain Research, Learning and Emotions: Implications for Education Research, Policy, and Practice", *European Journal of Education*, Vol. 43, No. 1, pp. 87-103.

Jobard, G., F. Crivello and N. Tzourio-Mazoyer (2003), "Evaluation of the Dual Route Theory of Reading: A Metanalysis of 35 Neuroimaging Studies", *NeuroImage*, Vol. 20, No. 2, pp. 693-712.

Kaczmarek, L. (1997), *The Neuron*, Oxford University Press, New York.

Killgore, W. D. S., M. Oki and D. A. Yurgelun-Todd (2001), "Sex-Specific Developmental Changes in Amygdala Responses to Affective Faces", *Neuroreport*, Vol. 12, No. 2, pp. 427-433.

Landerl, K., A. Bevan and B. Butterworth (2004), "Developmental Dyscalculia and Basic Numerical Capacities: A Study of 8-9-year-old Students", *Cognition*, Vol. 93, No. 2, pp. 99-125.

Lyon, G. R., S. E. Shaywitz and B. A. Shaywitz (2003), "A Definition of Dyslexia", *Annals of Dyslexia*, Vol. 53, pp. 1-14.

MacCabe, D. P. and A.D. Castel (2008), "Seeing is Believing: The Effect of Brain Images on Judgments of Scientific Reasoning", *Cognition*, Vol. 107, No. 1, pp. 343-352.

MacLean, P. D. (1952), "Some Psychiatric Implications of Physiological Studies on

Frontotemporal Portion of Limbic System (Visceral Brain)", *Electroencephalography and Clinical Neurophysiology*, Vol. 4, pp. 407-418.

Monk, C. S., E. B. McClure, E. E. Nelson, E. Zarahn, R. M. Bilder, E. Leibenluft, D. S. Charney, M. Ernst and D. S. Pine (2003), "Adolescent Immaturity in Attention-Related Brain Engagement to Emotional Facial Expression", *NeuroImage,* Vol. 20, No. 1, pp. 420-428.

Neville, H. J. and J. T. Bruer (2001), "Language Processing: How Experience Affects Brain Organisation", in D. B. Bailey, J. T. Bruer, F. J. Symons and J. W. Lichtman (eds.), *Critical Thinking about Critical Periods*, Paul H. Brookes Publishing Co., Maryland, pp.151-172.

Ochsner, K. N., R. D. Ray, J. C. Cooper, E. R. Robertson, S. Chopra, J. D. Gabrieli, J. J. Gross (2004), "For Better or for Worse: Neural Systems Supporting the Cognitive Down-and Up-regulation of Negative Emotion", *NeuroImage*, Vol. 23, No. 2, pp. 483-499.

OECD (2005), *Formative Assessment: Improving Learning in Secondary Classrooms*, OECD Publishing, Paris.

OECD (2007), *Understanding the Brain: The Birth of a Learning Science*, OECD Publishing, Paris.

Pantev, C., R. Oostenveld, A. Engelien, B. Ross, L. E. Roberts, M. Hoke (1998), "Increased Auditory Cortical Representation in Musicians", *Nature,* Vol. 23, No. 392, pp. 811-814.

Paulesu, E., J. F. Démonet, F. Fazio, E.McCrory, V. Chamoine, N. Brunswick, F. Cappa, G. Cossu, M. Habib, C.D. Frith and U. Frith (2001), "Dyslexia: Cultural Diversity and Biological Unity", Science, Vol. 291, No.5511, pp.2165-2167.

Pickering, S. J. and P. Howard-Jones (2007), "Educators' Views on the Role of Neuroscience in Education: Findings from a Study of UK and International Perspectives", *Mind, Brain and Education*, Vol. 1, No. 3, pp. 109-113.

Pinker, S. (1995), *The Language Instinct: How the Mind Creates Language*, Harper Collins, New York.

Rose, D. and A. Meyer (2000), "Universal Design for Individual Differences", *Educational Leadership*, Vol. 58, No. 3, pp. 39-43.

Rose, D. and A. Meyer (2002), *Teaching Every Student in the Digital Age: Universal Design for Learning*, CAST, Massachusetts.

Schoenfeld, A. (1987), "What's All the Fuss about Metacognition?" in A. Schoenfeld (ed.), *Cognitive Science and Mathematics Education*, Lawrence Erlbaum Associates, New Jersey, pp. 189-215.

Schwartz, M. S. and K. W. Fischer (2003), "Building vs. Borrowing: The Challenge of Actively Constructing Ideas", *Liberal Education*, Vol. 89, No. 3, pp. 22-29.

Shonkoff, J. P. and D. A. Phillips (eds.) (2000), *From Neurons to Neighborhoods: The Science of Early Childhood Development*, National Academy Press, Washington, DC.

Smagorinsky, P. (2001), "If Meaning is Constructed, What is it Made of? Toward a Cultural Theory of Reading", *Review of Educational Research*, Vol. 71, No. 1, pp. 133-169.

Squire L. R. and E. R. Kandel (1999), *Memory: From Mind to Molecules*, New York: Scientific American Library.

Tan, L. H., J. A. Spinks, C. M. Feng, W. T. Siok, C. A. Perfetti, J. Xiong, P. T. Fox and J. H. Gao (2003), "Neural Systems of Second Language Reading Are Shaped by Native Language," *Human Brain Mapping*, Vol. 18, No. 3, pp. 158-166.

Tobin, K. and D. Tippins (1993), "Constructivism as a Referent for Teaching and Learning" in K. Tobin (ed.), *The Practice of Constructivism in Science Education*, Lawrence Erlbaum Associates, New Jersey, pp. 3-21.

Tomasello, M. (1999), *The Cultural Origins of Human Cognition*, Harvard University Press, Massachusetts.

Vygotsky, L. V. (1978), *Mind in Society*, Harvard University Press, Massachusetts.

Wynn, K. (1992), "Addition and Subtraction by Human Infants", *Nature*, Vol. 358, No. 6389, pp. 749-750.

Wynn, K. (1998), "Numerical Competence in Infants", in C. Donlan (ed.), *The Development of Mathematical Skills*, Psychology Press, East Sussex, UK.

第六章　形成性评价在有效学习环境中的作用

迪伦·威廉

Dylan Wiliam

伦敦大学学院教育研究院

Institute of Education, University College London

　　迪伦·威廉将评价视为联系教与学的桥梁。随着人们对反馈的重要性的认识，以及对通过不断矫正保持航线正确的导航隐喻的应用，"形成性评价"这一概念产生了。本章综述了大量关于反馈如何促进学习的实证研究，并认为大部分研究的概念性都较弱，且缺乏对长期影响的研究。这里所说的形成性评价强调评价在提升教学决策质量方面的作用。可以认为它包含了五个"关键策略"：

- 阐明、共享并认识学习目标以及成功的标准；
- 建构能够引出实证学习数据的课堂活动；
- 提供能够促进学习者进步的反馈；
- 鼓励学习者向他人提供指导；
- 鼓励学习者掌控自己的学习过程。

形成性评价以调节学习过程为目的，它注重一系列的"偶发事件"。

概　　论

　　评价在现代社会中有诸多作用，包括对学生成就的证明以及对教育机构的能力的评价。然而，在过去近 40 年里，人们对评价在支持学习方面所起的作用的兴趣越来越高，这通常被称为"形成性评价"或"促进学习的评价"（assessment for learning）。本章将主要回顾近年来形成性评价这一概念的发展情况；更主要的是，回顾其核心思想是如何从最初注重反馈，延伸到课堂实践（classroom practice）这一更广泛的视角的。此外，本章还将为形成性评价对学习的影响提供证据，讨论有关定义方面的问题，最后讨论形成性评价如何通过学习过程中的规则同教学设计发生联系。

评价为何对学习如此重要

倘若能预见学习者通过一组特定活动能够习得什么，那么学习的设计就容易多了；倘若能确定学习者具有适当的预备知识，那么我们就能确信他们都能在参与特定学习活动之后习得预期的内容。然而，正如丹弗和布朗（Denvir and Brown，1986a，1986b）的研究所示，哪怕教师设计了针对特定技能的高质量学习活动，哪怕设计中教师考虑到了学习者的先前知识，学习者最终习得的内容与预期的目标也存在很大的差异。

然而，世界各地多数课堂对学习活动成功例证的收集，都特别地集中于完整学习序列（learning sequence）的最后阶段。这就像飞机上的全体成员在长途旅行的过程中，仅仅关注从起点到终点的最优路线，却对他们是否真的身处这条最优路线之中浑然不知一样。所有的飞行员都知晓，这是最不可靠的飞行策略。这也正是为何飞行员除了绘出精确的线路图，还需要在飞往目的地的过程中读出他们的位置并对整个飞行做出基于环境指令（conditions dictate）的调整的原因。

在过去40年相似的研究脉络中，本杰明·布卢姆（Benjamin Bloom）建议除了在学习过程的最后阶段使用评价以确定学习者学到什么之外，评价还应该被用于"在教学、学习过程的各个阶段提供反馈并促进其调整"（Bloom，1969，p.48）。他还指出，尽管这种评价可能更多被用于对学生划分等级，或对学生进行判断和分类，但"如果将它从划分等级的过程中分离出来，并主要为教学提供帮助，那么它会比之前有效得多"（p.48）。

戴维·奥苏贝尔（David Ausubel）多年前就指出："如果我能将教育心理学缩减为一个原则，那么这个原则就是：影响学习的最为重要的一个因素是学习者已习得的内容。要明确这一点并据此而教。"（Ausubel，1968，p.iv）因此，评价对有效学习而言极为重要，因为虽然学习者在开始特定学习过程时是大致相同的，但很快他们将因已习得的知识差异而进入不同的学习轨道。

本章要探讨的基本理念是：学习环境的设计需要考虑到学习不可预测这一事实，因此评价对于教师通过教学活动（instructional activities）提高学习者预期的学习能力而言，有着非常重要的作用。换句话说，评价的功能在于衔接教与学。本章的目标是，为评价能够支持学习这一理念提供一个清晰的理论基础，证明过去40年提出的有关形成性评价的不同概念均能被纳入更为宽广的总体框架中，并使用这一框架理解相关领域内的研究。

作为反馈的形成性评价

之前讨论的航线校正是体现反馈体系的一个实例，该反馈体系最初产生于系统工程领域（Wiener，1948）。威纳（N. Wiener）指出，"反馈回路"有时会促进整个系统沿现有方向前进，例如有充沛的食物、没有天敌能促进种群数量的增长，或者经济学中通货膨胀能导致物价、薪酬的螺旋式增长。由于反馈的功效同系统运作的趋势保持一致，因此这样的反馈叫作"正反馈"。在另一种情况下，反馈的功效同系统运作的趋势相反，能牵制系统的运作以使其保持稳定状态，就像随着种群数量的增长食物会变得不足，或者我们更为熟悉的房间的温度控制器的作用一样。这种反馈被系统工程师们称为"负反馈"，因为它的功效同系统运作趋势截然相反。在工程领域正反馈是无用的，因为它意味着系统处于爆炸式增长甚至趋于崩溃的不稳定状态。反过来，负反馈能帮助系统保持稳定。

"反馈"这一隐喻被广泛应用于教育领域，但需要强调的是，反馈在教育领域和工程领域中的应用却大相径庭。首先，对工程中的反馈而言，系统必须能够使用该反馈信息以影响其执行情况，"反馈能够反映系统参数在实际水平和参照水平之间的差距，并将在某种程度上被用来改变这种差距"（Ramaprasad，1983，p.4）。与之相反，教育领域的反馈则是对学习者学习表现的回应，而不论这些回应能否改变（与理想状态间的）差距（Sadler，1989）。换句话说，如果以工程中的方式使用反馈这一术语，那么它就不仅仅指对学生成就所给出的回应信息，还必须对学习者的进一步行动提供指导，以使他们学得更好。

其次，"反馈"一词不仅在两个领域中的应用大相径庭，而且其修饰词"正""负"的应用也有差异。在工程中，"正""负"是指与系统运作趋势相关的反馈功效。而教育中，它们倾向于表示对反馈功效的价值判断。能够使学习者始终处于正确的学习轨道从而增强学习的反馈，被教育者或工程师称之为"正反馈"。但是，如果学习者受到了批评性评价并因此而付出更少的努力，在此基础上学习者得到了更为糟糕的评价、付出得更少，并最终完全不参与学习，这种情况对于教育者而言是负反馈，但对于工程师却是正反馈，因为它使得系统（学习者）沿着已行进的方向继续发展。

最后，可能也是最重要的一项，我们在教育中倡导学习自主性的发展——学习者能够提升对学习进行自我调节的能力，并因此减少对反馈的需求。而对工程领域而言，没人会因为火炉没能学会适时地控制自己的开关而去批评一个室内恒温器。

表面看来上述内容似乎只是语义方面的差异，但其实它们已经深入问题的核心，即在教育中如何实现有效的反馈这一问题。克鲁克斯（Crooks，1988）回顾了200多个关于课堂评价对学生影响情况的研究，并总结：由于总结性评价的主导功能是提供分级或衡量学习者习得的多寡，评价支持学习这一目标在总结性评价中仍未实现。

有关反馈的影响力的证据

研究表明反馈能实质性地改善教育结果，但我们仍需了解一些注意事项。许多研究都以"标准效应量"这一术语来反映研究结果［以下简称效应量：依据科恩的研究，标准效应量指两组（例如，实施反馈组以及未实施反馈组）所取得的成就的差异与人口中分数分布的度量（标准差）的商］。尽管标准效应量在体现对比实验（Harlow，Mulaik and Steiger，1997）所得到的统计显著性上具有绝对优势，但它作为度量标准在比较不同实验研究的结果方面有其局限性。特别是在结果范围有限的情况下（对特殊子群体的研究，比如对有着特殊教育需求的学习者的研究），效应量会因为计算中因子太小而膨胀（Black and Wiliam，1998）。其次，效应量在对教育结果的测量方面有着很大的差异，这种差异取决于测量本身对教育效果的敏感度，以及测量与学习者正在学习的内容直接相关还是相去甚远，就像许多全国性测验或考试一样（Wiliam，2009）。这意味着研究者很难给出固定的规则用以解释效应量。不过，作为一般性的指导，至少对于教育成就的标准测量而言，典型研究中的效应量一般在 0.4 左右，这表明学习效应至少以 50% 的比例在增长。换言之，学生原来需要 1 年才能学会的东西，现在 8 个月就学会了。这都是教育生产力的潜在提升，如果将它放在全国的范围上来说就更不得了了。

更为一般性的注意事项是，学校使用评价的目的多种多样，而且当依据并未设计的功能比较这些评价时，这种比较的结果往往有失公允（Natriello，1987）。比如分化型反馈（differentiated feedback）相较等级划分对指导学习者未来的学习有更重要的作用，这一研究结果只能说明，相对于没有设计的内容，这一系统更为有效地完成了其所设计的内容。

尽管存在以上限制，已有研究仍然得到了一个最实质性的发现：只要定期评估就会对学习产生很大影响。例如，在 15 周内至少做过一次测试的学习者的成绩高于未做测试的学习者 0.5 个标准差；尽管更为频繁的测试同每两周进行一次测试相比并未显示出对学习更强的促进作用，但是更频繁的测试的确同更高的学业成就水平相关联（Bangert-Drowns，Kulik，Kulik and Morgan，1991）。不过，反馈的质量以及如何实施反馈比反馈的频率更为重要。在对 40 份关于"类似测试"（例如，内嵌在程序化学习材料中的问题，或是一段授课后的复习检测）的反馈效果的研究报告进行综述后，研究者发现提供反馈的方式以及反馈的类型都很重要（Bangert-Drowns et al.，1991）。相较学习者在真正探索问题前能预先窥视到答案的这种情况而言，当学习控制这种"探索前获得"（pre-search availability）后，学习者能习得更多的内容（平均效应量：0.26）。更为重要的是，通过对正确答案的详细解释给出反馈，比仅告知学习者答案是否正确更能促进其学习（平均效应量：0.58）。

反馈对教师同样有效。L. S. 富克斯和 D. 富克斯（Fuchs and Fuchs，1986）对 21 个相关报告进行了元分析，这些研究均涉及教师或者由教师实施反馈，且反馈频率为每周 2—5 次。实验组和控制组在成就方面的平均效应量为 0.7。在一半的研究中由教师设置数据回顾以及后续行动的规则，而在这些情况下平均效应量明显提高到 0.92；但当行动由教师直观判断时，效应量仅为 0.42。在这些研究中，教师为每个学生制作进步表，以此指导并鼓励他们的后续行为，这对促进学习所产生的影响（平均效应量：0.70）远大于不做这些反馈的影响（平均效应量：0.26）。

这些研究结果明显受学习类型的影响。登普斯特（Dempster，1991）发现，许多有效研究针对学科知识和低水平技能对学业成就进行测量，以至于不清楚其研究结果能否必然推广至高阶思维领域。在后续研究中，登普斯特（Dempster，1992）指出，教学中综合性评价的作用已是显而易见的，但研究还显现出对有效评价的条件的一致关注——教学后经常组织测试、收集学习需求、测试后及时反馈。评价在教师教育中被忽视，而学校的现行实践距离上述理念还有很大距离。

埃尔斯豪特–莫尔（Elshout-Mohr，1994）最初发表于荷兰的综述主要回顾了大量非英语表述的同类研究，该综述指出，正确答案对简单任务而非复杂任务更有用。该综述认为，学习不仅仅是对错误的纠正，更是发展新的能力的过程，这就需要教师提供一种作为对话的反馈而不是简单地给出正确答案。当然，学习者需要积极地管理整个学习过程。

大量研究集中于对学校中反馈效果的探讨。克鲁格和德尼西（Kluger and DeNisi，1996）发表了一篇关于中小学、高校和工作场所的反馈效果研究的报告。[①] 整个研究中反馈的平均效应量为 0.41，但不同的分项研究中，反馈的效应量各有差异。131 个分项研究中有 50 个（38%）研究的反馈效应**量低于**平均水平。

---

① 他们最初选择了将近 3000 个相关研究，剔除其中参与者少于 10 人、没有控制组或者对所计算效应量缺少细节描述的研究，最终保留 131 项研究，包括 607 个效应量、23663 个观察者以及 12652 个参与者。

作为一个大的智力辅导环境开发研究计划中的一部分，舒特（Shute，2008）回顾了对学生进行反馈的研究。[①] 这一回顾确认了各文献间的主要鸿沟，可能正如预期的那样，他指出"反馈的机制"这一问题并没有简单答案。但该回顾也肯定了早期对反馈引发的效应量的综述性研究（效应量为0.4—0.8）。

有效反馈的指示器

为了了解为何反馈有时收效甚微，克鲁格和德尼西（Kluger and DeNisi，1996）试图寻找影响反馈效果的"调节器"。研究表明，为了反馈而反馈时，其收效最低；当关注正在进行中的任务时，反馈更为有效；而当反馈注重任务细节并将其融入目标设置过程时，反馈最为有效。

然而即使是克鲁格和德尼西已经确认的这几个反馈的优点，有时也会无法实现。他们指出，反馈能促使学习者更努力学习，这具有的应该是积极作用，但这种有促进作用的反馈也可能使学习者将其努力转至另一特定方向，比如修改或排斥原有目标，甚至完全忽视该反馈。即使反馈对学习产生了积极影响，它也可能是通过对工具性目标的强调以及对深度学习的制约达成的。他们在结论中提出，对反馈所引发的学习过程的检验更为重要，而不应考量反馈是否在一般意义上提高了成绩。

舒特（Shute，2008）为设计有效反馈，从加强学习和调整反馈时间两个方面提供了一些"初级指南"。

反馈应该强调任务的特定功能，并提供关于改进的建议，而不应仅关注学习者自身；反馈应强调问题"是什么、怎么样、为什么"，而不是简单地指出学习者的对错；精心设计的反馈应该在可控单元（manageable units）内呈现，并响应爱因斯坦的著名格言"简练而不简单"（as simple as possible but no simpler）。但反馈不能过于细节化和具体化，以至于它所提供的脚手架到了使学习者无须自己思考的程度。当反馈来源（人或计算机）对学习者

---

① 通过对最初从在线数据库检索得到的180个相关研究的分析，舒特认为141项研究符合入选标准［包括103篇期刊文章，24本（篇）书籍和书籍章节，10篇会议论文，4份调查报告］。

而言可信任时，反馈也能更为有效。

最佳的反馈时间取决于学习的类型：当进行程序学习或任务难度在学习最初阶段超出学习者能力范围时，即时反馈（immediate feedback）是非常有效的；而当任务难度在学习者能力范围之内或者需要对其他相关学习内容进行探索时，延迟反馈（delayed feedback）更为适合。

哈蒂和蒂姆勃雷（Hattie and Timperley，2007）近期的综述将反馈的目的定义为减少当前理解或成就与预期目标 [如拉梅普萨德（Ramaprasad，1983）所建议的那样] 之间的差异。基于德西和瑞安（Deci and Ryan，1994）以及克鲁格和德尼西（Kluger and DeNisi，1996）的研究成果，其模型断定学生一方面能通过应用更有效的学习策略或者更努力减小这种差异；另一方面，学生也能通过放弃、模糊或降低他们原先设置的目标来减小差异。教师可以通过改变目标的难度或特异性，以及为学习者提供更多的支持减小上述差异。他们的模型指定了设计反馈时需要解决的三种问题（我将去哪里？我怎样去？下一步到哪里？），而且每个问题都能从以下四个层次去解决：任务自身的反馈（FT），任务过程的反馈（FP），自我调节的反馈（FR）以及个体自身的反馈（FS）。他们指出个体自身的反馈是收效最微的一种反馈；自我调节的反馈和任务过程的反馈"是对任务的掌握和深加工最为有利的反馈"；当反馈被用于改进加工策略或加强自我调节能力时（尽管这些条件在实践中很少见到），任务自身的反馈更有效。

形成性评价作为教学的组成部分

以上研究概括显示出，有些形式的反馈对处于学习过程中的学习者而言是有积极作用的，但这种积极作用不是理所当然的。反馈的效果不仅取决于反馈的质量，也取决于提供反馈的学习环境、学习者的取向和动机等一系列其他相关因素（博卡尔特，本书）。鉴于此，保罗·布莱克（Paul Black）和我在试图更新纳特洛（Natriello，1987）和克鲁克斯（Crooks，1988）的研究综述时，有意识地以更宽阔的视野审视该领域的研究 [我们发现纳特洛和克鲁克斯分别引用了 91 篇和 241 篇文献，其中只有 9 篇相同，而他们都没有提到 L. S. 富克斯和 D. 富克斯撰写的综述]。我们研究了自 1987 年至 1997 年最有可能包括相关研究的 76 个期刊，而不仅借助于电子检索工具。我们基于 250 项研究的综述（Black and Wiliam，1998）发现，课堂评价的有效使用对学习者学业的促进的效应量为 0.4—0.7，我们之前在解释效应量时已经提到过该问题了。

我们（Black and Wiliam，1998）给出了一系列例证——L. S. 富克斯和 D. 富克斯的元分析以及 7 个基于课堂的研究，它们均阐明了形成性评价的特征。其中最为重要的是，若要使形成性评价最为有效，必须将其融入课堂实践中，这就要从根本上重组课堂中的行为：

> 任何形成性评价中的创新都不应被视为课堂活动的微小调整。事实上，所有课堂活动在教师和学习者之间均存在一定程度的反馈，它对于保证他们互动的质量这一教育核心是非常必要的（Black and Wiliam，1998，p.16）。

我们也指出，形成性评价要想发挥作用就必须给出反馈信息，如此一来，对反馈的不同处理就成为有效学习的核心。而且，为了选择最佳的处理方式，教师需要了解并利用学习者对反馈的多种反应模型。正如佩勒努（Perrenoud，1998）在对我们的论文（Black and Wiliam，1998）所做的评论那样："……在课堂上对小学生进行反馈就像将一堆漂流瓶扔入大海一样，没人能保证瓶中的信息能在什么时候传达给谁。"

为解决这一问题，我们调查了**学生**的观点、**教师**的角色以及一些以形成性评价为主要元素的教学组织**系统**，并总结出形成性评价的策略与实践之间的联系：

> 现有综述显示，至今仍没有任何能为政策提供依据的系统性优化方案，有的只是一系列指导原则以及一般性忠告，如课堂反馈的改变应该是核心而非边缘性的、课堂反馈的改变必须由每个教师以自己的方式整合到其实践中去……。也就是说，这一维度的改革不可避免地要花费很

长的一段时间，并需要得到实践者和研究者双方的持续支持（p.62）。

由纳特洛、克鲁克斯、库利克及其同事以及布莱克和我所综述的研究的研究对象大都为学龄学习者（也就是 18 岁以下的学习者）。尼奎斯特（Nyguist，2003）调查了针对大学年龄段学习者的反馈的研究。他评估了将近 3000 项关于反馈效果的研究，其中 86 项符合以下标准：

- 包括与反馈相关的典型实验性操作；
- 以大学年龄段学习者为样本；
- 测量学业绩效；
- 为效应量的计算提供足够数量的信息。

从这 86 项研究中能得出 185 个效应量。经过一些技术性调整（限制平均效应量的极值为 2），尼奎斯特分析得出了 0.4 的平均效应量——几乎同克鲁格和德尼西的研究结果完全一致。这意味着一旦做出进一步的技术性调整（权衡效应量以确保影响平均效应量的因素同其可靠性成正比），平均效应量就会轻微降至 0.35（标准误为 0.17），尽管效应量自身有很大差异（范围为 −0.6—1.6）。

为探索影响反馈效果的调节器，尼奎斯特区分出以下不同种类的形成性评价。

- **弱反馈**：仅向学习者给出他们自己的分数或等级，通常称为“结果的信息”。
- **反馈**：向学习者给出他们自己的分数或等级，并提供需努力达到的清晰目标或学习者已探究问题的正确答案，通常称为“正确结果的信息”。
- **弱形成性评价**：向学习者提供关于正确结果的信息，并做出相应解释。
- **适度形成性评价**：向学习者提供关于正确结果的信息并给出相应

解释，同时为学习的进一步提高给出特定建议。

- **强形成性评价**：向学习者提供关于正确结果的信息并给出相应解释，同时为学习的进一步提高设定相应活动。

每种干预类型的平均效应量如表6.1所示。

表6.1　不同干预类型的平均效应量（Nyguist，2003）

	样本量（个）	平均效应量
弱反馈	31	0.14
反馈	48	0.36
弱形成性评价	49	0.26
适度形成性评价	41	0.39
强形成性评价	16	0.56
总计	185	—

注：数据已被校正，与原论文中所给出的不相同。

由纳特洛（Natriello，1987）、克鲁克斯（Crooks，1988）、班格特－德劳斯等人（Bangert-Drowns et al.，1991）以及布莱克和我（Black and Wiliam，1998）所做的研究综述都强调，并非每种对学习者学习的反馈都很有效。作为进一步的例证，迈泽尔、阿特金斯－伯内特、薛、比克尔和桑（Meisels，Atkins-Burnett，Xue，Bickel and Son，2003）探讨了行为样本体系（work sample system，WSS）——嵌入行为评价的课程系统，该系统中学习者在阅读方面的成就很高，但在数学方面就无明显优势。系统的使用细节、系统如何运行以及提供给学习者的反馈的性质都是研究的重要变量，它们的细微变化对最终效果都有很大的影响。

尽管综述中提到的研究有不少都针对年龄较大的学习者，但学习者的学习态度实际是由他们早期得到的反馈所形成的。在一项长达一年多的对英国8个幼儿园课堂和6个小学一年级课堂的研究中，滕斯托尔和吉普斯（Tunstall and Gipps，1996a，1996b）确定了一系列反馈的作用。同托兰斯和普赖尔（Torrance and Pryor，1998）的研究一样，他们发现教师对学生的大多数反馈是基于社会交往的："我只帮助坐在那里并举起手提问的学生。"（p.395）除此之外，其研究还明确了四种学业任务方面的反馈。

前两种反馈在表现形式上是**评价性**的。第一种反馈是教师对学生进行基于任务完成情况的奖励或惩罚（例如，如果学生任务完成得好，他们就被允许提前离开去吃午饭；而若学生未能完成布置的任务，教师便威胁他们不完成不能吃午饭）。第二种反馈不仅是评价性的，还能显示出教师对学生的认可程度（例如，"我对你非常满意"或"你今天让我很失望"）。另外两种反馈被称为"**描述性**"的。其中第三种反馈强调教师对成功的评价标准的丰富性，从任务在某种程度上已经达到了某些标准（例如，"这些的确得到了很好的解释"），到学生提升学业所应采取的下一步骤（例如，"我希望你能好好检查一遍，补充上所有的等号"）均被包含在内。第四种反馈则强调过程，教师在其中扮演促进者而非评价者的角色。正如滕斯托尔和吉普斯（Tunstall and Gipps，1996a）所解释的那样，教师所实施的这类反馈能够"传达一种在学习中进步的理念，并增强学生对所学内容的理解和反思"（p.399）。

以上综述中的多数研究都是用英文撰写的。为了提供该领域中更为全面的研究综述，OECD 对发表于法国（Allal and Lopez，2005）和德国（Köller，2005）的相关形成性评价研究（Looney，2005）进行了综述。

阿拉勒和洛佩斯（Allal and Lopez，2005）对法国以及比利时、加拿大、瑞士的法语区已有研究的研究指出，这些地区对理论研究的关注高于实证性研究，而且几乎没有包含控制组的实证研究。研究指出，通过对过去 30 年 100 多项研究的综述，所获得的最为重要的发现是，对法语课堂评价实施情况的研究使用了一个"更为广泛的形成性评价的概念"，并沿用了布莱克和我所采用的方式。阿拉勒和洛佩斯认为英语语系传统下［由布卢姆（Benjamin Bloem）例证］反馈的核心是"矫正"，可概况为"反馈＋修正"。与此相反，在法语语系国家所从事的研究，将反馈的核心概念视为"规则"，即"反馈＋适应"（p.245）。①

---

① 法语中的"régulation"一词相比英语（"regulation"）来说，有着更为特殊的含义。将"regulation"翻译为法语可有两种形式——"réglement"和"régulation"。前一种用来描述"规章制度"，而后一种意为"调节"，比如使用恒温器"调节"室内温度。

阿拉勒和洛佩斯详述了法语语系相关文献中所显示的四个主要进展。第一，当论及工具时，已有研究强调评价工具的发展，如一系列诊断条目和适应性测试系统。第二个进展（寻求理论框架）将其重点转向"寻找能为评价实施提供观念导向的理论支持"上。第三个进展——"现有环境中评价实施的研究"——通过对真实课堂中形成性评价实施情况的研究，为理论框架的搭建寻找基石。第四个也是最新的进展，即"积极将学生引入评价"，考量学生的自我评价、同伴评价，并倡导由学生和教师一起构建评价。

将形成性评价的核心视为学习过程中的规则，这一观念已被一些英语语系内的研究所采用（如 Wiliam，2007），与此同时布鲁克哈特（Brookhart，2007）注意到了对形成性评价的理解的广泛扩充。她在关于"课堂形成性评价"的文献综述中，将形成性评价概念的发展描绘为一系列内嵌化的表述（p.44）：

- 关于学习过程的信息；
- 教师可用于教学决策的关于学习过程的信息；
- 教师可用于教学决策、学生可用于提升成绩的关于学习过程的信息；
- 能激励教师将其用于教学决策、学生将其用于提升成绩的，关于学习过程的信息。

但一般而言，法语语系传统下丰富的理论研究同美国地区广泛的实证研究之间存在的联系极少。阿拉勒和洛佩斯总结到，法语语系中对形成性评价的研究确实需要更多的实证研究作为基础（Allal and Lopez，2005，p.256）。

科勒（Köller，2005）对德文文献的研究采用的方法同布莱克和我的相似，均基于对在线数据库的检索，并辅以对 6 个与其研究相关性极高的德文期刊 1980—2003 年全部研究的详细综述。科勒指出，尽管学术期刊中显示出许多有关形成性评价的研究进展，但几乎没有关于对学生实施形成性评价的结果的研究，虽然在一些英文文献的研究结论中有关于形成性评价实施结果的证实。他指出，迈耶、克鲁格和德尼西的研究均发现表扬有时会对学习产生消极影响，而批评甚至责备有时却对促进学习更有效。另一个由科勒所提及的重要研究线索是，要关注教师所使用的"参照标准"的差异。诸多如莱茵伯格（Rheinberg）等的研究显示，当教师对学生成就的判断基于该生先前的成就表现（个体参照标准）而非基于同班其他同学的成就表现（社会参照标准）时，更能促进该生的学习。

理论综合：形成性评价及为学习而评价

在过去十几年中，许多研究者提出了关于"形成性评价"这一术语的不同定义。布莱克和我（Black and Wiliam, 1998）将其定义为"所有由教师或／及学生所进行的活动，这些活动作为反馈用于修正师生正从事的教与学的过程"（p.7）。考伊和贝尔（Cowie and Bell, 1999）采用一个较为严格的定义，将形成性评价限定为学习正在发生时所实施和采取的评价，认为它是"教师和学生所采用的一种方法，该方法通过学习过程中对学生学习的回应和认识促进学习"（p.32，我所强调的内容）。在学习过程中实施评价的要求也得到了谢帕德、哈默尼斯、达林－哈蒙德、拉斯特（Shepard, Hammerness, Darling-Hammond and Rust, 2005）的认同，他们将形成性评价定义为"在教学过程中实施的、以促进教学为目标的评价"（p.275）。

OECD 对 8 个国家及地区所做的形成性评价实施情况的研究同样强调应该在教学过程中实施评价的这一原则："形成性评价是指对学生发展的频繁的、交互式的评价，对学习需求的确认和理解，以及对教学过程的适当调整。"（Looney, 2005，p.21）同样，卡尔（Kahl, 2005）写道："形成性评价是教师用于测量学生对教师所教的特定主题或技能的掌握情况的工具，它是学习材料教授过程中，确认学生特定错误概念或错误操作的'中游'工具。"（p.11）（'中游'借用了河流上、中、下游的隐喻。——译者注）

布罗德富特等人（Broadfoot et al., 1999）指出，使用评价促进学习应基于以下 5 个关键要素：（1）教师向学生提供有效的反馈；（2）学生对学习过程积极投入；（3）教师依据评价结果调整教学；（4）教师认识到评价对学生学习动机和自我效能感的深远影响，知晓这两者均会对学习产生重要影响；（5）学生了解自我评价的必要性以及如何取得进步。他们认为"形成性评价"这一术语无法描述出上述评价使用时应遵循的要点，"因为'形成性'一词本身有着各种各样的解释，而通常只表示经常实施评价和在教学过程中设计评价"（p.7）。因此他们认为"促进学习的评价"这一术语更为恰当，该术语最初由詹姆斯（James，1992）提出。

布莱克、哈里森、李、马歇尔和我（Black，Harrison，Lee，Marshall and Wiliam，2004）建议保留这两个术语，其中"为学习而评价"指任何以促进学生学习为首要目的而设计和实施的评价；而"当评价用来适应教学工作以满足学习需求时，该评价就成为'形成性评价'"（p.10）。

考虑以上因素，基于布莱克和我（Black and Wiliam，2009）的研究，我提出以下定义，该定义包含并扩充了之前所述的各种定义：形成性评价有一系列的功能，其作用在于引出并解释学生取得成绩的证据，教师、学习者以及同伴能用这些证据做出教学和学习决策以使后续教学和学习更为有效，而不是在毫无依据的情况下做出教学和学习决策。

该定义中需要注意的一些方面如下：

- 该定义聚焦功能，这些功能是以评价产生的信息为支撑的，而非评价自身所固有的；
- 评价的实施者可以是教师、学习者或同伴；
- 该定义强调与教学相关的后续决策而不是学习目标或结果；
- 该定义具有或然性；
- 评价无须改变教学的方向（只需确保之前计划的后续行动是妥当的）。

任何能提供潜在促进教学决策的依据的评价都是形成性的，这些教学决策者可以是教师、学习者或者同伴。假设一个班级进行了一场测试，评价学生在给定集合内寻找最大或最小分数的能力。学生获得的初始成绩将为教师提供"监控评价"的依据，以显示哪些学生能通过额外的教学或解释获得学业上的提升。此外，如果教师发现许多在繁分数测试中得分很低的学生在单位分数（分子为1的分数）测试中的成绩却很好，那么这就可以作为"诊断评价"为寻找学生学业困难的根源提供信息。如此一来，教师就能将额外的教学集中在繁分数这一问题上。倘若教师能观察出许多学生在测试时使用了这一策略，即分母最大的分数值最小、分母最小的分数值最大——该策略仅适用于单分数测验（Vinner，1997）——这就给教师提供了"教学上易处理"的信息。对上述学习情况的评价和解释，不仅为对问题的监控或诊断提供了信号，也将问题置于了促进学习需采取哪些行动的行为理论之中。最佳的形成性评价应该是展望性的而非回顾性的，因此它应该为未来的行为给出处方性的建议。

因此，任何评价实际上都是形成性的，因为任何评价都不能在没有评价信息的情况下为教学决策提供支持，或者说提供优质的支持。但这并不意味着形成性的评价信息都是同样有效的。通过定义可知，做出诊断的评价通常比简单监控学生成绩的评价更能有效地促进教学决策的完善。同理，能产生"教学上易处理"的信息的评价，也很可能对教学有更好的促进作用。

监控型评价、诊断型评价、提供"教学上易处理"的信息的评价，这些评价之间的区别在于其所产生信息的特性：以提供"教学上易处理"的信息的评价为例，该评价应提供更多的信息而非简单告知学生学习是否发生；倘若学习未发生，则应告知学生未被习得的内容是什么。这些都应整合在课程理论及学习理论中，因为它强调"下一步做什么"，而且这其中也蕴含了一个清晰的有关学习进程的观念——对"学生在学习领域应依据其自身特点发展的知识、技能、理解、态度、价值观"的描述（Forster and Masters，2004，p.65）。"教学上易处理"包含了一种学习理论，因为在对显示出的迹象做出决策之前，学生不仅要知道下一步学什么，也要知道在后续学习中可能遇到的困难。形成性评价同学习理论之间的联系在布莱克和我（Black and Wiliam，2005）、布鲁克哈特（Brookhart，2007）、我（Wiliam，2007）等人的研究中有详细的论述。

形成性评价的周期长度

在之前所述分数测试的例子中，学生学习结果生成之后教师立即采取了下一步行动。一般而言，之前提出的形成性评价的定义考虑到了行为显现周期、解释周期以及行为周期的长度，所获得的信息会被反馈到教学决策中，这种情况下做出的教学决策可能优于缺乏上述信息的情况下做出的教学决策。形成性评价的周期长度还应同系统对收集到的信息做出反应的能力相协调——如果由收集到的信息所引发的教学决策是以月为单位的，那么每天都收集信息就是不必要的了（Wiliam and Thompson，2007）。

基于之前对形成性评价的定义的讨论，并非所有符合上述特点的例子都能被视为形成性评价。例如考伊和贝尔（Cowie and Bell，1999）、卢尼（Looney，2005）、谢帕德（Shepard，2007）以及卡尔（Kahl，2005）等人认为，当反馈时间间隔过长时，该评价就不能被称为是形成性的。以上所回顾的研究文献中的确有很大数量显示出：反馈时间间隔小的形成性评价更有可能促进学习。但另外一些研究（Wiliam，2009）也提出，仅将形成性这一术语用于修饰那些对学生学习结果产生重要影响的评价是很莫名其妙的，反之，只要评价能为未来学习**明确**方向，它就能被称为形成性的。应当承认，反馈的周期长度各有差异，详见表6.2。

表 6.2　形成性评价的周期长度（Wiliam and Thompson，2007）

类型	焦点	周期长度
长期	跨考试周期、跨季度、跨学期、跨学年	4 周至 1 年
中期	教学单元内或教学单元间	1 周至 4 周
短期	课内或课间	数天：24 小时至 48 小时 数分钟：5 秒至 2 小时

形成性评价：教学过程的关键

为了解何种形成性评价最为有效，有必要越过形成性评价的功能性定义，寻找其所强调的过程方面的细节。由拉梅普萨德（Ramaprasad，1983）所提出的"系统"隐喻，为评价改革小组（Broadfoot et al.，2002）的"为学习而评价"打下了基础，它关注了组织教学的三个关键过程：

- 学习者正在学习什么；
- 学习者将要达到何种学习目标；
- 需要做些什么使学习者达到这一目标。

尽管形成性评价的许多路径都强调教师的作用，但此处所采用的定义却认可学习者自身及其同伴的作用。过程维度（学习者在哪里、将去哪里、如何达到目标）同教学过程的关键主体（教师、同伴、学习者）构成了包含 9 个单元的三维矩阵。这 9 个单元除了自身的意义外，在同其他单元结合后也同样有意义。例如，在确立学习者在哪里、将去哪里并如何达到目标时，如果我们考虑学习者自身的作用，就能体现出"激发学习者成为自己学习的主人"这样一个过程，该过程包括一系列诸如元认知（参照本书第三章迈克尔·施耐德和斯特恩的研究）等学习的重要方面。同理，当确立学习者在哪里以及如何达到目标时，倘若考虑同伴的作用，就能体现出"鼓励学习者对其他同伴进行指导"的过程（参照本书第九章巴伦和达林－哈蒙德的研究）。最后，将教师、同伴、学习者统一于"学习者将去哪里"这一维度下，就呈现出"澄清、分享以及认识学习目标和成功标准"的过程。结论是，这 9 个单元可被划分为 5 个形成性评价的课堂策略（表 6.3 中序号所示）。有关这 5 个策略的研究基础在我的研究（Wiliam，2007）中有详细论述，而教师如何在他们自己的课堂中实现这些策略，则可参照莱希、莱昂、汤普森和我（Leahy, Lyon, Thompson and Wiliam，2005）的研究。

表 6.3　形成性评价的课堂策略（Leahy et al.，2005）

	将去哪里	在哪里	如何达到目标
教师	阐明学习目标、共享内容及成功标准（1）	组织有效的课堂讨论、活动、任务，以此引出学习的依据（2）	提供能使学习者前进的反馈（3）
同伴	理解并分享学习目标和成功标准（1）	激励学习者对其他同伴进行指导（4）	
学习者	理解学习目标和成功标准（1）	激励学习者成为自己学习的主人（5）	

形成性评价及学习过程中的规则

本章余下的部分将讨论如何通过对学习过程中规则的强调而将形成性评价统一到教学设计这一更广的范围中去（Perrenoud，1991，1998）。

在这一框架中，对教师和学习者的行为以及课堂环境的评价，可根据预期的学习过程是否围绕预期学习目标进行而开展。正如迈克尔·施耐德和斯特恩（本书第三章）所指出的那样，教师不能创造学习过程，只有学习者可以；而教师的角色确实需要从"讲台上的圣人"转为"身边的指导者"。但这种描述也有其危险性，即被认为是教师确保学习正在发生这一责任的弱化。而我在此提出的是，教师应该对管控学习环境负责，不论是在设计层面还是在实施层面。

一个有效的学习环境能使学生积极参与，并有着良好的规则。随着认知发展研究的不断深入，学生在认知层面的参与程度对学习环境的构建提出了巨大的挑战：不仅要促进学生学业成绩的提高，还要使学生智力有 所 发 展（Dickens and Flynn，2001；Mercer，Dawes，Wegerif and Sams，2004）。如同促使学生积极参与一样，有效的学习环境的设计还应尽可能支持预期的学习或为预期学习提供脚手架［"前摄规则"（proactive regulation）］。如果预期的学习没有发生，则显然需要对教学做出适当的调整［"交互规则"（interactive regulation）］。最后，教师也可能参与到"回溯规则"（retroactive regulation）中去，例如教师根据一组学生的学习，意识到特定的教学序列可能会促进另一组学生的学习。

前摄规则在课程的"上游"（upstream）阶段实现（也就是在课程开始之前）。规则可以在任何时候产生，如教师"不亲自干涉学习过程，而是通过一些技术手段，将'元认知文化'、互动性的教学、学习过程中规则的组织等落实到位，或将上述这些整合到课堂组织和管理中去"（Perrenoud，1998，p.100）。例如，教师在数学课堂中使用真实背景下的数学案例进行教学可以促使规则的形成，因为学生能借此判断他们的答案是否合理。当教师试图发展学生的协商能力、为他人提供支持的能力时，这也会成为一个前摄规则的例子。

在其他情况下，特别是难以预测学生会对教学行为做出何种反应时，教师就需要给出更为恰当的交互规则——如通过设置问题、提示性语言或者活动等唤起学生的反应，而教师可以通过这些反应确定学习的进展情况，并在必要时对教学做出调整。通常这些问题或提示性语言应是开放式的、能够引发高阶思维的——这样的问题确实是创设促使学生参与的学习环境的重要因素。但封闭式的问题同样有用。"微积分是精确的还是近似的？""10 摩尔氢氧化钠的 pH 值为多少？""你的质量在月球上也是这样吗？"这些封闭式问题都仅有一个正确答案，但问这些问题却是很有价值的，因为它们通常能反映出学生对概念的理解，它可能不同于教师所预期的（例如，很多学生相信微积分是近似值、pH 值不可能超过 14、一个人的质量就如其体重一样是取决于重力的）。

因此，如上所述的"上游"阶段中的合适的问题，能使"下游"学习活动根据学生的反应而转向。这些"偶发事件"——在教学序列中有其意义，因为它可根据学生的不同反应使教学行进到不同的方向——位于学习规则的核心位置。事实上，布莱克和我（Black and Wiliam，2009）提出，形成性评价在本质上同以下内容相关，即"作为学习过程中的规则，创造并利用教学中的偶发事件"（p.6）。因此，尽管它同教与学的方方面面有着紧密联系，形成性评价的理论仍要比教学、学习的整体理论狭隘。因为教师、学习者及同伴如何创造并利用这些偶发事件蕴含着对教学设计、课程、教学法、心理学以及认识论等诸多方面的考虑。

总　　结

本章回顾了许多关于形成性评价概念演变的重要文献，文献的选择都是有明确定向的。形成性评价这一术语的早期使用主要基于反馈以及航海隐喻的思想，强调反馈作为调整学习的措施以使其始终保持在预期的航道上。在过去百年内，诸多研究致力于明确何种以及多少反馈能促进学习，但这些研究或由于对反馈这一概念本身的弱化而使研究结果受限，或由于针对各种不同的学习从而无法证明反馈的长期有效性。在过去 20 年，研究者不再孤立地研究形成性评价，而是将其作为课堂环境中高质量教学实践的整体进行研究，由此也提出了许多形成性评价的新定义。

本章提出的形成性评价的定义强调其对提升教学决策质量的作用，这其中包含了先前关于形成性评价的定义。总的来说，本章得出了形成性评价的 5 个关键策略：

- 理解、阐明并共享学习目标以及成功的标准；
- 建构能够引出实证学习数据的课堂活动；
- 提供能够促进学习者进步的反馈；
- 鼓励学习者向他人提供指导；
- 鼓励学习者掌控自己的学习过程。

本章在最后提出，形成性评价是一种在教学之中，以矫正学习过程为目的，创造和利用"偶发事件"的工具。这一定义可以很清晰地将形成性评价和其他类型的教学设计、教学活动区分开来。

参 考 文 献

Allal, L. and L. M. Lopez (2005), "Formative Assessment of Learning: A Review of Publications in French" in J. Looney (ed.), *Formative Assessment: Improving Learning in Secondary*

Classrooms, Paris, France: Organisation for Economic Cooperation and Development, pp. 241-264.

Ausubel, D. P. (1968), *Educational Psychology: A Cognitive View*, Holt, Rinehart and Winston, New York.

Bangert-Drowns, R., C. Kulik, J. Kulik and M. Morgan (1991), "The Instructional Effect of Feedback in Test-Like Events", *Review of Educational Research,* Vol. 61, No. 2, pp. 213-238.

Black, P., C. Harrison, C. Lee, B. Marshall and D. Wiliam (2004), "Working Inside the Black Box: Assessment for Learning in the Classroom", *Phi Delta Kappan,* Vol. 86, No. 1, pp. 9-21.

Black, P. and D. Wiliam (1998), "Assessment and Classroom Learning", *Assessment in Education: Principles Policy and Practice,* Vol. 5, No. 1, pp. 7-73.

Black, P. and D. Wiliam (2005), "Developing a Theory of Formative Assessment", in J. Gardner (ed.), *Assessment and Learning*, Sage, London, UK , pp. 81-100.

Black, P. and D. Wiliam (2009), "Developing the Theory of Formative Assessment", *Educational Assessment, Evaluation and Accountability,* Vol. 21, No. 1, pp. 5-31.

Bloom, B. S. (1969), "Some Theoretical Issues Relating to Educational Evaluation", in R. W. Tyler (ed.), *Educational Evaluation: New Roles, New Means: The 68th Yearbook of the National Society for the Study of Education (part II)* (Vol. 68, No. 2, pp. 26-50), University of Chicago Press, Chicago, IL.

Broadfoot, P., R. Daugherty, J. Gardner, W. Harlen, M. James and G. Stobart (1999), *Assessment for Learning: Beyond the Black Box*, University of Cambridge School of Education, Cambridge, UK .

Broadfoot, P., R. Daugherty, J. Gardner, W. Harlen, M. James and G. Stobart (2002), *Assessment for Learning: 10 principles*, University of Cambridge School of Education, Cambridge, UK .

Brookhart, S. M. (2004), "Classroom Assessment: Tensions and Intersections in Theory and Practice", *Teachers College Record,* Vol. 106, No. 3, pp. 429-458.

Brookhart, S. M. (2007), "Expanding Views about Formative Classroom Assessment: A Review of the Literature", in J. H. McMillan (ed.), *Formative Classroom Assessment: Theory into Practice*, Teachers College Press, New York, NY, pp. 43-62.

Cowie, B. and B. Bell (1999), "A Model of Formative Assessment in Science Education", *Assessment in Education: Principles Policy and Practice,* Vol. 6, No. 1, pp. 32-42.

Crooks, T. J. (1988), "The Impact of Classroom Evaluation Practices on Students", *Review of Educational Research,* Vol. 58, No. 4, pp. 438-481.

Deci, E. L. and R. M. Ryan (1994), "Promoting Self-Determined Education", *Scandinavian Journal of Educational Research,* Vol. 38, No. 1, pp. 3-14.

Dempster, F. N. (1991), "Synthesis of Research on Reviews and Tests", *Educational Leadership,* Vol. 48, No. 7, pp. 71-76.

Dempster, F. N. (1992), "Using Tests to Promote Learning: A Neglected Classroom Resource", *Journal of Research and Development in Education,* Vol. 25, No. 4, pp. 213-217.

Denvir, B. and M. L. Brown (1986a), "Understanding of Number Concepts in Low-Attaining 7-9 Year Olds: Part 1. Development of Descriptive Framework and Diagnostic Instrument", *Educational Studies in Mathematics,* Vol. 17, No. 1, pp. 15-36.

Denvir, B. and M. L. Brown (1986b), "Understanding of Number Concepts in Low-Attaining 7-9 Year Olds: Part II , The Teaching Studies", *Educational Studies in Mathematics,* Vol. 17, No. 2, pp. 143-164.

Dickens, W. and J. R. Flynn (2001), "Heritability Estimates vs. Large Environmental Effects: The IQ Paradox Resolved", *Psychological Review*, Vol. 108, No. 2, pp. 346-369.

Elshout-Mohr, M. (1994), "Feedback in Self-Instruction", *European Education,* Vol. 26, No. 2, pp. 58-73.

Forster, M. and G. Masters (2004), "Bridging the Conceptual Gap between Classroom Assessment and System Accountability", in M. Wilson (ed.), *Towards Coherence between Classroom Assessment and Accountability*, University of Chicago Press, Chicago.

Fuchs, L. S. and D. Fuchs (1986), "Effects of Systematic Formative Evaluation – A Meta-Analysis", *Exceptional Children,* Vol. 53, No. 3, pp. 199-208.

Harlow, L. L., S. A. Mulaik and J. H. Steiger (eds.) (1997), *What If There Were No Significance Tests?*, Lawrence Erlbaum Associates, Mahwah, NJ.

Hattie, J. and H. Timperley (2007), "The Power of Feedback", *Review of Educational Research,* Vol. 77, No. 1, pp. 81-112.

James, M. (1992), "Assessment for Learning*",* annual conference of the Association for Supervision and Curriculum Development (Assembly session on "Critique of Reforms in Assessment and Testing in Britain") held in New Orleans, LA, University of Cambridge Institute of Education, Cambridge, UK .

Kahl, S. (2005), "Where in the World are Formative Tests? Right under Your Nose!", *Education Week,* Vol. 25, No. 4, pp. 11.

Kluger, A. N. and A. DeNisi (1996), "The Effects of Feedback Interventions on Performance: A Historical Review, A Meta-Analysis, and A Preliminary Feedback Intervention Theory", *Psychological Bulletin,* Vol. 119, No. 2, pp. 254-284.

Köller, O. (2005), "Formative Assessment in Classrooms: A Review of the Empirical German Literature", in J. Looney (ed.), *Formative Assessment: Improving Learning in Secondary Classrooms*, OECD Publishing, Paris, pp. 265-279.

Leahy, S., C. Lyon, M. Thompson and D. Wiliam (2005), "Classroom Assessment: Minute-by-Minute and Day-by-Day", *Educational Leadership*, Vol. 63, No. 3, pp. 18-24.

Looney, J. (ed.) (2005), *Formative Assessment: Improving Learning in Secondary Classrooms*, OECD Publishing, Paris.

Meisels, S. J., S. Atkins-Burnett, Y. Xue, D. D. Bickel and S. H. Son (2003), "Creating a System of Accountability: The Impact of Instructional Assessment on Elementary Children's Achievement Test Scores", *Education Policy Analysis Archives,*

Vol. 11, No. 9.

Mercer, N., L. Dawes, R. Wegerif and C. Sams (2004), "Reasoning as a Scientist: Ways of Helping Children to Use Language to Learn Science", *British Educational Research Journal,* Vol. 30, No. 3, pp. 359-377.

Natriello, G. (1987), "The Impact of Evaluation Processes on Students", *Educational Psychologist,* Vol. 22, No. 2, pp. 155-175.

Nyguist, J. B. (2003), *The Benefits of Reconstruing Feedback as a Larger System of Formative Assessment: A Meta-Analysis,* unpublished Master of Science, Vanderbilt University.

Perrenoud, P. (1991), "Towards a Pragmatic Approach to Formative Evaluation", in P. Weston (ed.), *Assessment of Pupils' Achievement: Motivation and School Success*, Amsterdam: Swets & Zeitlinger, pp. 77-101.

Perrenoud, P. (1998), "From Formative Evaluation to a Controlled Regulation of Learning Towards a Wider Conceptual Field", *Assessment in Education: Principles Policy and Practice,* Vol. 5, No. 1, pp. 85-102.

Ramaprasad, A. (1983), "On the Definition of Feedback", *Behavioural Science,* Vol. 28, No. 1, pp. 4-13.

Sadler, D. R. (1989), "Formative Assessment and the Design of Instructional Systems", *Instructional Science,* Vol. 18, No. 2, pp. 119-144.

Shepard, L. A. (2007), "Formative Assessment: Caveat Emptor", in C. A. Dwyer (ed.), *The Future of Assessment: Shaping Teaching and Learning*, Lawrence Erlbaum Associates, Mahwah, NJ, pp. 279-303.

Shepard, L., K. Hammerness, L. Darling-Hammond and F. Rust (2005), "Assessment", in L. Darling-Hammond and J. Bransford (eds.), *Preparing Teachers for a Changing World: What Teachers Should Learn and Be Able to Do*, Jossey-Bass, San Francisco, CA , pp. 275-326.

Shute, V. J. (2008), "Focus on Formative Feedback", *Review of Educational Research,* Vol. 78, No. 1, pp. 153-189.

Torrance, H. and J. Pryor (1998), *Investigating Formative Assessment*, Open University Press, Buckingham, UK .

Tunstall, P. and C. V. Gipps (1996a), "Teacher Feedback to Young Children in Formative Assessment: A Typology", *British Educational Research Journal,* Vol. 22, No. 4, pp. 389-404.

Tunstall, P. and C. V. Gipps (1996b), "'How Does Your Teacher Help You to Make Your Work Better?' Children's Understanding of Formative Assessment", *The Curriculum Journal,* Vol. 7, No. 2, pp. 185-203.

Vinner, S. (1997), From Intuition to Inhibition – Mathematics, Education and Other Endangered Species, in E. Pehkonen (ed.), *Proceedings of the 21st Conference of the International Group for the Psychology of Mathematics Education* (Vol. 1), University of Helsinki Lahti Research and Training Centre, Lahti, Finland, pp. 63-78.

Wiener, N. (1948), *Cybernetics, or the Control and Communication in the Animal and the Machine*, John Wiley, New York, NY.

Wiliam, D. (2007), "Keeping Learning on Track: Classroom Assessment and the Regulation of Learning", in F. K. Lester Jr. (ed.), *Second Handbook of Mathematics Teaching and Learning*, Information Age Publishing, Greenwich, CT, pp. 1053-1098.

Wiliam, D. (2009), "An Integrative Summary of the Research Literature and Implications for a New Theory of Formative Assessment", in H. L. Andrade and G. J. Cizek (eds.), *Handbook of Formative Assessment*, Routledge, Taylor and Francis, New York.

Wiliam, D. and P. J. Black (1996), "Meanings and Consequences: A Basis for Distinguishing Formative and Summative Functions of Assessment?", *British Educational Research Journal,* Vol. 22, No. 5, pp. 537-548.

Wiliam, D. and M. Thompson (2007), "Integrating Assessment with Instruction: What Will It Take to Make It Work?", in C. A. Dwyer (ed.), *The Future of Assessment: Shaping Teaching and Learning*, Lawrence Erlbaum Associates, Mahwah, NJ, pp. 53-82.

第七章 合作学习：小组合作何以发生

罗伯特·E. 斯莱文

Robert E. Slavin

约克大学   约翰·霍普金斯大学

University of York   Johns Hopkins University

罗伯特·E. 斯莱文综述了大量在学校中开展合作学习的研究，尤其是那些使用控制组与传统教学方法相比较的研究。本文分别综述和展示了两个主要的合作学习类别："结构化团队学习法"（Structured Team Learning）和"非正式小组学习法"（Informal Group Learning Methods）。在情感方面，合作学习具有压倒性的优势。在成就成果方面，合作学习的积极作用主要体现在两个关键因素上：一个是小组目标的出现（学习小组致力于达成某一目标以获得奖励或认可），另一个是个人责任感（小组的成功取决于每位成员个人的学习）。本章将从其他视角来说明合作学习的优点——包括动机、社会凝聚力、认知发展或者"认知精致化"（cognition elaboration）等视角。尽管其积极作用已经有了强有力证据的支持，合作学习当前"仍然处于学校政策的边缘"，并且往往执行不佳。

概　　论

曾几何时，人们普遍认为真正在学习的班级应该是鸦雀无声的，最好当校长走在学校大厅时，能听得到绣花针落地的声音。然而近些年来，教师更愿意鼓励学生在合作学习小组中互相交流。但让学生以小组的方式学习，究竟是对学习有较大的促进作用，还是说作用微乎其微呢？教师又如何尽可能地利用好这一强大的工具呢？

专家建议将合作学习作为一系列教育问题的解决方案，它常常被描述成一种强调思维技能、促进高级学习的方式，它被用作按照成绩分快慢班、补习和进行特殊教育的替代方案，被视为改善民族关系的手段以及训练学生为未来越来越强调协作的工作情境做好准备的一种途径。这些说法中，有多少是客观合理的？各种合作学习的方法，对学生的成绩和其他学习成就又有何影响？哪种形式的合作学习是最有效的？要让合作学习发挥作用，又必须具备哪些因素？

为回答上述问题，本章综述了在小学和中学中开展的合作学习研究的诸多结论，这些研究对同一教学内容进行分组教学，然后对采用合作学习的实验组与使用传统教学的控制组进行比较。

合作学习法

合作学习有很多迥异的形式，但它们均会将学生分配到不同的小组或团队里，让学生采用互助的方式学习相关材料。合作学习通常会给予学生机会让他们讨论和操作学习的内容及相关技能，以此作为教师教学的补充，而这些内容原本是由教师来讲授的。有时，合作学习模式还会要求学生自主探索与发现信息。合作学习已经在各个年级的所有学科中得到了探索与应用。

合作学习的组织方法可以分为两大类。第一类是"结构化团队学习法"，它的做法是依据团队成员的学习进度对小组进行奖励，并且由于采用个人问责制，团队成功与否更多地依赖于每个成员的学习，而不是小组的学习结果。第二类是"非正式小组学习法"，它更关注学习的社会动力、项目自身以及小组讨论，而不是对指定教学内容的掌握。

结构化团队学习法

学生团队学习法

学生团队学习法（Student Team Learning, STL）是由美国约翰·霍普金斯大学设计开发并开展研究的。当前关于合作学习方法的实践研究中，有一半以上都采用了 STL。所有的合作学习均具有以下特征：学生们在一起开展学习，每位学生除了为自己的学习负责外，也同时对其他人的学习负责。而 STL 同时还强调团队目标和集体成就，这只有在团队的每一位成员均习得了所教授的内容时方可达成。也就是说，在 STL 中，重要的不是一起**做**了些什么，而是作为一个团队**学**了什么。

STL 中有三个核心概念：**团队奖励、个人问责制和均等的成功机会**。在使用 STL 的班级中，当达到指定的标准时，团队可以获得相应的证书或获得其他形式的团队奖励。个人问责制意味着团队的成功取决于所有团队成员的个人学习。这一方法注重开展相互进行概念解释之类的团队活动，以确保团队中的每个人都能在没有队友帮助的情况下通过测验或其他评估手段。均等的成功机会是指所有成员均可以在其原有绩效表现基础上，提高自身学习绩效以回馈团队。这样，优秀、中等和偏后的学生均可以获得平等的机会来尽自己所能地提升自己，并且每位成员对团队的贡献值也将被分别评量。

此类研究的结果表明，团队奖励和个人问责制是改进基本技能的必要因素（Slavin，1995，2009）。仅仅告诉学生一起来学习是不可行的，要想办法让他们明白还必须重视小组中他人的成绩。此外，相对于和他人的表现做对比而获得奖励，学生会因为和自己做对比而获得奖励而具备更强的学习动机——对他们的进步进行奖励，会使学生既不会太难获得成功，也不会太容易获得成功。

有 4 种主要的 STL 模式得到了广泛的研究和发展。其中 2 种是适用于大部分学科和年级的通用合作学习方法：学生团队成就分配法（Student Team-Achievement Divisions，STAD）和团队游戏竞赛法（Teams-Games-Tournament，TGT）。另外的 2 个专为特定学科和年级而设计的综合模式为：用于三至六年级数学课程的团队辅助个人法（Team Assisted Individualisation，TAI）和用于三至五年级阅读与写作教学的合作式读写一体化模式（Co-operative Integrated Reading and Composition，CIRC）。

学生团队成就分配法（STAD）

在 STAD（Slavin，1994）中，学生被分配到一个学业水平、性别和民族都异质分布的 4 人小组中。老师讲授课程后，学生们在组内学习并确保所有团队成员已经掌握此课程内容。之后，所有学生需要参加一个关于此内容的个人测验，此时成员间是不准互相帮助的。

学生的测验成绩会与他们自己的历史平均成绩相比较，老师依据他们达到或超过自己过往成就的程度来给予奖励。小组成员的成绩汇总后即形成小组的成绩，当小组达到某一指标时，就可以获得证书或其他奖励。整个活动的周期，从老师呈现内容，到小组协作，再到测验，通常会在 3—5 个课时完成。

STAD 已经在从数学到语言艺术，乃至社会研究在内的诸多学科中得到了应用，在纵向上，从小学二年级到大学都在使用 STAD。它最适合用于教授有良好界定的学习目标的内容，例如：数学计算与应用、语言使用与技巧、地理知识与地图使用技能、科学事实与概念。在这一合作学习项目中，学生通常在 4 名成员组成的异构小组中开展学习，并且互相帮助以掌握学科内容，教师的教学规划则包括讲授、小组合作和个人成就评价 3 部分。小组依据所有团队成员每周测验的平均分数来获得认证或其他认可。这种对小组的认证以及实行的个人问责制被斯莱文（Slavin，1995）及其他研究者视为发挥合作学习积极作用必不可少的要素。

大量关于 STAD 的研究已经证实，这一模式对于数学、语言艺术、科学及其他学科中的传统学习结果具有积极影响（Slavin，1995；Mevarech，1985，1991；Slavin and Karweit，1984；Barbato，2000；Reid，1992）。例如，斯莱文和卡威特（Slavin and Karweit，1984）在费城的九年级数学课堂中对 STAD 进行了一个大型的、持续时间达一年之久的随机评估。这之中有些班专为那些自认为不具备代数学习基础的学生而设，所以这里接收的通常是成绩最差的学生。总体上，这些学生中 76% 是非洲裔美国人，19% 是白人，6% 为西班牙裔美国人。斯莱文和卡威特随机选取了 26 所初中、高中学校，并从中确定了 44 个班级，分别在以下四种背景之一中进行教学：使用 STAD、使用 STAD 加掌握学习法（Mastery Learning）、使用掌握学习法及控制组。所有的班级，包括控制组，均使用相同的教材、学习材料和教学日程，当然控制组没有使用 STAD 或掌握学习法。在采用掌握学习法的班级中，学生每星期进行形成性测验，其中得分在 80% 以下的学生将接受矫正教学，最后学生将参加总结性测试。

实验开始时，这四类班级的成绩非常相似。实验采用了完整数学基本技能测试（Test of Basic Skills, CTBS）的简化版来进行前测和后测，其目的是验证采用合作方法开展教学的效应量[1]大小（使用 2×2 方差分析）。结果显示，使用 STAD 的小组的效应量显著地高于其他小组（效应量为 0.21，p <0.03），也就是说，他们的后测成绩高出控制组大约 0.2 个标准差，而对照前测发现，高、中、低 3 个成就水平的学生组中均呈现出类似的情况。相比较而言，采用 STAD 加掌握学习法的学生学习效果略微更好一些（相比控制组效应量是 0.24），采用 STAD 而不采用掌握学习法的小组，其效应量为 0.18。另外，是否采用掌握学习法在统计值上不存在显著性差异。

团队游戏竞赛法（TGT）

TGT 和 STAD 采用相同的教师讲解内容和小组活动，但用每周一轮的锦标赛来代替测试（Slavin, 1994）。在这一模式下，学生须与其他小组的成员竞争来为自己的小组赢得分数。学生依据过往学习情况，在三人一桌的"锦标赛台"上和其他小组水平相近的成员展开竞争。这一模式通过调整赛台成员及设置确保公平竞争。不管学生来自哪个赛台，各赛台的胜利者都可以给所在的小组赢得同样的分数。这就意味着低成就水平的学生（与别组低成就水平的学生竞争）和高成就水平的学生（与别组高成就水平的学生竞争）具有同样的成就机会。与 STAD 一样，获得高分的小组可以获得认证证书或是其他形式的小组奖励。在适用 STAD 的情境中，TGT 同样适用。此外，关于 TGT 的研究也发现，它在数学、科学和语言艺术学科中均具有积极作用（Slavin, 1995）。

团队辅助个人法（TAI）

TAI（Slavin, Leavey and Madden, 1986）和 STAD、TGT 共同的做

---

[1] 效应量是对前测的差异进行干预后，实验组的成绩超过控制组的成绩的数值除以标准差的商。

法是组建能力异质的四人小组和对高绩效团队进行认证。但是，STAD 和 TGT 采用单一固定的进度在全班开展教学，而 TAI 则兼有合作学习和个别化教学；同时，STAD 和 TGT 适用于大多数的学科和年级，而 TAI 则是专为三至六年级的学生，或者为那些更年长一些但还未学习完整代数课程的学生而开发的。

在 TAI 中，学生依据阶段测试的结果在一个个别化的学习路线中，以自己的进度开展学习。一般情况下，团队成员学习的是不同的单元。团队成员之间相互核对彼此的学习进展，遇到问题则相互帮助解决。单元的最终测试则在没有队友的帮助下完成，并由班长批改，给出相应分数。每一周教师都会根据各组通过最终测试的人数，以及从满分试卷和家庭作业中获得的额外加分，最后统计全体小组成员已经完成的单元，并给予团队认证以及其他的奖励。

由于学生自己负责检查彼此的学习进展情况并且管理学习材料的流通，因此教师可以把大部分的课堂时间用于为来自不同小组但正在学习同一数学内容的学生授课。例如，教师可能会召集学习小数的学生集中授课，然后再让他们回到各自的小组做习题；接着，教师再召集学习分数的小组；等等。不少关于 TAI 的大型研究已经显示，这一方法对小学高年级学生的数学成绩提升具有积极作用（例如，Slavin and Karweit，1984；Stevens and Slavin，1995b）。

合作式读写一体化模式（CIRC）

CIRC 是一个面向小学高年级阅读与写作课程教学的综合模式（Stevens，Madden，Slavin and Farnish，1987）。在 CIRC 中，教师和传统阅读教学一样使用阅读文本和阅读小组组织教学，但是会把不同阅读小组中的学生抽取出来组成二人小组。当教师给一个阅读小组授课时，来自其他小组的配对学生需要参与一系列活动，包括相互阅读，预测所叙述故事的结局，相互归纳故事梗概，撰写故事后续，以及进行拼写、释义和词汇练习。学生以团队为单位开展学习，掌握"中心思想"及其他阅读理解技能。而在写作阶段，学生先写作草稿，然后相互修改和编辑彼此的作品，最终形成小组的作品集。

在大多数 CIRC 中，学生需要完成教师教学、团队实践、团队预评估和测验这一系列活动，他们只有在所有小组成员都认为他们已经准备好的情况下才能参加测试。证书的颁发是基于所有小组成员的平均表现（绩效）以及所有的阅读和写作活动来决定的。

在小学高年级和中学中应用 CIRC 及类似途径的研究已经发现其对阅读能力的提高存在积极作用（Stevens and Slavin, 1995a, 1995b；Stevens et al., 1987；Stevens and Durkin, 1992）。CIRC 已经被采纳为"共赢"（Success for All）综合改革项目中小学高年级和中学部分的模块，且目前已经被整合至"共赢"基金会（Success for All Foundation）的"阅读之翼"（Reading Wings）模块之中（详见 Slavin and Madden, 2009）。

史蒂文斯等人的研究（Stevens et al., 1987, 研究 2）可以为此模式的积极作用提供一个实例。他们在巴尔的摩郊区的初中班级中对 CIRC 的效果进行了为期 6 个月的评测，共有 450 名三年级和四年级的学生参加，其中约五分之一（22%）的学生为少数民族学生、18% 的学生为享受学费减免政策的贫困生，实验共涉及 5 所学校，13 个控制组，样本在加利福尼亚成就测试（California Achievement Test, CAT）阅读部分的成绩及人口统计指标上不存在显著差异。实验同样采用了该测试对采用各种不同教学方式的班级进行比较，结果发现接受 CIRC 教学的学生明显占优（阅读理解项目效应量为 0.35，$p<0.002$；阅读词汇项目效应量为 0.11，$p<0.04$；加利福尼亚成就测试总分效应量为 0.23，$p<0.01$）。在口语阅读测试项目中［在每班随机抽取 6 名学生单独用达雷尔口语阅读测试（Durrell Oral Reading Tests）评测］，接受 CIRC 教学的学生的成绩大幅度地高于控制组的学生，5 项指标的平均效应量要高出 0.54（$p<0.02$）。综合采用加利福尼亚成就测试和那些使用达雷尔口语阅读测试的样本的情况，总体的效应量达到了 0.45。

在特殊儿童身上测量的效果则更加显著。对特殊儿童进行的单独测试发现，接受 CIRC 教学的学生在加利福尼亚成就测试阅读理解项目上的效应量为 0.99，在阅读词汇项目上的效应量为 0.90；那些采取阅读补救措施的学生在阅读理解项目上的效应量为 0.40，在阅读词汇项目上的效应量为 0.26。

同伴辅助学习策略（PALS）

PALS 中，学生两两配对，轮换担任教师和学生的角色。学生先要学习一些互助的基本策略，教师会依据两人的学习给予其奖励。PALS 在小学和初中的数学、阅读课程中使用的研究已经证实它对于学生学习成就的提升具有积极的促进作用（例如，Mathes and Babyak，2001；Fuchs，Fuchs，Kazden and Allen，1999，Calhoon，2005）。

例如，富克斯等人（Fuchs et al.，1999）在二年级和三年级一个为期 21 周的学习项目中测评了 PALS。他们测评了两种 PALS 的模式，学生两两配对，每周接受 PALS 教学 3 次，每次 35 分钟，轮换担任教师和学生的角色。他们鼓励学生合作阅读、进行概述、归纳主要观点及进行预测。16 个班级的教师被随机指派去指导使用 PALS 的班级和对照班。他们在各班分别指定一位低成就水平、一位一般成就水平和一位高成就水平的学生进行评测（尽管班上所有的学生均参与了干预）。使用标准检测阅读测试（Standard Diagnostic Reading Test，SDRT）的阅读子项对学生进行前后测。结果发现与对照班相比，PALS 对学生产生了十分积极的影响，使学生成绩几乎超过对照班 3/4 个标准差（效应量为 0.72）。这样的积极作用同样也在类似的"班级同伴指导"（Classwide Peer Tutoring）模式中发生。两个比利时学者（van Keer and Verhaeghe，2005，2008）的研究发现，"同龄指导"（same-age tutoring）也存在积极的作用。

IMPROVE

IMPROVE（Mevarech，1985）是以色列的一个用于数学教学的模式，它采用了与 STAD 相似的合作学习策略，但同时也强调对学生的元认知技能、关键概念的掌握进行常规评价，并对学生未掌握的内容再次进行教学。关于 IMPROVE 的研究发现，它对以色列中小学生的数学成绩提升具有积极的作用（Mevarech and Kramarski，1997；Kramarski，Mevarech and Liberman，2001）。例如，迈亚雷奇和克拉马斯基（Mevarech and

Kramarski，1997，研究 1）在 4 个以色列初中的七年级数学课堂中，对采用这一模式的班级和采用相同教材和学习目标的对照班进行了比较。实验班的学生从那些具有 IMPROVE 教学经验的老师的班上选出，用于对比的对照班的学生也来自相应的班级。学生的前后测均由以色列数学教学督察实施，以保证对各组公平一致。在前测中，各组水平相当。实验的结果是使用 IMPROVE 的班级无论初等代数（效应量为 0.54）还是数学推理（效应量为 0.68）的成绩均极大地高于对照班，平均的效应量达到 0.61。也就是说，使用合作方式学习的学生成绩高于其他学生五分之三个标准差，并且在低、中、高成就水平的学生分组中均呈现了类似的促进作用。

非正式小组学习法

拼图法（Jigsaw）

拼图法最早由埃利奥特·阿伦森（Elliot Aronson）和他的同事们设计提出（1978 年）。在阿伦森的拼图法中，学生被分配到 6 人小组中开展学习，学习材料则已被事先分为不同部分（例如，一篇自传可能会被分为早期生涯、首要成就、重大挫折、晚年生活及对历史的影响等各部分）。每位小组成员阅读各自分到的部分。不同小组中分到相同部分的成员聚集在一起，并组织成"专家小组"对此内容开展讨论。之后，他们将返回各自的团队，轮流将已经与分到同一部分的其他小组成员共同学习过的内容教授给自己的队友。

因为学生们知道，除了自己负责的材料外，学习课程内容的唯一途径是认真地听队友讲解，因此他们都积极支持对方，并显示出对彼此工作的兴趣。斯莱文（Slavin，1994）在美国约翰·霍普金斯大学开发了一个拼图法的修改版本，并将其应用到 STL 项目中。在这个被称为拼图法 II 的模式中，学生们与在 TGT 和 STAD 模式中一样，被指派到 4 人或 5 人小组中学习。不同于拼图法中每位学生分段学习特定的阅读内容，在新模式中，所有的学生共同阅读一篇记叙文，它可能是某书中的某一章、一个短篇故事或自传等，但每位学生都会收到一个特定主题的任务，例如在一篇介绍法国的文章中负责"天气"部分，并成为这方面的"专家"。各组被分配到相同主题的学生同样组织成"专家小组"进行讨论，然后回到各自小组将学到的内容教授给其他组员。研究者接着对学生分别进行测试，并基于 STAD 成绩评价系统计算出各组的得分。达到特定标准的小组可以获得认证。拼图法主要用于社会研究以及其他将文本阅读视为重要学习形式的学科（Mattingly and van Sickle，1991）。

共同学习

美国明尼苏达大学的戴维·约翰逊（David Johnson）和罗杰·约翰逊（Roger Johnson）共同开发了合作学习的共同学习（Learning Together）模式（Johnson and Johnson，1999）。其做法是将学生分配在 4 人或 5 人的异质小组中共同完成作业，各小组递交一份作业并依据小组的作品获得表扬与奖励。他们的方法重视在学生开展合作之前进行团队建设活动，并在合作过程中定期在组内进行关于合作是否顺利进行的讨论。

小组探究

小组探究（Group Investigation）是由特拉维夫大学（University of Tel-Aviv）的雅艾尔·沙伦和什洛莫·沙伦（Sharan and Sharan，1992）开发的通用班级组织模式，在此模式中学生在小组中进行探究、群体讨论、工作计划共享及项目实施（realisation）。在这一模式中，学生自主形成 2—6 人的小组，首先在全班的探究框架下选择小组的探究子主题，然后将这一子主题细分成个人任务，并分头开展活动以准备小组汇报，之后每个小组在全班进行汇报或交流各自的发现。一项由什洛莫·沙伦和莎哈尔（Sharan and Shachar，1988）在以色列开展的研究表明，小组探究对学生的语言和文学成就提升具有积极的作用。

合作学习何以发生

合作学习是受到最多深入评析的现行传统教学模式的替代方式之一。合作学习的使用几乎都能增进学生情感上的体验，学生喜欢在群体中学习，他们会因此感受到更多的成就感，并且喜欢采用合作方式教授的学科。他们会拥有更多不同民族的朋友，也更能接受彼此间的差异（Slavin，1995）。至于学习成就，其结果极大地依赖于使用合作学习的方式。通常，有效的合作学习中都会存在两个因素：**群体目标**和**个体责任**（Slavin，1995，2009；Rohrbeck，Ginsburg-Block，Fantuzzo and Miller，2003；Webb，2008）。也就是说，小组必须为了达到特定目标或争取奖励与认可开展协作，并且小组的成功必须依赖于每个小组成员的个人学习。

群体目标和个体责任为何如此重要？要理解这一点，可以考虑一下不包含这两者的情况。在某些形式的合作学习中，学生共同学习来完成独立作业或解答一个问题。在这些方法中，那些更有能力的学生没有理由花时间去为那些相对低成就水平的组员解释各个步骤或是征求他们的意见。如果小组的任务是去**做**什么，而不是学习什么东西，低成就水平学生在小组中可能就会被视为干扰而不是帮助。在这些情境中，学生就更趋于相互告知问题的答案而不是相互解释概念或技巧。

相比较而言，当小组的任务是确保每个成员都能学到什么时，每个成员就都会有兴趣花时间来向其他组员解释概念性的东西。关于合作小组中有关学生行为的研究已经多次发现，合作学习过程中收获最多的是那些给予或从他人那里得到深入解释的学生（Webb，1985，2008）。实际上，这些研究发现，不加解释地直接接受或给予答案对学生的学习有消极的影响。群组目标和个体责任能促使学生向他人给予解释，并重视他人的学习，而不是简单地为他人提供答案。

有学者对在小学和初中开展的持续4周以上的99个合作学习研究进行了综述，该综述比较了合作学习组和控制组学生的学习成就。其中，在64个研究中，合作学习的小组奖励依据成员个人学习成果的总和评定（在本章中被归类为结构化团队学习法），64个研究中的50个（占78%）对学习结果产生了显著的积极影响，没有发现存在负面影响（Slavin，1995）。对所有可以计算效应量的研究进行统计，发现中位效应量的值达到0.32（也就是说合作学习组比控制组的成就几乎要高出三分之一个标准差）。与之形成对比的是，采用非正式小组学习法的研究中，基于单一的作品来设定群组目标或者不提供奖励导致了一些负面作用，且中位效应量的值仅为0.07。对同一研究中不同干预模式的对比也发现了类似的结果：基于个体学习绩效的总和来设定群体目标成为合作学习具有有效性的必要条件（例如，Chapman，2001；Fantuzzo，Polite and Grayson，1990；Fantuzzo，Riggio，Connelly and Dimeff，1989；Huber，Bogatzki and Winter，1982）。

合作学习法通常对各类学生都同等适用，有些研究试图发现合作学习法对高成就水平或低成就水平、男生或女生哪个群体更起作用，但绝大多数研究发现它对各类学生均起到同等的作用。教师和家长有时会担心合作学习法会不利于高成就水平学生的学习，但研究并不能证实这一点：高成就水平学生在合作学习中的收获（相对于传统教学中的高成就水平学生）与中等和低成就水平学生一样多（Slavin，1995）。

合作学习的理论视角

尽管合作学习对学生成就的积极作用已经在研究者中达成共识，但是关于他们为何以及如何影响学生成就，特别是在何种条件下发挥作用还存在争议。不同的研究者基于不同的假设研究了合作学习对学习成就的作用，并用本质上互不联系甚至相互冲突的术语对其作用加以解释。在早期研究中，斯莱文（Slavin，1995，2009；Slavin，Hurley and Chamberlain，2001）将不同研究者在研究合作学习对学习成就影响时所采用的理论分为动机主义派（motivationalist）、社会凝聚力派（social cohesion）、认知发展派（cognitive-developmental）和认知精致化派（cognitive-elaboration）四个主要流派。

动机主义派假定任务动机对学习过程起着巨大的作用，并且其他过程（如计划、互助）是由个体动机激发的个人兴趣所驱动的。动机主义派研究者特别关注利用奖励和目标结构干预学生，而社会凝聚力派（其核心理论也被称为"社会互赖理论"）则认为合作学习极大地依赖于小组的凝聚力，按照这一观点，学生相互支持彼此的学习是因为他们关心小组及其成员，并且在这种小组同伴关系中获得了自我认同（self-identity）（Johnson and Johnson，1999；Hogg，1987）。

这两种认知主义的观点较为关注学生群组间的交互，坚信是这种交互本身导致了更好的学习，并使得学生由此获得更好的学习成就。认知发展派将合作学习的作用归功于皮亚杰、维果茨基等学者提出的认知过程。而认知精致化派则断言学生必须进行某种对新学习材料的认知重构（精致化）才能学习它们，合作学习被认为增进了这一过程。

斯莱文等人（Slavin et al.，2001）已经提出了一个理论模型，旨在确认各种主要理论观点的贡献，并提示它们在合作学习过程中可能起到的作用。他们探究了各种理论发挥作用的条件，并推荐了能够推进合作学习的理论所需的研究与发展，以便教育实践能从 30 年合作学习研究的经验中得到真正的收益。

关于合作学习的不同理论观点很可能是互补而非互斥的。例如，动机论者并没有否认认知理论的必要性，而认为是动机驱动了认知过程，而后者又反过来引发了学习。他们会认为脱离了用于增加学生动机的目标结构，学生不大可能长时间投入韦伯（Webb，1985，2008）所说的某种精致化解释，并从合作学习中获益。社会凝聚力派则会将合作学习的作用归功于学生在对小组凝聚力做出贡献、关心并赞同群组成员间的社会规范的过程中内含的外部激励，因为这一外因会影响到认知过程。

图 7.1 所示的是一个关于合作学习如何改进学习的模型，改编自斯莱文的研究（Slavin，1995）。图 7.1 描绘了影响合作学习有效性的各个因素，并综合各派理论取向，揭示了它们之间相互作用的关系。

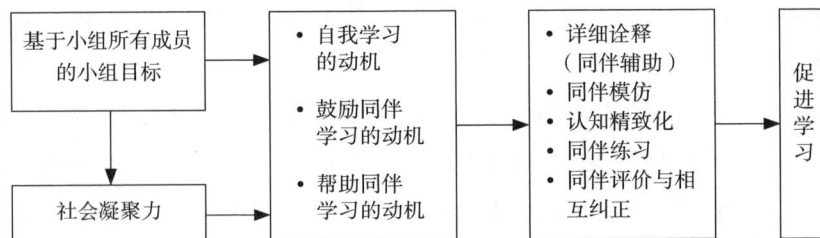

图 7.1　影响合作学习有效性的各个因素

　　图中各个成分之间的互赖关系始于基于所有群体成员个体学习的群体目标和激励机制。它假设自我学习的动机以及帮助并鼓励他人的动机会引发最终促进学习的合作行为。这种动机同时包含了完成任务以及在组内互动的动机。在这一模型中，追求成功的动机直接地引发了学习，并驱动了行为和态度的转变来增强群体凝聚力，这反过来又改进了组内互动的形式——同伴模仿、同伴辅助、认知精致化等——并以此达成更高的学习和学术成就。

21 世纪学习环境中的合作学习

　　21 世纪的学习环境一定是学生能够积极地投入到学习任务以及同伴交互中去的学习环境。今天，教师必须与电视、计算机游戏等各种互动技术竞争，那种试图让学生被动开展学习的期望正变得越来越不现实。合作学习则提供了一种已被证明切实可行的方式，来营造激动人心的具有社会性、互动性的课堂环境，它能帮助学生在掌握传统技能和知识的同时，也发展当今经济和社会发展所需的创新和交往技能。合作学习本身正被重塑以适应 21 世纪，特别是技术发展的趋势。

　　合作学习已经被确立为一种传统教学的有效替代模式，并且为全球数以百计的研究所证实。调查发现，相当一部分的教师声称经常使用这一模式（例如，Puma, Jones, Rock and Fernandez, 1993），然而观察（例如，Antil, Jenkins, Wayne and Vadasy, 1998）也发现，绝大多数合作学习都采用了非正式学习取向，并未设立小组目标和个人责任，尽管研究已经表明这两者是十分必要的。

　　有效的合作学习培训形式实际上已经存在，例如英国和美国的"共赢"基金会（www.successforall.org），以及美国的同伴辅助学习策略（Peer-Assisted Learning Strategies, www.peerassistedlearningstrategies.net）与卡根出版和专业发展计划（Kagan Publishing and Professional Development, www.kaganonline.com）。培训不应仅包含工作坊，也应该让专家后续深入参与教师课堂、提供反馈、进行现场展示以及提供帮助与支持。

相比较那些通常由政府支持的教育实践——例如督导、技术应用和学校重构——合作学习成本相对较低，也更易于被采纳。然而，在其基础性研究完成 30 年后，合作学习依然处于学校政策的边缘。这种现状不应该持续：当政府开始支持更大层面追求成效的教育改革时，合作学习的卓有成效可能会引发大量的关注，并在教学实践的核心中被采用。在 21 世纪的学习环境中，合作学习应该扮演核心的角色。

参 考 文 献

Antil, L. R., J. R. Jenkins, S. K. Wayne and P. F. Vadasy (1998), "Co-operative Learning: Prevalence, Conceptualizations, and the Relation between Research and Practice", *American Educational Research Journal*, Vol. 35, No. 3, pp. 419-454.

Barbato, R. (2000), *Policy Implications of Co-operative Learning on the Achievement and Attitudes of Secondary School Mathematics Students*, Unpublished Doctoral Dissertation, Fordham University.

Calhoon, M. (2005), "Effects of a Peer-Mediated Phonological Skill and Reading Comprehension Program on Reading Skill Acquisition for Middle School Students with Reading Disabilities", *Journal of Learning Disabilities,* Vol. 38, No. 5, pp. 424-433.

Chapman, E. (2001), *More on Moderators in Co-operative Learning Outcomes,* paper presented at the annual meeting of the American Educational Research Association, Seattle, WA .

Fantuzzo, J. W., K. Polite and N. Grayson (1990), "An Evaluation of Reciprocal Peer Tutoring across Elementary School Settings", *Journal of School Psychology*, Vol. 28, No. 4, pp. 309-323.

Fantuzzo, J. W., R. E. Riggio, S. Connelly and L. A. Dimeff (1989), "Effects of Reciprocal Peer Tutoring on Academic Achievement and Psychological Adjustment: A Component Analysis", *Journal of Educational Psychology*, Vol. 81, No. 2, pp. 173-177.

Fuchs, L. S., D. Fuchs, S. Kazdan and S. Allen (1999), "Effects of Peer-Assisted Learning Strategies in Reading with and without Training in Elaborated Help Giving", *The Elementary School Journal,* Vol. 99, No. 3, pp. 201-221.

Hogg, M. A. (1987), "Social Identity and Group Cohesiveness", in J. C. Turner (ed.), *Rediscovering the Social Group: A Self-Categorization Theory*, Basil Blackwell, Inc., New York, pp. 89-116.

Huber, G. L., W. Bogatzki and M. Winter (1982*), Kooperation als Ziel Schulischen Lehrens und Lehrens*, Arbeitsbereich Pädagogische Psychologie der Universität Tübingen, Tübingen, Germany.

Johnson, D. W. and R. T. Johnson (1999), *Learning Together and Alone* (5th ed.), Prentice-Hall, Englewood Cliffs, N.J..

Kramarski, B., Z. R. Mevarech and A. Liberman (2001), "The Effects of Multilevel-Versus Unilevel-Metacognitive Training on Mathematical Reasoning", *The Journal of Educational Research*, Vol. 94, No. 5, pp. 292-300.

Mathes, P. G. and A. E. Babyak (2001), "The Effects of Peer-Assisted Literacy Strategies for First-Grade Readers with and without Additional Mini-Skills Lessons", *Learning Disabilities Research and Practice*, Vol. 16, No. 1, pp. 28-44.

Mattingly, R. M. and R. L. van Sickle (1991), "Co-operative Learning and Achievement in Social Studies: Jigsaw II ", *Social Education*, Vol. 55, No. 6, pp. 392-395.

Mevarech, Z. R. (1985), "The Effects of Co-operative Mastery Learning Strategies on Mathematics Achievement", *Journal of Educational Research*, Vol. 78, No. 3, pp. 372-377.

Mevarech, Z. R. (1991), "Learning Mathematics in Different Mastery Environments", *Journal of Educational Research*, Vol. 84, No. 4, pp. 225-231.

Mevarech, Z. R. and B. Kramarski (1997), "Improve: A Multidimensional Method for Teaching Mathematics in Heterogeneous Classrooms", *American Educational Research Journal*, Vol. 34, No. 2, pp. 365-394.

Puma, M. J., C. C. Jones, D. Rock and R. Fernandez (1993), *Prospects: The Congressionally Mandated Study of Educational Growth and Opportunity. Interim Report*, Abt Associates, Bethesda, MD.

Reid, J. (1992), "Effects of Cooperative Learning on Achievement and Attitude among Students of Color", *The Journal of Educational Research*, Vol. 95, No. 6, pp. 359-366.

Rohrbeck, C. A., M. Ginsburg-Block, J. W. Fantuzzo and T. R. Miller (2003), "Peer-Assisted Learning Interventions with Elementary School Students: A Meta-Analytic Review", *Journal of Educational Psychology,* Vol. 95, No. 2, pp. 240-257.

Sharan, S. and C. Shachar (1988), *Language and Learning in the Co-operative Classroom*, Springer-Verlag, New York.

Sharan, Y. and S. Sharan (1992), *Expanding Co-operative Learning through Group Investigation*, Teachers College Press, New York.

Slavin, R. E. (1994), *Using Student Team Learning, 3ʳᵈ Ed.*, Success for All Foundation. Elementary and Middle Schools, Johns Hopkins University, Baltimore, MD.

Slavin, R. E. (1995), *Co-operative Learning: Theory, Research, and Practice* (2nd edition), Allyn and Bacon, Boston.

Slavin, R. E. (2009), "Cooperative Learning", in G. McCulloch and D. Crook (eds.), *International Encyclopedia of Education*, Routledge, Abington, UK .

Slavin, R. E., E. A. Hurley and A. M. Chamberlain (2001), "Co-operative Learning in Schools", in N. J. Smelser and B. B. Paul (eds.), *International Encyclopedia of the Social and Behavioral Sciences*, Pergamon, Oxford, England, pp. 2756-2761.

Slavin, R. E. and N. Karweit (1984), "Mastery Learning and Student Teams: A Factorial Experiment in Urban General Mathematics Classes", *American Educational Research Journal,* Vol. 21, No. 4, pp. 725-736.

Slavin, R. E., M. B. Leavey and N. A. Madden (1986), *Team Accelerated Instruction Mathematics*, Mastery Education Corporation Watertown, Mass.

Slavin, R. E. and N. A. Madden (eds.) (2009), *Two Million Children: Success for All*, Corwin, Thousand Oaks, CA.

Stevens, R. J. and S. Durkin (1992), *Using Student Team Reading and Student Team Writing in Middle Schools: Two Evaluations*, Report No. 36, Johns Hopkins University, Centre for Research on Effective Schooling for Disadvantaged Students, Baltimore, MD.

Stevens, R. J. and R. E. Slavin (1995a), "Effects of a Co-operative Learning Approach in Reading and Writing on Handicapped and Nonhandicapped Students' Achievement, Attitudes, and Metacognition in Reading and Writing", *Elementary School Journal,* Vol. 95, No. 3, pp. 241-262.

Stevens, R. J. and R. E. Slavin (1995b), "The Co-operative Elementary School: Effects on Students' Achievement, Attitudes, and Social Relations", *American Educational Research Journal*, Vol. 32, No. 2, pp. 321-351.

Stevens, R. J., N. A. Madden, R. E. Slavin and A. M. Farnish (1987), "Co-operative Integrated Reading and Composition: Two field experiments", *Reading Research Quarterly,* Vol. 22, No. 4, pp. 433-454.

van Keer, H. and J. Verhaeghe (2005), "Comparing Two Teacher Development Programs for Innovating Reading Comprehension Instruction with regard to Teachers' Experiences and Student Outcomes", *Teaching and Teacher Education,* Vol. 21, No. 5, pp. 543-562.

van Keer, H. and J. Verhaeghe (2008), *Strategic Reading in Peer Tutoring Dyads in Second and Fifth-grade Classrooms*, unpublished report, Ghent University, Belgium.

Webb, N. (1985), "Student Interaction and Learning in Small Groups: A Research Summary", in R. Slavin, *et al.* (eds.), *Learning to Cooperate, Cooperating to Learn*, New York: Plenum.

Webb, N. (2008), "Co-operative Learning", in T. L. Good (ed.), *21ˢᵗ Century Education: A Reference Handbook*, Sage, Thousand Oaks, CA.

第八章 技术支持的学习

理查德·E. 迈耶

Richard E. Mayer

加利福尼亚大学圣巴巴拉分校

University of California, Santa Barbara

理查德·E. 迈耶认为，并没有多少可靠证据可以表明，新技术的改革潜力已经被令人信服的研究所证实。最明显的例子就是，相比"以学习为中心"的取向，"以技术为中心"的取向并没有受到更多的追随。有关人们如何用技术学习的一个令人信服的理论应该基于三个重要原则：双通道原则（个体分别通过听觉和视觉处理信息）、有限容量原则（人一次只能处理少量的声音或图像）和主动加工原则（有意义的学习依赖于投入适合的认知过程）。这些解释和应用证明使用技术有效地教学，能帮助学习者进行认知加工，而不会使他们的认知系统过载；能通过减少多余的处理内容、管理必要的处理过程促进生成性加工。本文将详细介绍如何运用不同的技巧和原则，以及相关的支持证据，完成上述过程。

概 论

考虑以下学习情境的例子：有位学生对消化系统如何工作很感兴趣，所以她打开自己的笔记本电脑，在电子百科全书的条目中输入"消化系统"，并接收到一个对人体消化系统如何工作的 90 秒钟的解说动画。另一位学生去政府卫生机构的网站，点击关于消化的文章，其中包含 5 种结构的文字和插图。最后，还有一位学生找到一个关于学习消化的游戏，该游戏涉及对一个虚拟的消化系统世界进行探索。所有这些都是技术支持的学习的例子——

学习者在使用技术的情境下（例如，以计算机为基础的多媒体课或模拟游戏）进行学习。

许多观点认为新技术有改变世界各地的教育和培训的潜力，但很少有证据证实这些观点，有严格的科学研究证实的就更少了（Lowe and Schnotz, 2008；Mayer, 2009；O'Neil and Perez, 2003, 2006；Pytllik Zillig, Bodvarsson and Bruning, 2005；Reiser and Dempsey, 2007；Rouet, Levonen and Biardeau, 2001；Spector, Merrill, van Merrienboer and Driscoll, 2008）。例如，这些预测包括：通过为学生提供访问手持设备（如掌上电脑）或虚拟现实的游戏环境，将面对面的教学转变为在线学习，甚至为所有发展中国家的儿童提供廉价笔记本电脑，会使教育得到改善。本章的目的是探讨那些有关人们如何使用技术来学习（学习科学）和如何利用技术来帮助人们学习（教学科学）的研究。

技术支持的学习的主题

技术支持的学习指向人们使用技术促进学习目标的达成。目前，对技术支持的学习的兴趣反映在被洛伊克（Lowyck, 2008, p.xiii）称之为"一个普遍的使用现有技术达到学习目标的冲动（尝试）"上。今天最常见的学习技术涉及计算机和信息技术：

> 卡尔·本兹（Karl Benz）在1885年使用内置式燃烧发动机发明了汽车，引起了世界各地的革命，它不仅在技术领域，而且在人类生活的各个方面引起巨大变革。……在20世纪后期崛起的个人电脑和网络设施最终……再次掀起信息的发展和变更的革命。与汽油燃料发动机不同的是，信息和通信技术涉及终身学习这个敏感的话题。（Lowyck, 2008, p.xiii）

今天，互联网已经成为学校网络课程、就业培训和非正式学习的重要场所——所有这一切都是数字化学习（eLearning）的形式（Clark and

Kwinn，2007；Clark and Mayer，2008；O'Neil，2005）。数字化学习是指通过计算机开展的学习。

目前，技术支持的学习有哪些形式呢？格雷泽和他的同事们（Graesser，Chipman and King，2008；Graesser and King，2008）提出了十种类型的技术支持的学习环境。

- **计算机辅助教学**：在计算机屏幕上展示课程、测试和反馈，通常学习者只有熟练掌握当前的学习内容并通过测试之后，才能学习下一节。
- **多媒体**：教学由图像（如插图、照片、动画或视频）和文字（如打印或口头的文本）组成。
- **互动式模拟**：学习者能对模拟进行一定的控制，如能减慢动画或设置输入参数并观察会发生什么。
- **超文本和超媒体**：教学材料由能够点击的链接组成，如在网页中使用的链接。
- **智能教学系统**：可以追踪学习者的知识获取情况，并根据需求进行相应调整的教学系统。
- **探究式信息检索**：如使用谷歌进行网络搜索。
- **动画教学助手**：屏幕上帮助并引导学习者学习网络课程的角色。
- **配备助手的虚拟环境**：模拟自然语言与真人进行互动的虚拟现实环境。
- **教学游戏**：以服务教学为目的的游戏。
- **计算机支持的合作学习**：一组学习者通过计算机基于一个共同的任务而学习。

同样，《剑桥多媒体学习手册》（*The Cambridge Handbook of Multimedia Learning*，2005）调查了传统的基于计算机的幻灯片，以及5个已受到研究者重视的先进的基于计算机的学习环境：动画教学助手（与上述的第7点相对应）；虚拟现实（与上述的第8点相对应）；游戏、模拟和微型世界（包括上述的第3点和第9点）；超媒体（与上述的第4点相对应）；电子课程（包括上述的第1点、第2点和第5点）。

两种技术支持的学习方法

表 8.1 总结了在技术支持的学习中，**以技术为中心**和**以学习者为中心**两种方法之间的重要区别。以技术为中心的方法强调通过提供尖端技术，在教育中使用技术。以技术为中心的方法存在的主要问题是，在 20 世纪它有着巨大的前景，但在学校实践中……失败了。

表 8.1　技术支持的学习中以技术为中心的方法和以学习者为中心的方法之间的区别

方法	关注点	技术的角色	目标
以技术为中心	技术能够做到什么	提供参与教学的机会	使用技术进行教学
以学习者为中心	人脑如何工作	辅助人类学习	改进技术以促进学习

例如，在 20 世纪 20 年代，当时的尖端教育技术是电影。当时，托马斯·爱迪生（Thomas Edison）预言，"电影注定要彻底改变我们的教育体系"，"书籍将很快在我们的学校过时"（Cuban，1986，p.9-11）。但课堂上使用电影仍然是罕见的。在 20 世纪 30 年代和 40 年代，尖端的教育技术是无线电，它的拥护者吹捧它为"把世界带到课堂中"的手段，预测"便携式无线电接收机在课堂上将和黑板一样普遍"（Cuban，1986，p.19）。尽管人们在开发"空中学校"方面付出了巨大的努力，但在教育中，无线电从来没有被广泛接受过。接下来，在 20 世纪 50 年代，当教育电视被认为会为教育带来革命时，它也从来没有在学校被广泛使用过（Cuban，1986，p.19）。在 20 世纪 60 年代，基于计算机辅助的程序教学常常被认为是再次改变教育的技术，但同样，尽管有了大规模的发展，如 PLATO 和 TICCIT 项目，基于计算机辅助的程序教学并没有产生太大的影响（Cuban，1986，2001）。在 20 世纪晚期，信息技术成为万众瞩目的焦点，作为一种尖端的教育技术，被认为将引起教育方面的重大变化，但库班（Cuban，2001，p.195）总结道："引入到学校的过去 20 年中，信息技术既没有改变教与学，也没有获得企业高管、政府官员、家长、学者和教育工作者所期望的高生产率。"

在 1990 年，赛特勒（Saettler，2004）认为，未来前沿的教育技术包括电视教学、计算机辅助教学、交互式多媒体系统、智能教学系统，但他也指出，在提高教育质量方面这些技术至今尚未有重大的突破。以技术为中心的方法什么地方出错了？答案是，它未能考虑到学习者，并假定由学习者和教师适应新技术，而不是由新技术适应学习者和教师的需求（Norman，1993）。

相反，在以学习者为中心的方法中，我们开始关注人们如何学习和如何看待技术，并将技术作为人类学习的助手。这一方法认为技术应适应学习者和教师的需求——当我们只寻求为学习者提供新技术时，以学习者为中心的方法往往非常欠缺。当我们探索将计算机和信息技术融合于 21 世纪教育的方式时，赛特勒的观点是值得考虑的（Saettler，2004，p.538）："技术预测专家所犯的最常见的错误是很少或根本没有参考过去就去预测未来。"总之，过去大多数关于教育技术的影响的乐观预测都未能实现。鉴于这种令人失望的历史，我将采取以学习者为中心的方法来探讨使用技术支持学习。

学习科学：如何使用技术支持学习

为了有效地在教育中使用技术，应该立足教育实践了解人们是如何学习的。在本节中，我将探索学习科学如何有助于我们理解如何使用技术支持学习。

什么是学习科学

学习科学是研究人们如何学习的科学。大多数的使用技术支持的教育实践或根据专家的意见开展，或根据被认为是最佳的实践范例开展。与基于意见或趋势的学习理论不同，学习科学是基于研究证据的。

什么是学习

学习是由学习者的经验引起的学习者知识的长期持久的变化。这个定义包含三个部分：（1）学习是一个学习者长期的变化；（2）是学习者的知识发生了改变；（3）变化的原因是学习经验的获得。

知识是学习的中心。认知和教育科学家（Anderson and Krathwohl，

2001；Mayer，2008）认为，大多数教育领域所需的知识包括以下五个方面。

- **事实**：有关事物的特征或状态的陈述，例如，"地球是太阳的第三颗行星"。
- **概念**：种类、模型、模式或原则，例如，"在数字23中，2代表的是20"。
- **程序**：一步一步进行输出的过程，例如，知道"22×115 = ＿＿＿"的计算程序。
- **策略**：一般方法，例如，"将一个问题分解成更小的部分"。
- **信念**：一个人关于学习的认知，例如，"我统计不是很好"。

也许导致个体差异的一个最重要的维度是学习者的先前知识。卡尤佳（Kalyuga，2005）表明，对于低水平学习者有效的教学方法，对高水平学习者来说可能是无效甚至是不利的。

什么是技术支持的学习

技术支持的学习涉及学习情境，如在计算机或互联网等的帮助下创建学习经验。在一定程度上，几乎所有的学习都涉及技术。例如，在传统的讲授课堂中，教师可能会使用粉笔和黑板，从而使用了一个旧的但可靠的技术。同样，教科书，尽管具有500年的历史，但仍是技术的一种形式。本章主要侧重于计算机技术支持的学习。计算机技术的一个重要特点和可能的优势是，如果使用得当，它可以呈现多媒体教学信息（Mayer，2001，2009）——也就是说，教学信息可以由语言（例如，口语或文字）和图像（例如，动画、视频、插图或照片）组成。计算机技术能够实现一定的交互、计算、图形渲染和信息检索，其他方式则可能无法实现。

学习是如何发生的

在过去100年来，心理学家和教育学家提出了有关学习如何发生的三种观点，本文倾向于用三个"学习的隐喻"指代它们（Mayer，2001，2009；德科尔特，本书）。如表 8.2 的上部分所示，反应－强化隐喻发展于 20 世纪前半个世纪，以学习是强化和弱化的联结的观点为基础。当一个反应得到奖励，这种反应就会被强化，而当一个反应被惩罚，这种反应就会被弱化。技术可用于要求学员做出反应并在随后作为管理者对其进行奖励或处罚，如演练－实践教学。例如：当"2 ＋ 5 ＝ ___"出现在屏幕上时，学习者填入"7"作为回应，屏幕上出现拍手作为奖励。

表8.2 学习如何开展的三个隐喻

隐喻	学习者	教师	技术的作用
反应－强化	奖惩的被动接受者	奖惩的分配者	征求反应，实施反馈
信息获取	信息的被动接受者	信息的分配者	提供获取信息的途径
知识建构	意义的积极生产者和知识建构者	认知指导者	指导学习者在学习过程中的认知加工

如表 8.2 中间部分所示，20 世纪中叶发展起来的信息获取隐喻基于学习旨在丰富学习者记忆中的有关信息的思想。当教师传播信息时，学习者在记忆中存储信息。技术的相关作用是为学习者提供信息，如多媒体百科全书或幻灯片。

如表 8.2 最下面一行所示，知识建构隐喻流行在 20 世纪的后几十年中，该观点认为学习发生在学习者根据已有的学习经验对学习材料的认知表征过程之中。学习者是意义的建构者，在学习中，教师指导学生的认知加工过程。

虽然以上三种"学习的隐喻"都对教育技术的发展有很大的影响，但是本文将重点关注知识建构这一观点，因为我对促进有意义的学习最感兴趣。在认知研究中，正如赛特勒对教育技术历史的理解一样："学习者成为一个获取和使用知识的积极参与者。"（Saettler，2004，p.15）正如下面的内容所述，主动学习的观念对技术支持的学习具有重要意义。

如何使用技术支持学习

关于人们如何使用技术支持学习的理论依然在发展中，从认知科学研究的角度来看，其强调三个重要原则：

- **双通道**：人有分别处理语言和视觉材料的单独通道（Paivio，1986，2007）；
- **容量受限**：每个通道任一时间只能处理少量的材料（Baddeley，1999；Sweller，1999）；
- **积极加工**：当学习者在学习中进行适当的认知加工，如将相关材料组织成一个关联的表征，并将它与先前知识相整合时，有意义的学习将会发生（Mayer，2008；Wittrock，1989）。

这三项原则与图 8.1 所示的多媒体学习的认知理论是一致的（Mayer 2001，2009）。图 8.1 是技术支持的学习的信息加工模型。图 8.1 中的信息加工系统由 3 种记忆存储器组成：

- **感觉记忆**：在很短的时间以视觉形式保存所有传入的视觉信息（"视觉记忆"），并在很短的时间内以听觉形式保存所有传入的声音信息（"听觉记忆"）；
- **工作记忆**：保存有限数量的经过选择的文字和图像，并做进一步处理；
- **长时记忆**：无限的知识仓库。

如图 8.1 左侧所示，图像材料和文字通过学习者的眼睛进入认知系统，并简单地保存在视觉记忆中，而语言信息通过学习者的耳朵进入认知系统并简单地保存在听觉记忆中。如选择图像箭头所示，学习者试图将输入的视觉信息转化为工作记忆，以便进一步加工。如选择语言箭头所示，学习者试图将输入的听觉材料转化为工作记忆，以便进一步加工。视觉呈现的文字可以转移至工作记忆中的语言通道，因此，图 8.1 的工作记忆中存在"从图像到声音"的箭头。组织图像箭头代表学习者通过心理加工将图像建构成一个连续的、相似的图像模型，组织语言箭头则代表学习者通过心理加工将语言建构为一个连续表征的语言模型。最后，学习者可以在语言和图像模型之间建立联结：运用从长时记忆传来的有关知识进行整合，正如整合的箭头所示。

表 8.3 总结了三种使用多媒体技术进行有意义的学习所需的积极的认知过程——**选择**、**组织**和**整合**。

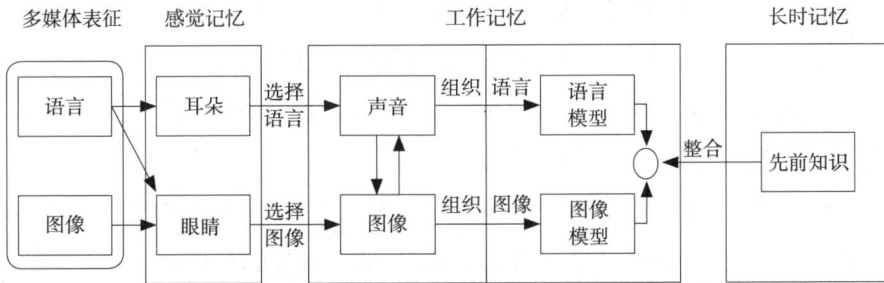

图 8.1　多媒体学习的认知理论

表 8.3　技术支持的学习所需的认知过程

加工	描述	位置
选择	注重相关的语言和图像	将感觉记忆中的信息传送到工作记忆
组织	选择语言和图像组织成连贯的心理表征	操控工作记忆中的信息
整合	将语言、图像的信息以及先前知识彼此联系	从长时记忆向工作记忆转移知识

教学科学：如何帮助人们使用技术支持学习

在本节中，我将探索教学科学以帮助读者了解如何使用技术支持教学。

什么是教学科学

教学科学是关于如何引起学习者的认知改变的科学。教学科学的一个中心目标是发展以证据为基础的原则，为特定的学习者和特定的教学目标设计有效教学。与教学科学相对应，基于证据的实践是指在实证研究基础上的教学实践。

什么是教学

教学是通过教学（教学者）控制学习者的环境以促进学习的过程。因此，它包括：（1）控制学习者的经验，（2）有意引发学习。教学方法指的是旨在促进学生学习的技术，如建立如何解决问题的模型（工作示范法），或要求学生自己解决问题（发现法）。教学目标是指有关试图使学习者的认知发生的变化的具体陈述，如能够加上和减去一个正数或负数。简言之，教学目标描述了我们想让学习者知道什么。

教学的有效性通常是通过不断的保持测试（学习者需要回忆或再认学到了什么）和迁移测试（学习者要以新的方式利用已有信息解决问题）来衡量的。表8.4列出了三种类型的学习成果：学习没有发生，保持和迁移都很差；死记硬背式的学习，保持良好但迁移差；有意义的学习，保持和迁移都比较好。由于本章希望能够推动有意义的学习，所以将专注于迁移测试。

表8.4　三种学习成果

学习结果	认知描述	保持测试成绩	迁移测试成绩
学习没有发生	没有知识	不好	不好
死记硬背式的学习	零散的知识	好	不好
有意义的学习	综合的知识	好	好

什么是技术支持的教学

技术支持的教学涉及使用技术，如计算机技术和信息技术来支持教学。它涵盖了教学媒介（用来传递教学的物理设备）和教学方法（给学习者呈现材料的方式）。如表8.5所示，媒介研究的重点是对于特定的学习者完成某类特定目标来说哪种教学媒介效果最好。如"教初学者算术时，电脑比课本更有效吗?"相反,教学方法的研究主要集中在如何更好地为学习者呈现材料上(Mayer,2008)。

表 8.5　技术支持的教学中媒介和方法之间的区别

研究类型	研究重点	研究问题	范例
媒介研究	重点在物理设备上	哪个是最有效的教学媒介?	电脑比书更有效吗?
教学方法研究	注重教学方法	哪种教学方法是最有效的?	发现法比直接教学法更有效吗?

　　虽然媒介研究历史悠久(Saettler,2004),媒介研究者们得出的结论却是进一步的媒介研究是没有成效的(Clark,2001)。媒介研究的主要问题是学习是由教学方法,而不是教学媒介引起的。无论是使用书籍或电脑,它都可能被设计成无效或有效的教学。例如,莫雷诺和迈耶(Moreno and Mayer,2002)的研究表明,在使用相同的教学方法时使用不同的教学媒介都是有效的,不论是桌面模拟或是一种身临其境的虚拟现实仿真。当某一媒介提供了一种教学方法,而使用其他媒介未必可行时,教学媒介就变得很重要了。总之,教学媒介可能是技术支持的学习最突出的方面,**但引起学习的是教学方法**。

如何使用技术支持教学

　　表 8.6 总结了根据学习过程中学习者的认知能力所提出的使用技术支持教学的三个要求:处理无关的加工、必要的加工和生成的加工。无关的加工[斯韦勒(Sweller,1999)称其为"无关的认知负荷"]是在学习中与教学目标无关的加工过程,这是由缺乏设计或课程中存在无关材料造成的。例如,当文本在一个页面上,但相应的图形在另一个页面上时,就需要来回地看而产生无关的加工。因此,技术支持的教学设计的首要目标是**保持尽可能简单的教学设计,以减少无关的加工**。

表 8.6　如何使用技术支持教学？

（根据教学中学习者的认知能力提出的三个要求）

加工类型	说明	学习过程
无关的加工	不支持课程目标的认知加工；教学设计不佳造成	没有
必要的加工	基本的认知加工，是对材料进行心理表征所需的；由材料固有的复杂性所造成	选择
生成的加工	深层次的认知加工，是使表征材料变得有意义所需的；由学习者努力学习的动机引起	组织和整合

必要的加工［斯韦勒（Sweller，1999）称其为"内在的认知负荷"］是指对必要的材料和材料固有的复杂性进行心理表征的学习认知加工。因此，技术支持的教学设计的第二个目标是**管理必要的加工**。

生成的加工［斯韦勒（Sweller，1999）称其为"有密切关系的认知负荷"］是针对材料进行心理组织并将其与其他相关知识相整合的认知加工。例如，一个由许多相互关联的事件组成的关于雷电如何发生的快节奏的解说动画，可能使学生的认知系统超载。即使学习者有足够的认知能力，他或她也可能只是因为不感兴趣就不会努力使这种材料变得意义。因此，技术支持的教学设计的第三个目标是**促进生成的加工**。

技术支持的教学的主要挑战是：在学习过程中，在不会使学生的认知能力超载的情况下，支持学习者进行积极的认知加工（必要的和生成的加工）。

总而言之，根据这些认知负荷模式，我们可以得出三个主要的技术支持的教学目标：(1)减少无关的加工；(2)管理必要的加工；(3)促进生成的加工。

技术支持的学习的教学设计原则

我们来看看，当有人通过网上的解说动画、多媒体演示或教学电脑游戏进行学习时会发生什么。本节总结了 12 个在这种学习环境中以研究为基础的教学设计原则。每个原则都基于一组学习者一系列的实验比较（Mayer，2009）：一个小组的课程是根据设计原则设计的（实验组），另一组接受相同的课程，但它没有根据设计原则进行设计（控制组）。我们从实验组的平均得分中减去控

制组的平均分，并除以标准差来计算效应量。科恩（Cohen，1988）指出，0.8
意味着效应量大，0.5 为中等效应量，小于或等于 0.2 则效应量小，所以本研
究更为关注产生了较大效应量（即效应量等于或大于 0.8）的设计原则。

用技术减少无关的加工

技术支持的学习的主要障碍发生在学习所需的认知加工量超过学习者的
认知能力的时候。尤其当教学信息设计不当或包含无关材料时，学习者会从
事不相关的学习过程，这可能会导致学习真正所需要的必要的加工和生成的
加工的不足。例如，"如何消化"这一课程中可能包括关于吞咽的趣闻或必
须吞咽才能使用的医疗器械，这就包括一些有趣但无关的材料。表 8.7 列出
了五个减少无关的加工的原则：一致性原则、信号原则、冗余原则、空间连
续性原则和时间连续性原则。

一致性原则可通过将一节包含无关材料的课——例如，包含有趣的逸
事、引人注目的照片、背景音乐或计算的细节的课——与一节只包含基本的
语言和图像的课相对比来说明。在表 8.7 的第一行（不包含表头，下同），
对比实验涉及闪电、刹车和海浪。当无关的材料从课程中删除时，14 个对
比实验中有 13 个学生的成绩会更好，这使得实验得到一个较大的效应量。
当无关信息没有从课程中删除时，教师将会利用信号原则，如使用大纲、标
题和字体加粗来突出必要材料。在表 8.7 的第二行，对比实验涉及飞机起
飞、雷电和生物学。与必要材料没有被标出相比，在 6 个必要材料被标出的
对比实验中学生成绩都更好，这使得实验产生了中等效应量。

表 8.7　五个基于证据和理论的减少无关的加工的原则

原则	定义	效应量	测试数
一致性原则	减少无关的材料	0.97	13/14
信号原则	突出必不可少的材料	0.52	6/6
冗余原则	不要为解说动画添加屏幕文字	0.72	5/5
空间连续性原则	相应的图形旁边放置文字	1.12	5/5
时间连续性原则	同时展现相应的旁白和动画	1.31	8/8

表 8.7 中的其余几行显示，学生接受以下形式的教学后在迁移测验中表现更好：教学同时包含动画和叙述，而不是只呈现动画、叙述或者只在屏幕上呈现对现有信息进行复制的文字（冗余原则）；解释文本被打印在图像的相应位置而不是作为标题或在另一页上（空间连续性原则）；相应的叙述和动画同时呈现而不是在时间上有所分离（时间连续性原则）。

总之，教学的一个重要目标是在学习过程中减少无关的加工，从而使学习者使用他或她的认知能力从事必要的加工和生成的加工，促进有意义的学习。

用技术管理必要的加工

即使我们可以消除无关的加工，也还存在另一个潜在的障碍，即在使用技术支持学习时，必要的加工所需的认知加工量超过了学生的认知能力。当学习的材料是复杂的，而学习者缺乏足够的先前知识去组织它时，就可能出现必要的加工超载的现象。在这种情况下，由于材料是必不可少的，它不能像无关的信息那样被删除，因此学习者需要被指导如何管理复杂材料以进行心理表征所需的必要的加工。表 8.8 列出了三个管理必要的加工的原则：分割原则、预培训原则和形态原则。

分割原则可以如表 8.8 所示，通过对包含一个单一连续解说动画的课程（控制组）和在学习控制范围内将各部分分解呈现的课程（分割组）进行比较来说明。对比实验涉及闪电和电动马达课程，当解说动画被分割时，3 个对比实验中学生都学得更好，使实验获得了一个较大的效应量。

表 8.8　三个基于证据和理论的管理必要的加工的原则

原则	定义	效应量	测试数
分割原则	展现与学习节奏相符的动画片段	0.98	3/3
预培训原则	提供关键成分的名称、地位以及特点的预培训	0.85	5/5
形态原则	展示文本是口述的，而不是打印的	1.02	17/17

当课程中的必要材料不能被分割时，另一种选择是提前为学习者提供课

程的主要概念或组成部分的名称和特点，即预培训原则。如表8.8的中间行，对比实验涉及刹车、水泵和地质实验，与没有经过预培训的学生相比，5个对比实验中预培训的学生进行迁移测试的效果都更好，也使得实验得到了较大的效应量。

最后，当一个快节奏的动画和字幕同时出现在屏幕上时，视觉通道在进行必要的加工时会超载。形态原则要求用旁白使视觉通道的信息转到语言通道来减少必要的加工的压力（表8.8的最后一行）。对比实验涉及雷电、制动器、水泵、电机、生物学、生态学和飞机，17个对比实验中，相比较在看动画的同时还要阅读屏幕上的文字，通过动画与旁白学习的学生迁移测试效果都更好，这也使得实验得到很大的效应量。总之，教学的一个重要目标是指导学习者的必要的加工，最大限度地减少教学对其认知能力的要求。

用技术促进生成的加工

上述技术的目的是确保有意义的学习所需的认知过程不超过学习者的认知能力。不过，即使在认知能力充足的情况下，学习者也可能不会主动地努力投入到深度学习所需要的生成的加工中去。因此，教学设计者的第三个挑战是鼓励学生参与生成的加工。表8.9列出了两个促进生成的加工的原则：多媒体原则和个性化原则。多媒体原则旨在基于文字和图片之间的联结（例如，相应的动画和旁白）帮助人们达成深度学习的愿望。

如表8.9所示，在实验中，有11个比较实验表明与接收单独的语言信息的学生相比，那些接收到语言和图像信息的学生，在迁移测试中成绩较好，使得实验得到了很大的效应量。

表8.9　两个基于证据和理论的促进生成的加工的原则

原则	定义	效应量	测试数
多媒体原则	使用语言和图像而不是单独的语言	1.39	11/11
个性化原则	以对话式的形式表现文字而不是一般的方法	1.11	11/11

个性化原则以人们感觉与说话者有一种社会伙伴关系时，他们会更加努

力使教学信息具有意义的想法为基础，例如，在这一原则下，说话者会采用对话的风格，包括使用"我"和"你"。在表 8.9 中，对比实验涉及闪电、植物学、肺和工程，11 个对比实验中，当说话者使用对话方式而不是使用常规方式时，学习者的迁移测试成绩会更好，这也使得实验得到了很大的效应量。其他技术对激励学习者更深入地加工材料也具有一定的潜在作用，例如，教学游戏（O'Neil and Perez，2008）和动画教学助手（Moreno，2005），但在如何促进学习者的深度加工方面还需要更多的研究。

还有其他一些主题也得到了研究者的关注，如动画角色（Lowe and Schnotz，2008）、交互性（Betracourt，2005）、协作（Jonassen，Lee，Yang and Laffey，2005）、范例（Renkl，2005）、发现（de Jong，2005）和动机（Moreno and Mayer，2007）。

总　　结

技术支持的学习包括从网上百科全书、多媒体演示或电脑游戏中学习。相关的主题包括计算机辅助教学、多媒体、互动式模拟、超文本和超媒体、智能教学系统、探究式信息检索、教学游戏、计算机支持的合作学习、动画教学助手、虚拟现实和电子课程。以技术为中心的方法关注在教育中提供技术，而以学习者为中心的方法关注将相适应的技术作为学习者的一个认知工具。

学生怎么学习？有意义的学习发生在学习者在学习过程中投入适当的认知加工时，这一过程包括从现有材料中选择相关信息，将传入的信息组织成一个连贯的心理表征，并将输入信息与现有的知识相整合。认知加工发生在学习者的工作记忆中，它的能力有限，学习者需要分通道处理语言和图像信息。学习是对一个人的知识经验长期持久的改变。

我们如何利用技术来支持学生学习？技术支持的有效教学旨在帮助学习者在学习过程中进行适当的认知加工而不超过他或她的认知能力。通过减少无关的加工，管理必要的加工和促进生成的加工，可以实现这一目标。教学通过控制学习者的环境促进学习。基于技术的学习不是由教学媒介而是由教学方法引起的。

减少无关的加工、促进有效教学的原则包括一系列替代原则中的某一个原则，这些原则包括一致性原则、信号原则、冗余原则、空间连续性原则、时间连续性原则。管理必要的加工的有效教学原则包括分割原则、预培训原则、形态原则。促进生成的加工的有效教学原则包括多媒体原则、个性化原则。

参 考 文 献

Anderson, L. and D. Krathwohl (2001), *A Taxonomy of Learning for Teaching: A Revision of Bloom's Taxonomy of Educational Objectives*, Longman, New York.

Baddeley, A. (1999), *Human Memory*, Allyn and Bacon, Boston.

Betracourt, M. (2005), "The Animation and Interactivity Principles in Multimedia Learning", in R. E. Mayer (ed.), *The Cambridge Handbook of Multimedia Learning*, Cambridge University Press, New York, pp. 287-296.

Clark, R. C. and A. Kwinn (2007), *The New Virtual Classroom*, Pfeiffer, San Francisco.

Clark, R. C. and R. E. Mayer (2008), *E-Learning and the Science of Instruction*（2nd edition), Pfeiffer, San Francisco.

Clark, R. E. (2001), *Learning from Media*, Information Age Publishing, Greenwich, CT.

Cohen, J. (1988), *Statistical Power Analysis for the Behavioral Sciences*, Erlbaum, Hillsdale, NJ.

Cuban, L. (1986), *Teachers and Machines: The Classroom Use of Technology Since 1920*, Teachers College Press, New York.

Cuban, L. (2001), *Oversold and Underused: Computers in the Classroom*, Harvard University Press, Cambridge, MA.

de Jong, T. (2005), "The Guided Discovery Principle in Multimedia Learning", in R. E. Mayer (ed.), *The Cambridge Handbook of Multimedia Learning*, Cambridge University Press, New York, pp. 215-228.

Graesser, A. C., P. Chipman and B. G. King (2008), "Computer-Mediated Technologies", in J. M. Spector, *et al.* (eds.), *Handbook of Research on Educational Communications and Technology* (3rd edition), Erlbaum, New York, pp. 211-224.

Graesser, A. C. and B. King (2008), "Technology-Based Training", in J. J. Blascovich and C. R. Hartel (eds.), *Human Behavior in Military Contexts*, National Academies Press, Washington, DC, pp. 127-149.

Jonassen, D. H., C. B. Lee, C. C. Yang and J. Laffey (2005), "The Collaboration Principle in

Multimedia Learning", in R. E. Mayer (ed.), *The Cambridge Handbook of Multimedia Learning*, Cambridge University Press, New York, pp. 247-270.

Kalyuga, S. (2005), "The Prior Knowledge Principle in Multimedia Learning", in R. E. Mayer (ed.), *The Cambridge Handbook of Multimedia Learning*, Cambridge University Press, New York, pp. 325-228.

Lowe, R. and W. Schnotz (eds.) (2008), *Learning with Animation: Research Implications for Design*, Cambridge University Press, New York.

Lowyck, J. (2008), "Foreword", in J. M. Spector, et al. (eds.), *Handbook of Research on Educational Communications and Technology* (3rd edition), Erlbaum, New York, pp. xiii-xv.

Mayer, R. E. (2001), *Multimedia Learning*, Cambridge University Press, New York.

Mayer, R. E. (ed.) (2005), *The Cambridge Handbook of Multimedia Learning*, Cambridge University Press, New York.

Mayer, R. E. (2008), *Learning and Instruction* (2nd edition), Merrill Pearson Prentice Hall, Upper Saddle River, NJ.

Mayer, R. E. (2009), *Multimedia Learning* (2nd edition), Cambridge University Press, New York.

Moreno, R. (2005), "Multimedia Learning with Animated Pedagogical Agents", in R. E. Mayer (ed.), *The Cambridge Handbook of Multimedia Learning*, Cambridge University Press, New York, pp. 507-524.

Moreno, R. and R. E. Mayer (2002), "Learning Science in Virtual Reality Environments: Role of Methods and Media", *Journal of Educational Psychology*, Vol. 94, No. 3, pp. 598-610.

Moreno, R. and R. E. Mayer (2007), "Interactive Multimodal Learning Environments", *Educational Psychology Review*, Vol. 19, No. 3, pp. 309-326.

Norman, D. A. (1993), *Things that Make us Smart*, Addison-Wesley, Reading, MA.

O'Neil, H. F. (ed.) (2005), *What Works in Distance Education: Guidelines*, Information Age Publishing, Greenwich, CT.

O'Neil, H. F. and R. S. Perez (eds.) (2003), *Technology Applications in Education: A Learning View*, Erlbaum, Mahwah, NJ.

O'Neil, H. F. and R. S. Perez (eds.) (2006), *Web-Based Learning: Theory, Research, and Practice*, Erlbaum, Mahwah, NJ.

O'Neil, H. F. and R. S. Perez (eds.) (2008), *Computer Games and Team and Individual Learning*, Elsevier, Amsterdam.

Paivio, A. (1986), *Mental Representations: A Dual Coding Approach*, Oxford University Press, Oxford, UK .

Paivio, A. (2007), *Mind and Its Evolution*, Erlbaum, Mahwah, NJ.

Pytllik Zillig, L. M., M. Bodvarsson and R. Bruning (eds.) (2005), *Technology- Based Education*, Information Age Publishing, Greenwich, CT.

Reiser, R. A. and J. V. Dempsey (eds.) (2007), *Trends and Issues in Instructional Design and*

Technology, Pearson Merrill Prentice Hall, Upper Saddle River, NJ.

Renkl, A. (2005), "The Worked-Out Example Principle in Multimedia Learning", in R. E. Mayer (ed.), *The Cambridge Handbook of Multimedia Learning*, Cambridge University Press, New York, pp. 229-246.

Rouet, J-F., J. J. Levonen and A. Biardeau (eds.) (2001), *Multimedia Learning: Cognitive and Instructional Issues*, Pergamon, Oxford, UK .

Saettler, P. (2004), *The Evolution of American Educational Technology*, Information Age Publishing, Greenwich, CT. [Originally published in 1990.]

Spector J. M., M. D. Merrill, J. van Merrienboer and M. P. Driscoll (eds.) (2008), *Handbook of Research on Educational Communications and Technology* (3rd edition), Erlbaum, New York.

Sweller, J. (1999), *Instructional Design in Technical Areas*, ACER Press Camberwell, Australia.

Wittrock, M. C. (1989), "Generative Processes of Comprehension", *Educational Psychologist*, Vol. 24, No. 4, pp. 345-376.

第九章　探究式学习的前景与挑战

布里吉德·巴伦

Brigid Barron

斯坦福大学教育学院

School of Education, Stanford University

琳达·达林－哈蒙德

Linda Darling-Hammond

　　布里吉德·巴伦与琳达·达林－哈蒙德对探究式学习三个相类似的有关概念名词进行了总结："基于项目的"、"基于问题的"和"基于设计的"。他们通过综述得到的第一个重要的研究结论是：如果学生能够将教室中所学的知识运用到真实问题中，那么他们将学习得更加深入；对于培养学生的交流能力、合作能力、创造力和深度思考能力来说，探究式方法是一种重要的学习方式。第二，探究式学习依赖于设计合理的评价方式，包括确定学习任务、评价所学内容等。第三，探究式方法的成功运用，一般都高度依赖于执行人的知识与技能。如果对这些方法的理解不充分，或者因未组织好方法而产生相应的使用缺陷，那么这些方法就难以发挥其应有的功能，其效果也会明显低于那些能够提供丰富的脚手架并进行不断的评估以矫正学习方向的探究式学习。

支持"21 世纪能力"发展的探究式学习

　　自 20 世纪 80 年代以来，从与知识相关到与知识应用相关的教育方法一直受到研究者们的追捧。大量研究组织和机构都强调，有关探究、应用、创作和问题解决的学习支持着"21 世纪能力"的构建。大约 20 年前，技能培养秘书委员会（Secretary's Commission on Achieving Necessary Skills, SCANS）的报告曾建议，要为今天的学生准备适应明天的工作场景的学习环境，他们需要的是允许他们去探索现实生活中的情况及与之相关的问题的学习环境（SCANS，1991）。这些建议一直回荡在学术研究中（例如，Levy and Murnane，2004）及各类国家委员会的报告（例如，NCTM，1989；NRC，1996）和政策提案中（例如，NCREL，2003；Partnership for 21st Century Skills，2004），并促使教学改革帮助学生获得必不可少的媒体素养、批判性思维能力、系统思维能力、能够应对相关项目并能寻找到所需资源和利用相关工具等人际交往和自我导向能力。

这些报告认为，为了培养这些能力，学生必须有机会在复杂的、有意义的项目背景下发展其持续参与能力、合作能力、研究能力、资源管理能力、出色的表演或创作能力等。这些建议的合理性源于以下研究结论：学生并不习惯从被动式学习任务（如简单的记忆学习、对问题的简要回答或简单算术的应用等）中去发展分析能力、批判性思维能力、写与说的能力或解决复杂问题的能力。此外，越来越多的研究结果表明，当学生有机会参与更多的"真正"的学习时，学生会更深入地学习并更好地执行复杂的任务。

一系列研究已经证实，与学生学习相关的教学、课程和评价实践，对学生的能力发展有着积极的影响。这些实践需要学生自己去建构与组织知识，考虑替代计划，运用规范的研究方法实现以学科为中心的学习的要求（例如，利用科学调查、历史研究、文献分析或创意写作等方法），以及超越课堂和学校的地域，与不同的人群进行有效的交流（Newmann，1996）。例如，一项在23所改制学校中实施的有2100多名学生经历了这种"真实的教学法"的研究发现，这些学生的智力有了显著的提升，能够完成富有挑战性的工作任务（Newmann，Marks and Gamoran，1996）。使用这些实践方法的运用情况来预测学生的表现比使用其他任何可变因素都更为有效，包括学生背景因素和之前的学业成就。

虽然这方面的研究是富有前景的，但是，运用"做中学"这一思想的曲折历程已表明，我们还需要获知更多关于在课堂上如何成功实施基于问题和基于项目的教学的知识（Barron et al.，1998）。以上所描述的这些教学方法并不简单，需要具有有效的策略性知识和高度熟练技能的教师来运用这些方法。在本章中，我们着重于讨论如何设计和实施探究式课程，以保证儿童持续地参与到建构性活动之中或合作性群体之中，并能够在探究过程中进行一系列的自我调节。我们所回顾的这些研究已覆盖了 K-12 教育、本科和研究生教育，同时，这些研究也融合了核心学科进而成为跨学科研究项目。通过回顾对这些方法在学习方面的实施和效果的研究，我们获得了两个主要结论。

- 小组探究式学习的潜能是非常大的。为了有效地进行学习，成员们需要根据总体课程目标来指导学习，而这些课程，应该具有明确的学习目的、精心设计的支架、合理的教学评价方法和丰富的信息资源。关注到了学生学习工作的评价的教师专业技能发展项目则有可能提升教师实施小组探究式学习的专业技能。

- 如同探究式学习能够促使学习获得成功一样，探究式学习对于小组和个人**都有益处**。为了达到这一点，评价的设计是关键性的。具体来说，如果仅着眼于传统的学习结果，探究式学习和传统学习方法几乎没有什么区别。但是，当评价需要知识的实践应用过程和考查推理的合理性时，我们就会发现探究式学习的优点。因此，我们需要对"绩效评价"进行讨论，它的作用在于支持和评价有意义的学习。

历史视角下的探究式学习

一些人们较为熟悉的基于探究形式的学习方法，包括了基于项目的学习、基于设计的学习和基于问题的学习。"项目"这一名词的提出旨在使学校教育更实用、更能够应用于实践，这一概念一经提出便迅速被世界各地的教育界欣然接受。21 世纪早期，基于项目的学习最先流行于美国。术语"项目"代表了一类非常广泛的学习环境。举例来说，在早期项目教学活动中，裁衣服、观察蜘蛛结网、写一封信这三者之间的差异非常大。然而这类项目背后的关键思想都是：当呈现"明确的、完整的目的"时，学习就被强化了 (Kilpatrick，1918)。

在学龄儿童之中开展基于项目的学习的热情与信念随着时间的推移跌宕起伏，在几次"追根溯源"的复古风潮中，基于项目的学习曾经由于结构太过零散而被拒之门外，除此之外也因为政策制定者认为它只在职业教育中有用而不被重视。对进步运动主义者的评论认为，探究式学习只是"为做而做"，而不是"为学而做"。越来越多的共识表明，现实问题和真实项目能够提供独特的学习机会，但是学习活动的真实性自身并不能保证学习的效果（Barron et al.，1998；Thomas，2000）。

最关键的问题在于如何将这些复杂的方法落实到实践中去。例如，早在后卫星时代（1957年苏联成功地发射了第一颗人造地球卫星，使美国政府为之震惊，而公众则把目光投向了公立学校的教育质量上，责备美国的宇航技术落后是学校教育质量下降所致，进而认为这是进步主义教育偏废基础性、系统性，降低学术标准所造成的恶果。——译者注）的课程改革研究中，大量旨在提升学生在基本技能考核中的成绩的研究表明，那时人们已开始倡导采用探究式学习了（通常被称为发现学习或基于项目的学习），同时，这一方法对提升学生解决问题的能力、好奇心、创造力、独立性和对学校的热爱程度也有贡献（Horwitz，1979；Peterson，1979；McKeachie and Kulik，1975；Soar，1977；Dunkin and Biddle，1974；Glass et al.，1977；Good and Brophy，1986；Resnick，1987）。这种以意义为导向的教学，曾经被视为仅适合于高能力的学生，而如今我们肯定这一方法与死记硬背相比，对所有学生的学习都有促进效果，包括那些有着不同初始学习成绩、不同家庭收入以及不同文化和语言背景的学生（Garcia，1993；Knapp，1995；Braddock and McPartland，1993）。

新课程在早期聚焦于运用具有复杂的教学策略的探究式学习。研究发现，早期那些新课程教学改革适应者能够极大地影响学生的学习兴趣与成绩，其原因在于，这些教师能够对课程进行设计与引领，或者他们能够对自身职业发展有积极的思考。但是，这一影响并没有一直持续地大规模促进教学改革。在教学过程中没有早期那些教师那样的理解力或技能的教师们在教学过程中发挥不了探究式学习的效果。

目前，对于探究式学习是否可以高效地丰富学生的基本知识仍存在着争议。这一问题的处理也一直被教育工作者和研究人员密切关注。课堂教学的研究表明，与课堂实践相关的一些精心设计、经过深思熟虑所准备的材料都需要充分利用探究式学习。如果没有周密的计划，学生可能会让其学习与某一学科的关键概念擦肩而过（Petrosino，1998）。

近年来，基于探究式学习的研究已经发展到包括更具描述性的教与学过程的课堂教学调查研究和比较研究层面。人们对探究式学习的设计原则的重要性有了越来越多的共识。这些共识体现在对成功的探究式学习环境特征的基本描述，以及教师们在开发或制定新课程过程中对原则的运用上。

探究式学习研究的评价

以下我们总结了有关探究式学习的研究。

基于项目的学习

基于项目的学习（project-based learning，PBL）涉及复杂任务的完成，其任务完成的结果可能是一件真实的产品、一个活动或一份报告。托马斯（Thomas，2000）认为富有成效的基于项目的学习有如下特点：（1）以课程为中心；（2）组织一些驱动性问题使学生能够接触到学科核心概念或者基本原理；（3）重点关注一些聚集于探究和知识建构的实践性调查；（4）自我驱动，即学生要对自己所做出的选择、设计和学习管理负责；（5）真实性，通过提出发生在真实世界的问题和人们关注的问题来体现。

一般来说，基于项目的学习所带来的好处是，那些运用这一学习方式增加了实践性学习的学生，其学习成绩相似于或优于那些在传统教学方式下进行学习的学生（Thomas，2000）。但是，基于项目的学习的目标并不仅限于此。这种方法的目的是让学生将他们的学习更有力地迁移到各种新情境和新问题之中，并且能够在实践情境中熟练地运用。

大量研究表明，这一学习结果带来的优点在短期和长期的学习环境中都有所体现。然而，如上所述，基于项目的学习的目标比单纯地发展内容知识更为广泛。这种方法的目的是帮助学生把他们所学知识**迁移**到各种各样新的情境和问题之中，同时能够在实践情境中更加熟练地运用这些知识，使学生的学习更进一步。下面通过一些实例来阐述这一观点。

谢帕德（Shepherd，1998）的研究中，四年级和五年级学生组成的一个小组完成了一个为期 9 个星期的项目，他们在该项目中找到并确定了好几个国家有关住房短缺的解决方案。与控制组相比，在批判性思维测试中，参与基于项目的学习的学生成绩有显著增加，学习的信心也有所提高。

鲍勒（Boaler，1997，1998）主持了一个耗资费力的纵向比较研究。该研究考虑到学生已有的成绩和社会经济地位，在传统的课堂或基于项目的课堂中比较两所英国学校在校学生三年的学习情况。传统的课堂教学的特色是在整个课堂教学中，教师指导都围绕着教科书、作业练习本和频繁的课堂考试而进行。在另一所学校中，班级教学运用了基于项目的方法。研究发现，在前测与后测中，虽然在基础数学解题步骤考查中，学生都获得了一样的学习成绩，但是在参加国家统一考试中有关概念性问题的回答方面，那些参与基于项目的学习的学生则更胜一筹。值得注意的是，基于项目开展教学活动的学校的学生在第三年通过考试的数量显著多于那些传统学校的学生。鲍勒指出，虽然传统学校的学生"认为数学的成功在于能够记忆和使用规则"，但是参与基于项目的学习的学生已经能够运用更加灵活、更加有用的数学知识，这些知识将有助于他们进行"探索和思考"（Boaler，1997，p.63）。

第三项研究——评价多媒体项目对学生学习的影响——也显示了类似的学习结果。在这个例子中，研究人员对两类学生进行了对比。其中，一些学生参与"挑战 2000 年多媒体学习项目"，另外一些学生（控制组）参与开发一本小册子，其内容是告诉学校官员那些无家可归的学生面临的情况（Penuel，Means and Simkins，2000）。参加多媒体项目的学生在内容的掌握、对研究对象的敏感性以及连贯性设计方面都比控制组的学生获得了更高的分数。在基本技能的标准化考试中，他们也表现出了优异的成绩。

其他许多研究都已表明，学生和教师在参与基于项目的学习活动后，在学习和技能方面的态度与动机都发生了积极的改变，其中包括工作习惯、批判性思维技能和解决问题的能力（例如，Bartscher，Gould and Nutter，

1995；Peck，Peck，Sentz and Zasa，1998）。有些人还发现，在传统教学环境下表现不佳的一些学生，当他们有机会在与他们的学习风格或偏好相适应的基于项目的学习环境中学习时，却能有良好的学习表现（例如，Boaler，1997；Rosenfeld and Rosenfeld，1998）。一个有趣的研究已观察到，在一个学年中，4个参与基于项目的学习活动的班级在5个批判性思维行为（综合、预测、推进、评价和反思）和5个社会性参与行为（合作、发起、管理、组间意识和组间发起）的表现中，低成就学生比高成就学生要提高得更快一些（Horan，Lavaroni and Beldon，1996）。

基于问题的学习

基于问题的学习与基于项目的学习比较类似，两者经常组合在一起作为典型的问题释义和问题解决的教学策略。在基于问题的学习中，学生以小组的形式调查有意义的问题，以确定为了解决一个问题他们需要学习什么，并形成解决这一问题的策略（Barrows，1996；Hmelo-Silver，2004）。如果问题是真实的且是结构欠佳的，就意味着它们并不是教科书上那种程式化的完美的问题，而同现实生活中的问题一样，有多种解决方案和方法。另外，有关一个"好"问题的特征的研究表明，这些问题必须能够和学生的经验产生共鸣，能够促进讨论，有提供反馈的机会，并且能够使一些核心概念得到经常性的运用。

关于这一方法的许多研究都和医学教育联系在一起。例如，呈现给作为学生的实习医师们一个病历，病历包括一些症状和病史，学生小组的任务是制定可能的诊断方案和一个根据已有研究和诊断来鉴别可能的病因的计划。教师通常担任教练的角色，通过一些活动促进小组的工作开展，这些活动包括理解问题情境、鉴别相关事实、形成假设、收集信息（例如，与病人面谈、组织检查）、发现知识的不足、通过外部资源进行学习、应用知识和进行评价。整个过程中的某些步骤可能会反复进行（例如，任何时候都可能会发现新的知识的缺乏，可能会进行更多的研究）。对医学学生的研究的元分析显示，那些经历过基于问题的学习的学生与其他学生相比，在解决临床问题和进行实际临床诊断过程中往往会获得更好的评价（Vernon and

Blake, 1993；Albanese and Mitchell, 1993）。

　　同样，基于问题的或基于案例的方法已经用于商业、法律和教师教育中，以帮助学生学会分析复杂的、多因素的情况，并为他们的决策制定过程提供相应的知识和指导（例如，Lundeberg, Levin and Harrington, 1999；Savery and Duffy, 1995；Williams, 1992）。在所有基于问题的教学方法中，学生们在知识建构中都应扮演积极的角色。指导教师在思维可视化、引导小组进展、促进参与分享、提问以征求反馈意见等方面扮演着积极的角色，其目的是为学生们示范良好的推理策略和支持学生们自己担任这一角色，同时，教师也以较为传统的指导方式，如提供精心组织和合理安排的讲座和答疑活动来支持问题探究。

　　基于问题的学习的有效性研究表明，与基于项目的学习一样，基于问题的学习比传统的事实性学习更有效，虽然这一方法并不总是有这样的优势，但在帮助学生灵活地解决问题、应用知识和建立假设等方面还是比较有优势的（相关的元分析请参照 Dochy, Segers, van den Bossche and Gijbels, 2003）。另外，一些准实验研究也表明，参与基于问题的学习活动能帮助学生构建更精确的假设和更清晰的解释（Hmelo, 1998a, 1998b；Schmidt et al., 1996），也能够使得学生更有能力用合理的论据支持他们的观点（Stepien, Gallagher and Workman, 1993），并在科学概念的理解上收获更多（Williams, Hemstreet, Liu and Smith, 1998）。

基于设计的学习

　　第三种教学方法来源于学生们的深度学习：当他们被要求设计和制作产品时，他们需要对知识进行理解和应用。人们普遍认为基于设计的项目有一些特征，这些特征有利于技术知识和学科知识的发展（Newstetter, 2000）。例如，设计活动支持修正和迭代，就像项目需要定义—创造—评价—再设计这个循环一样，工作的复杂性使得设计往往需要合作和分布式专长（distributed expertise），最终，通过"故事脚本"或其他表征性实践活动形成诸如设定约束条件、产生想法、原型设计和计划等一系列有价值的认知任务。这些都是 21 世纪需要的关键技能。

基于设计的方法广泛存在于科学、技术、艺术、工程和建筑领域。非学校形式的各种组织，如 FIRST 机器人学竞赛（www.usfirst.org）或"思维探究"竞赛（www.thinkquest.org）都把使用技术工具和项目合作作为设计重点。例如，"思维探究"是一项国际性的竞赛，在该竞赛中 9—19 岁的学生们组成小组，共同设计与开发有关教育主题的网站。一位教师负责在几个月的设计过程中为由 3—6 名儿童组成的小组提供一般性指导，而新颖的创造性和技术性工作则由学生自己完成。团队在同伴检查最初所提交的工作的过程中可以接收和提出反馈意见。进而，他们可以使用这些意见去修正他们的工作。到目前为止，超过 30000 名学生参加了这项活动，并且在在线图书馆（www.thinkquest.org/library/）建立了超过 5500 个可用的网站。网站主题涵盖了从艺术、天文、编程到寄养问题以及用幽默促进心理健康等话题——几乎所有话题都有所涉猎。

尽管基于设计的学习应用范围很广，但是多数相关的课程开发和评价都集中在自然科学领域（Harel，1991；Kafai，1995；Kafai and Ching，2001；Lehrer and Romberg，1996；Penner，Giles，Leher and Schauble，1997）。例如，来自密歇根大学的一个组织发展了一个被称为"基于设计的科学"的方法（Fortus，Dershimer，Marx，Krajcik and Mamlok-Naaman，2004），一个名叫技术教育研究中心（Technical Education Research Centers，TERC）的组织发展了一系列"基于设计的科学"活动，内容涵盖四个高中单元，分别专注于织手套、设计小船、制作温室和制作发射器（TERC，2000）。还有一个来自乔治亚理工学院的团队，他们发展了一个被称之为"基于设计的学习"™的方法，同样在科学领域内进行使用（Kolodner，1997；Puntambekar and Kolodner，2005）。

也有小一部分研究使用了控制组设计，科洛德纳和他的同事们（Kolodner et al.，2003）在有关学习研究的报告中指出，"基于设计的学习"™和基于比较方法的学习之间显示出了一贯的差异。他们的评价方法是评估指导前后团体完成绩效任务的能力。每项任务有三个部分：首先，学生设计一个实验以便统一检验；其次，他们做实验并收集数据（这一过程由研究者指定）；最后，他们分析数据并给出建议。研究者通过录像的方式对团队交流过程从 7 个维度进行评分，即合作协商、任务分工、先前知识的应用、先前知识的准备、科学交流、科学实践和自我监控。他们得出的结论是，那些参与"基于设计的学习"™ 的学生总是在合作交流和元认知（例如，自我监控）方面胜过控制组的学生。

评价探究式学习的重要性

根据上述讨论，合作与探究的方法要求我们视课堂活动、课程和评价为一个系统，这一系统中的每一个相互依赖的因素对于形成一个良好的学习环境都非常重要。实际上，无论是形成性评价还是总结性评价，对我们教什么和如何有效地教影响都是很大的。至少有三个评价因素对于我们所描述的有意义的学习类型是特别重要的。

- **智力期望绩效评价**的设计。这种评价让学生以各种方法来处理任务的同时，允许他们用真实的和已练习的方法去学习、应用那些他们想要获得的概念和技能。
- **以评价工具**的形式为学生的努力提供创造性的指导，如任务指导和测试题目指导，以此来说明好的任务（和有效合作）是由什么构成的。
- **形成性评价**的频繁使用能够在学习过程中引导教师对学生的反馈以及教师的教学决策。

评价的本质是对学生所需要完成的任务的认知要求的界定。研究显示，经深思熟虑而设计的绩效评价能提高教学质量，探究式学习需要这些评价——它们不仅可以用来定义任务，而且可以用来合理地评估已经学过的内容。一些研究也指出，通过与其他同事讨论学生的表现进而对任务完成情况进行评价的那些教师认为，这种评价改变了他们的实践，使其更加基于问题的同时也更具诊断性（例如，Darling-Hammond and Ancess，1994；Goldberg and Rosewell，2000；Murnane and Levy，1996）。

有很多方法可以使真实性评价有利于学习。例如，将学生的课题和档案展示出来，为其提供反思和修正的机会，以致完善。这些机会帮助学生检查他们学得怎么样，反思如何学得更好。学生们经常需要把所完成的工作展示给他人，例如教师、参观者、父母和其他学生，以确保他们真正地掌握了相关知识。对于学生来说，展示是一个用来说明他们的工作非常重要的信号——其足以成为公众学习和喝彩的来源；同时，展示也为学习社区中的其他人提供了对此工作进行了解、欣赏和学习的机会。学生的表现生动表明了学校的目标和标准，这将使其在学习中保持活力并精力充沛，同时发展重要的生活技能。就像布朗（Brown，1994）所观察到的：

> 学生需要连贯性，并对高层次的理解有着强烈的需求，同时需要令人满意的解释，也需要对一些模糊的观点所进行的澄清。……学习活动有截止时间和纪律，但最重要的是反思。我们有周而复始的计划、准备、实施和教育他人的过程。截止时间和学习活动本身要求我们设定优先次序——什么是重点要了解的？

计划，设定优先次序，组织个体和集体活动，执行纪律，思考如何与观众进行有效的交流，深入理解观点并回答其他人的问题——所有这些都是人们在校外生活和工作中会从事的活动。熟练地执行任务是一个复杂的，有关智力的、身体的和社会的挑战。这些挑战拓展了学生思考和计划的能力，同时也使得学生以天赋和兴趣为中介发展他们的任务执行能力。

除了设计符合学生智力层次的任务，在学习质量和互动目标方面，教师还需要给学生提供指导。预设明确的标准所带来的好处已经被许多研究证实了（例如，Barron et al.，1998）。例如，科恩和她的同事（Cohen，Lotan，Abram，Scarloss and Schultz，2002）已经证实了，通过改善交流方式，清晰的评价标准能够提高学生学习质量。研究者发现，评价标准的说明能够引导团队成员比那些没有给予标准说明的团队成员花更多的时间去讨论学习内容、学习任务和评价成果。他们也发现个人的学习成绩与评价和任务集中讨论的总量息息相关。

用于评价绩效的标准必须是多维的，体现某一个任务的多个方面而不是仅有一个单一的成绩，并且能够被开诚布公地展示给学习社区中的学生和其他人，而不是像传统基于内容的考试一样成为机密（Wiggins，1989）。例如，评价一项研究报告时，需要考虑论据的使用、信息的准确性、对相反的观点的评价、清晰的论证的组织，还要注意书写惯例。当工作被重复评价时，标准要引导教与学，此时学生应该成为知识生产者和自我评价者，而教师是辅助者。这么做最主要的目的是帮助学生根据标准发展自我评价、自我完善与自我调整的能力，并能够适当地重新分配精力，从而积极主动地加快学习步伐。这是有能力的人在不同情境中通过自我导向和自我激励进行学习与提升的一个方面。

使用绩效任务也是重要的，它可以使我们充分地评价为了学习和应用知识而采用基于问题和项目的方法所带来的好处。例如，布兰斯福德和施瓦兹（Bransford and Schwartz，1999）以及施瓦兹和马丁（Schwartz and Martin，2004）的研究结果表明，不同教学条件下的学习结果在关于"整合式问题解决任务"方面基本上是类似的，但在"为将来学习所做的准备"方面却差异很大。为将来学习而准备的任务要求学生阅读一些包括学习机会的新资料。在这种类型的任务中，他们发现，在一定的学习条件下能够去发现问题解决方案的那些学生比在传统教学环境（由解释、例子和练习组成的环境）下的那些学生更能从新资料中学到东西。

形成性评价是学习中的一个关键因素，尤其在长期合作学习背景下将会更加重要。形成性评价为学生提供了反馈，这使得他们能够使用这些评价标准来调整他们的理解和学习。同时，这一评价也经常为调整教学提供反馈信息，使得教学能够更加满足学生的需求。在学习过程中采用形成性评价所带来的好处已经被经典的综述论文所证实（Black and Wiliam，1998a，1998b）。这些文章充分论述了在学习过程中，不断给学生们提供一些反馈信息将提升他们学习的效果，尤其当这些反馈信息采用特殊的评论形式时，将能够引导学生不断地努力学习。

关于形成性评价的一个主流观点是，反馈能达到何种程度将取决于对学生学习过程的关注程度，而非对学生学习结果的关注程度，评价的关键在于侧重于学习（任务）而非学习者（自我）。例如，应该考虑给学生提供一些评价内容，而不只是成绩分数（Butler，1988；Deci and Ryan，1985；Schunk，1996a，1996b）。谢帕德（Shepard，2000）认为关注过程和任务使学生能够认识到自身的认知能力是动态的，而不是固定的，这种动态性主要来自对手头任务所做出的努力程度（Black and Wiliam，1998a，1998b）。这可以支持他们的积极性，并让他们保持对学习的自信心。

有一系列的相关实践来支持上述我们所描述的活动，包括评价和教学的整合，系统地运用反思和行动的迭代循环，给学生不断前进的机会以促进他们的学习——这些都是基于发展的学习理念，这些理念认为所有的学生都从实践和反馈中进行学习，而不受他们固有能力的约束。

形成性评价作为课堂教学改革的一部分被引入，同时也将对教师有效教学的能力产生根本性变革。就像达林－哈蒙德、安萨斯和福尔克（Darling-Hammond，Ancess and Falk，1995）所观察到的那样，在利用绩效评价来推动高质量学习的研究中，"当教师灵活地使用评价和学习时，他们能力的提升源自对学生反应的深刻理解的增加，同时，他们能在此基础上适当为学生增加学习机会"。

通过探究的途径支持合作

许多涉及探究式学习的活动都要求学生以两人以上小组或团体的形式共同去解决一个问题，或完成一个项目，或设计和构建一个人工制品。在小组合作学习中，"学生们在一个小团队里一起学习，他们每一个人都能积极地参与其中，而且各自都被分配有明确的合作任务"。科恩（Cohen，1994b）所定义的这种学习已经成为数百项研究和一些元分析的主题（Cohen，Kulik and Kulik，1982；Cook，Scruggs，Mastropieri and Casto，1985；Hartley，1977；Johnson，Maruyama，Johnson，Nelson and Skon，1981；Rohrbeck，Ginsburg-Block，Fantuzzo and Miller，2003）。总体而言，这些分析都得出了相同的结论：在学习活动中共同完成任务将会使学生的学习受益。

小组合作学习也会使学生在社会和行为方面受益，其中包括改善学生的自我意识、社会交往、任务的时间分配、对同伴产生的积极情感（Cohen et al.，1982；Cook et al.，1985；Ginsburg-Block，Rohrbeck and Fantuzzo，2006；Hartley，1977；Johnson and Johnson，1999）。金斯伯格－布洛克和同事（Ginsburg-Block et al.，2006）重点关注了学业与非学业干预措施间的关系。他们发现，有关社会方面的和自我概念方面的干预措施与学业成绩有关。同时，课堂干预将会产生更大的效果，例如：同质分组、互助小组奖励、角色扮演和个人评价。他们还发现，低收入家庭的学生比那些高收入家庭的学生受益更多；城市学生比郊区学生受益更多；少数民族学生受益于小组合作学习的程度甚至超过了非少数民族学生。早在好几十年前就有研究者得出了相似的研究结论（Slavin and Oickle，1981）。

然而，有效的合作学习实施起来也是非常复杂的。课堂中教师在创建和示范有效学习方面起着关键的作用。宽敞的课堂学习环境有助于小组相互交流。而且通过观察小组交流的情况，可以获取大量有效学习的信息，这也为形成性反馈提供了一个渠道，最终为小组成员的共同理解和目标达成提供支持。基于计算机的学习工具也可以为富有成效的合作学习提供多样化的手段。最典型的例子之一是计算机支持的有意学习项目（CSILE；Scardamalia，Bereiter and Lamon，1994），其中包括一个知识收集和改进工具，以支持探究活动和建构知识话语体系。无论哪种特殊工具或技术，就教师的角色来说，它的重要性在于创建、示范和鼓励那些体现优秀探究实践的交流形式。

为明确有利于学生合作学习的任务类型、责任结构和角色，研究者已做了许多工作（Aronson，Stephen，Sikes，Blaney and Snapp，1978）。D.W. 约翰逊和 R.T. 约翰逊（Johnson and Johnson，1999）在对40年合作学习研究的总结中，确定了5种合作的"基本要素"作为不同合作学习模式和方法的共同要点：积极的相互依赖关系，明确的个人责任，促进面对面交流的互动结构，社交技能和团队精神。

相关人员已经开发了一系列的活动结构为小组合作提供支持：从简单地要求学生帮助他人完成所分配的任务而进行的合作学习，到期望学生能够共同定义项目并生成一个能反映整个小组工作的一个简单作品的合作学习。

许多方法都陷入合作学习的两个极端之中。有些合作方法给儿童分配了管理角色（Cohen，1994a，1994b），有些分配了对话的角色（O'Donnell，2006；King，1990），有些分配了智能角色（Palincsar and Herrenkohl，1999，2002；Cornelius and Herrenkohl，2004；White and Frederiksen，2005）。

当设计合作小组的任务时，教师应特别关注合作过程中以及学生间互动中所出现的各种因素（Barron，2000a，2003）。例如，斯莱文（Slavin，1991）认为："简单地告诉学生一起合作是不够的。他们必须有认真对待其他成员的学业成绩的理由。"因此，他设计了一个小组外部激励行为模式，如明确教师规定的奖励和个人责任。他通过元分析发现，促进个人责任能使得小组活动任务产生更好的学习成果（Slavin，1996）。

科恩（Cohen，1994b）对高效率活动小组研究的综述主要集中在小组内部有关任务的互动方面。她和她的同事们所开发的综合性教学活动（Complex Instruction）是合作小组学习最具有代表性的、知名度最高的形式之一。精心设计的综合性教学活动要求小组内不同能力的成员之间相互依赖，鼓励教师关注小组中的不平等参与现象，这种不平等可能源自同伴之间的个体状况的差异。这需要教师运用一定的策略来改善消极参与者的状况（Cohen and Lotan，1997）。另外，该形式通过角色分配支持平等参与，如分配记录员、汇报员、资料管理员、沟通促进者和协调者等角色。综合性教学活动的一个重要组成部分是构建"对小组有意义的任务"，这一任务应具有充分的开放性和多维性，是组员所需要的，而且每一个组员的实践都将对其做出贡献。任务的完成需要多种技能的配合，如研究、分析、可视化表征和写作。

有确凿的证据支持综合性教学活动能够提升学生的学业成绩（Cohen et al.，1994；Cohen et al.，2002；Cohen，1994a，1994b；Cohen and Lotan，1995；Cohen，Lotan，Scarloss and Arellano，1999）。在最近的研究中，这些证据一直延续到新的英语语言学习者的学习受益上（Lotan，2008；Bunch，Abram，Lotan and Valdés，2001）。

探究取向对学习的挑战

正如我们上面综述的那样，该方法的管理与实践仍面临许多挑战，在探究式学习中所实施的教学法比通过教科书或讲课的方法来直接传授知识所需的教学法要复杂得多。事实上，探究式学习经常被认为是高度依赖教师的知识和技能的（Good and Brophy，1986）。当对这些方法知之甚少时，教师往往认为探究式学习或以学生为中心的其他方法是"非结构化"的，并不需要在教学中关注学生所需要的学习脚手架、形成性评价、对学习方向的及时调整等方面。

对于这一方法的应用存在诸多的严峻挑战，尤其是学生缺乏有关学习过程方面的先前知识或活动模式。就学科理解方面而言，如果学生仅借助调查内容来理解的话，他们就很难提出有意义的问题或认识他们的不足（Krajcik et al.，1998）。还有，他们可能缺乏有意义探究的背景知识（Edelson，Gordon and Pea，1999）。在一般性学业技能（general acdamic skills）方面，学生也很难发展自身的逻辑思维能力和寻找支持他们主张的论据（Krajcik et al.，1998）。在任务管理方面，学生往往难以解决如下问题：如何共同工作，如何管理自己的时间和处理复杂性工作，以及在面对困难或困惑时如何维持学习的动力（Achilles and Hoover，1996；Edelson et al.，1999）。

当教师试图增加探究所需要的时间时，也可能会遇到诸多困难。他们需要学习管理课堂的新方法，设计和支持对关键学科概念的探究，平衡学生对直接信息的需要和他们对探究机会的需求，为不同学生提供不同的学习脚手架（只提供恰到好处的个体学习模式和反馈即可，不必太多），为多个小组的学习提供支持，以及设计与使用评价来指导学习过程（Blumenfeld et al.，1991；Marx et al.，1994；Marx，Blumenfeld，Krajcik and Soloway，1997；Rosenfeld and Rosenfeld，1998）。若没有对学习这些复杂技能的支持，教师可能会无法发挥探究式学习的优势，即让参与的学生通过"做"的形式进行学习，从而实现高度的知识迁移，且这一形式并不一定会在某一学科的教学中进行。

教师如何支持有效探究

成功的探究式学习需要对合作方法、课堂互动以及评价等进行计划并深思熟虑。课堂研究（Barron et al., 1998；Gertzman and Kolodner, 1996；Puntambeckar and Kolodner, 2005）表明，只给学生提供一些丰富的资源和一个有趣的问题（比如设计一个具有节肢动物特征的家用机器人）是不够的。学生不仅需要问题理解方面的帮助，还需要应用科学知识，评价自己的设计，解释错误原因和参与调整。除非有明确的提示，否则，学生往往会忽视所使用的信息资源。许多研究团队都提供了有价值的指导性课程的设计原则（Barron et al., 1998；Engle and Conant, 2002；Puntambekar and Kolodner, 2005）。下面，我们总结这些研究团队所提出的主要设计原则。

项目必须具有良好的设计，有反映学习活动本质的精确的学习目标

项目材料可以通过鼓励学生界定问题、发表主张和解释说明等实现问题化，这些材料即便是"专家"提供的，也应如此。教师应鼓励学生质疑所有材料的来源，而不是忽视这些材料来源的差异。

资源可以被视为教师和学生学习的通用脚手架

模型、公众论坛、工具、书籍、电影或实地考察等资源都可以支持学生探究与讨论。接触专家和各种信息资源是学生能够发现更为丰富的学习主题、矛盾和观点的关键所在。资源中的差异不仅对促进讨论非常重要，而且对于学生利用不同类型的论据来提高自己的推理和辩论能力也很重要。时间是另一重要的资源。必须给予学生充足的时间来调查问题，实施设计，与彼此和教师分享小组当前的想法和分歧。

教师设计的参与模式和课堂规范必须能够鼓励个体和小组承担责任、使用证据和进行合作

只有通过亲自澄清、解释和设计的方式，学生才能成为知识的生产者和创作者，才能够对学业上的问题发表个人的主张。教师应当对出现的争论和有益的冲突表现出热情的态度。公开的活动，如报告，促进了学生吸纳不同观点的能力的发展，这同报告内容的质量一样重要。教师应鼓励学生去了解他人的观点，即便他们不同意他人的观点也应如此。另外，教师应塑造和培养学生的学术规范，如对论据和引用资源的关注。教师应鼓励学生将广泛的资源纳入自己的研究。学生也需要不断意识到自己帮助其他成员学习的必要性。

精心设计的形成性评价和纠正错误的机会能够促进学习，而且精心设计的总结性评价对于增加学习经验也非常有用

在合作学习过程中给学生提供进行形成性反思的机会，可以帮助学生在有需要的时候进行自我评价并完善他们的学习活动。让学生在设计好的学习活动中学习和反思是非常重要的，这能够促使学生对学习进程进行自我引导。用于总结性评价的标准应当是多维度的，能够反映出这个任务的各个方面，而不仅是一个分数。这一标准应该在学习团体中向学生和其他人进行公开，而不是如同在传统的基于内容的考试中的标准一样被视为一种机密。

总结与结论

当前关于"21世纪能力"的讨论提出课堂和其他学习环境，也包括学校教育中的核心课程，都应鼓励学生发展新媒体素养、批判性和系统性思维能力、人际关系和自我定向能力。本章所提出的课堂教学方法，支持持续性探究和合作学习。这种方法对于学生的终身学习是非常关键的。从我们的观点出发，本章可以总结得出三个主要结论。

● 如果学生可以将课堂知识应用到现实世界的话，学生的学习就会更深入。探究和基于设计的方法是促进学生沟通、合作、创新和深度思考的重要途径。关注学习过程，同关注学习内容一样重要。

● 探究式学习的实施是具有挑战性的。这一方法的实施高度依赖教师的知识与技能。当对这些方法都知之甚少时，教师往往认为这一方法是"非结构化"的，意识不到这一方法还需要大量的脚手架、不断的评价和调整。同时，教师需要时间和团队来支持其对活动的组织与维持。在课堂中对拓展项目进行管理是一种非常重要的教学经验。教师要保持对"通过做来理解"，而非"为做而做"的关注。令人高兴的是，有大量的实例和清晰的设计原则可以帮助教师做这些事情。

● 评价策略需要能够支持形成性评价和总结性评价。评价定义了学习对学生的认知要求。研究表明，结构完善的学习评价可以支持教学质量的提高和探究式学习的开展，如对任务及所学内容进行的合理评价。

国际上学术界不断思索新的策略与方法，帮助学生为应对更加复杂的、多元联通的未来世界做准备。基于探究与设计的方法为学习提供了一个良好的研究视角，而且这一方法已经为教与学的改革提供了可能。为了培养21世纪的学习者，学生们需要发展关键性的合作与学习技能，教师应为他们提升所有技能提供机会。研究人员和教育工作者之间需要加强国际合作，为支持学生学习和参与教育改革提供可能。

参 考 文 献

Achilles, C. M. and S. P. Hoover (1996), *Transforming Administrative Praxis: The Potential of Problem-Based Learning (PBL) as a School-Improvement Vehicle for Middle and High Schools,* Annual Meeting of the American Educational Research Association, New York.

Albanese, M. A. and S. A. Mitchell (1993), "Problem-Based Learning: A Review of Literature on Its Outcomes and Implementation Issues." *Academic Medicine,* Vol. 68, No. 1, pp. 52-81.

Aronson, E., C. Stephen, J. Sikes, N. Blaney and M. Snapp (1978), *The Jigsaw Classroom*, Sage, Thousand Oaks, CA .

Barron, B. (2000a), "Achieving Coordination in Collaborative Problem-Solving Groups", *Journal of the Learning Sciences,* Vol. 9, No. 4, pp. 403-436.

Barron, B. (2000b), "Problem Solving in Video-Based Microworlds: Collaborative and Individual Outcomes of High-Achieving Sixth-Grade Students", *Journal of Educational Psychology,* Vol. 92, No. 2, pp. 391-398.

Barron, B. (2003), "When Smart Groups Fail", *Journal of the Learning Sciences,* Vol. 12, No. 3, pp. 307-359.

Barron, B. J. S., D. L. Schwartz, N. J. Vye, A. Moore, A. Petrosino, L. Zech, J. D. Bransford and CTGV (1998), "Doing with Understanding: Lessons from Research on Problem- and Project-Based Learning", *Journal of the Learning Sciences,* Vol. 7, No. 3-4, pp. 271-311.

Barrows, H. S. (1996), "Problem-Based Learning in Medicine and Beyond: A Brief Overview", in *New Directions for Teaching and Learning,* No. 68, Jossey-Bass, San Francisco, pp. 3-11.

Bartscher, K., B. Gould and S. Nutter (1995), *Increasing Student Motivation through Project-Based Learning,* Master's Research Project, Saint Xavier and IRI Skylight.

Black, P. J. and D. Wiliam (1998a), "Assessment and Classroom Learning", *Assessment in Education: Principles, Policy and Practice,* Vol. 5, No. 1, pp. 7-73.

Black, P. J. and D. Wiliam (1998b), "Inside the Black Box: Raising Standards through Classroom Assessment", *Phi Delta Kappan,* Vol. 80, No. 2, pp. 139-148.

Blumenfeld, P. C., E. Soloway, R. W. Marx, J. S. Krajcik, M. Guzdial and A. Palincsar (1991), "Motivating Project-based Learning: Sustaining the Doing, Supporting the Learning", *Educational Psychologist*, Vol. 26, Nos. 3-4, pp. 369-398.

Boaler, J. (1997), *Experiencing School Mathematics: Teaching Styles, Sex, and Settings,* Open University Press, Buckingham UK .

Boaler, J. (1998), "Open and Closed Mathematics: Student Experiences and Understandings", *Journal for Research in Mathematics Education,* Vol. 29, No. 1, pp. 41-62.

Braddock, J. H. and J. M. McPartland (1993), "The Education of Early Adolescents", in L. Darling-Hammond (ed.), *Review of Research in Education* 19, American Educational Research Association, Washington, DC.

Bransford, J. D. and D. L. Schwartz (1999), "Rethinking Transfer: A Simple Proposal with Multiple Implications", *Review of Research in Education,* A. Iran-Nejad and P. D. Pearson (eds.), Chapter 3, Vol. 24, American Educational Research Association, Washington, DC, pp. 61-100.

Brown, A. L. (1994), "The Advancement of Learning", *Educational Researcher*, Vol. 23, No. 8, pp. 4-12.

Bunch, G. C., P. L. Abram, R. A. Lotan and G. Valdés (2001), "Beyond Sheltered Instruction: Rethinking Conditions for Academic Language Development", *TESOL Journal*, Vol. 10, No. 2-3, pp. 28-33.

Butler, R. (1988), "Enhancing and Undermining Intrinsic Motivation: The Effects of Task-Involving and Ego-Involving Evaluation of Interest and Performance", *British Journal of Educational Psychology,* Vol. 58, No. 1, pp. 1-14.

Cohen, E. G. (1994a), *Designing Groupwork: Strategies for Heterogeneous Classrooms* (Revised edition), Teachers College Press, New York.

Cohen, E. G. (1994b), "Restructuring the Classroom: Conditions for Productive Small Groups", *Review of Educational Research,* Vol. 64, No. 1, pp. 1-35.

Cohen, E. G. and R. A. Lotan (1995), "Producing Equal-Status Interaction in the Heterogeneous Classroom, *American Educational Research Journal",* Vol. 32, No. 1, pp. 99-120.

Cohen, E. G. and R. A. Lotan (eds.) (1997), *Working for Equity in Heterogeneous Classrooms: Sociological Theory in Practice,* Teachers College Press, New York.

Cohen, E. G., R. A. Lotan, P. L. Abram, B. A. Scarloss and S. E. Schultz (2002), "Can Groups Learn?", *Teachers College Record,* Vol. 104, No. 6, pp. 1045-1068.

Cohen, E. G., R. A. Lotan, B. A. Scarloss and A. R. Arellano (1999), "Complex Instruction: Equity in Co-operative Learning Classrooms", *Theory into Practice,* Vol. 38, No. 2, pp. 80-86.

Cohen, E. G., R. A. Lotan, J. A. Whitcomb, M. Balderrama, R. Cossey and P. Swanson (1994), "Complex Instruction: Higher-order Thinking in Heterogeneous Classrooms" in S. Sharan (ed.), *Handbook of Cooperative Learning Methods,* Greenwood, Westport CT.

Cohen, P. A., J. A. Kulik and C. C. Kulik (1982), "Education Outcomes of Tutoring: A Meta-Analysis of Findings", *American Educational Research Journal,* Vol. 19, No. 2, pp. 237-248.

Cook, S. B., T. E. Scruggs, M. A. Mastropieri and G. Casto (1985), "Handicapped Students as Tutors", *Journal of Special Education,* Vol. 19, No. 4, pp. 483-492.

Cornelius, L. L. and L. R. Herrenkohl (2004), "Power in the Classroom: How the Classroom Environment Shapes Students' Relationships with Each Other and with Concepts", *Cognition and Instruction,* Vol. 22, No. 4, pp. 467-498.

Darling-Hammond, L. and J. Ancess (1994), *Graduation by Portfolio at Central Park East Secondary School,* National Center for Restructuring Education, Schools, and Teaching, Teachers College, Columbia University, New York.

Darling-Hammond, L., J. Ancess and B. Falk (1995), *Authentic Assessment in Action: Studies of Schools and Students at Work,* Teachers College Press, New York.

Deci, E. L. and R. M. Ryan (1985), *Intrinsic Motivation and Self-Determination in Human Behavior,* Plenum, New York.

Dochy, F., M. Segers, P. van den Bossche and D. Gijbels (2003), "Effects of Problem-Based Learning: A Meta-Analysis", *Learning and Instruction,* Vol. 13, No. 5, pp. 533-568.

Dunkin, M. and B. Biddle (1974), *The Study of Teaching,* Holt, Rinehart and Winston, New York.

Edelson, D., D. Gordon and R. Pea (1999), "Addressing the Challenges of Inquiry-Based

Learning through Technology and Curriculum Design", *Journal of the Learning Sciences,* Vol. 8, Nos. 3 and 4, pp. 391-450.

Engle, R. A. and F. R. Conant (2002), "Guiding Principles for Fostering Productive Disciplinary Engagement: Explaining an Emergent Argument in a Community of Learners Classroom", *Cognition and Instruction,* Vol. 20, No. 4, pp. 399-483.

Fortus, D., R. C. Dershimer, R. W. Marx, J. Krajcik and R. Mamlok-Naaman (2004), "Design-Based Science (DBS) and Student Learning", *Journal of Research in Science Teaching,* Vol. 41, No. 10, pp. 1081-1110.

Garcia, E. (1993), "Language, Culture, and Education", in L. Darling-Hammond (ed.), *Review of Research in Education 19,* American Educational Research Association, Washington, DC.

Gertzman, A. and J. L. Kolodner (1996), "A Case Study of Problem- Based Learning in Middle-School Science Class: Lessons Learned" in *Proceedings of the Second Annual Conference on the Learning Sciences*, Evanston, Chicago, pp. 91-98.

Ginsburg-Block, M. D., C. A. Rohrbeck and J. W. Fantuzzo (2006), "A Meta-Analytic Review of Social, Self-concept, and Behavioral Outcomes of Peer-Assisted Learning", *Journal of Educational Psychology,* Vol. 98, No. 4, pp. 732-749.

Glass, G. V., D. Coulter, S. Hartley, S. Hearold, S. Kahl, J. Kalk and Sherretz (1977), *Teacher "Indirectness" and Pupil Achievement: An Integration of Findings,* Laboratory of Educational Research, University of Colorado, Boulder.

Goldberg, G. L. and B. S. Rosewell (2000), "From Perception to Practice: The Impact of Teachers' Scoring Experience on the Performance Based Instruction and Classroom Practice", *Educational Assessment,* Vol. 6, No. 4, pp. 257-290.

Good, T. L. and J. E. Brophy (1986), *Educational Psychology* (3rd edition), Longman, New York.

Harel, I. (1991), *Children Designers,* Ablex, Norwood CT.

Hartley, S. S. (1977), *A Meta-Analysis of Effects of Individually Paced Instruction in Mathematics,* unpublished doctoral dissertation, University of Colorado at Boulder.

Hmelo, C. E. (1998a), "Cognitive Consequences of Problem-Based Learning for the Early Development of Medical Expertise", *Teaching and Learning in Medicine,* Vol. 10, No. 2, pp. 92-100.

Hmelo, C. E. (1998b), "Problem-Based Learning: Effects on the Early Acquisition of Cognitive Skill in Medicine", *Journal of the Learning Sciences,* Vol. 7, No. 2, pp. 173-208.

Hmelo-Silver, C. E. (2004), "Problem-Based Learning: What and How Do Students Learn?", *Educational Psychology Review,* Vol. 16, No. 3, pp. 235-266.

Horan, C., C. Lavaroni and P. Beldon (1996), *Observation of the Tinker Tech Program Students for Critical Thinking and Social Participation Behaviors*, Buck Institute for Education, Novato, CA .

Horwitz, R. A. (1979), "Effects of the 'Open' Classroom", in H. J. Walberg (ed.), *Educational*

Environments and Effects: Evaluation, Policy and Productivity, McCutchan, Berkeley, CA.

Johnson, D. W. and R. T. Johnson (1981), "Effects of Co-operative and Individualistic Learning Experiences on Interethnic Interaction", *Journal of Educational Psychology,* Vol. 73, No. 3, pp. 444-449.

Johnson, D. W. and R. T. Johnson (1989), *Cooperation and Competition: Theory and Research,* Interaction Book Company, Edina, MN.

Johnson, D. W. and R.T. Johnson (1999), "Making Co-operative Learning Work", *Theory into Practice,* Vol. 38, No. 2, pp. 67-73.

Johnson, D. W., G. Maruyama, R. Johnson, D. Nelson and L. Skon (1981), "Effects of Co-operative, Competitive, and Individualistic Goal Structures on Achievement: A Meta-Analysis", *Psychological Bulletin,* Vol. 89, No. 1, pp. 47-62.

Kafai. Y. B. (1995), *Minds in Play: Computer Game Design as a Context for Children's Learning,* Lawrence Erlbaum Publishers, Hillsdale NJ.

Kafai, Y. B. and C. C. Ching (2001), "Talking Science within Design: Learning through Design as a Context", *Journal of the Learning Sciences,* Vol. 10, No. 3, pp. 323-363.

Kilpatrick, W. H. (1918), "The Project Method", *Teachers College Record,* Vol. 19, No 4, pp. 319-335.

King, A. (1990), "Enhancing Peer Interaction and Learning in the Classroom through Reciprocal Peer Questioning", *American Educational Research Journal,* Vol. 27, No. 4, pp. 664-687.

Knapp, M. S. (ed.) (1995), *Teaching for Meaning in High-Poverty Classrooms,* Teachers College Press, New York.

Kolodner, J. L. (1997), "Educational Implications of Analogy: A View from Case-Based Reasoning", *American Psychologist,* Vol. 52, No. 1, pp. 57-66.

Kolodner, J. L., P. J. Camp, D. Crismond, B. Fasse, J. Gray, J. Holbrook, S. Puntambekar and M. Ryan (2003), "Problem-Based Learning Meets Case-Based Reasoning in the Middle-School Science Classroom: Putting *Learning by Design™* into Practice", *Journal of the Learning Sciences,* Vol. 12, No. 4, pp. 495-547.

Krajcik, J. S., P. C. Blumenfeld, R. W. Marx, K. M. Bass, J. Fredricks and E. Soloway (1998), "Inquiry in Project-Based Science Classrooms: Initial Attempts by Middle School Students, *Journal of the Learning Sciences,* Vol. 7, Nos. 3-4, pp. 313-350.

Lehrer, R. and T. Romberg (1996), "Exploring Children's Data Modeling", *Cognition and Instruction,* Vol. 14, No. 1, pp. 69-108.

Levy, F. and R. Murnane (2004), *The New Division of Labor: How Computers Are Creating the Next Job Market,* Princeton University Press, Princeton, NJ.

Lotan, R. A. (2008), "Developing Language and Content Knowledge in Heterogeneous Classrooms", in R. Gillies, A. Ashman and J. Terwel (eds.), *The Teacher's Role in Implementing Cooperative Learning in the Classroom,* Springer, New York.

Lundeberg, M., B. B. Levin and H. L. Harrington (1999), *Who Learns What from Cases and*

How? The Research Base for Teaching and Learning with Cases, Lawrence Erlbaum Associates, Mahwah, NJ.

Marx, R. W., P. C. Blumenfeld, J. S. Krajcik, M. Blunk, B. Crawford, B. Kelley and K. M. Meyer (1994). "Enacting Project-based Science: Experiences of Four Middle Grade Teachers", *Elementary School Journal*, Vol. 94, No. 5, p. 518.

Marx, R. W., P. C. Blumenfeld, J. S. Krajcik and E. Soloway (1997), "Enacting Project-Based Science: Challenges for Practice and Policy", *Elementary School Journal*, 97, 341-358.

McKeachie, W. J. and J. A. Kulik (1975), "Effective College Teaching", in F. N. Kerlinger (ed.), *Review of Research in Education,* Vol. 3, Peacock, Itasca, IL.

Murnane, R. and F. Levy (1996), *Teaching the New Basic Skills,* Free Press, New York.

National Council of Teachers of Mathematics (NCTM) (1989), *Curriculum and Evaluation Standards for School Mathematics,* NCTM, Reston VA.

National Research Council (NRC) (1996), *National Science Education Standards,* National Academy Press, Washington, DC.

NCREL (2003), *21st century Skills: Literacy in the Digital Age*, North Central Regional Educational Laboratory (NCREL), retrieved 2 October, 2005 from *www.ncrel.org/engauge/skills/skills.htm.*

Newmann, F. M. (1996), *Authentic Achievement: Restructuring Schools for Intellectual Quality,* Jossey-Bass, San Francisco.

Newmann, F. M., H. M. Marks and A. Gamoran (1996), "Authentic Pedagogy and Student Performance", *American Journal of Education,* Vol. 104, No. 4, pp. 280-312.

Newstetter, W. (2000), "Bringing Design Knowledge and Learning Together", in C. Eastman, W. Newstetter and M. McCracken (eds.), *Design Knowing and Learning: Cognition in Design Education,* Elsevier Science Press, New York.

O'Donnell, A. M. (2006), "The Role of Peers and Group Learning", in P. Alexander and P. Winne (eds.), *Handbook of Educational Psychology* (2nd edition.), Erlbaum, Mahwah, NJ.

Palincsar, A. S. and L. Herrenkohl (1999), "Designing Collaborative Contexts: Lessons from Three Research Programs", in A. M. O'Donnell and A. King (eds.), *Cognitive Perspectives on Peer Learning*, Erlbaum, Mahwah, NJ.

Palincsar, A. S. and L. Herrenkohl (2002), "Designing Collaborative Learning Contexts", *Reading Teacher,* Vol. 41, No. 1, pp. 26-32.

Partnership for 21st Century Skills (2004), *Learning for the 21st Century,* Washington, DC, available at *www.21stcenturyskills.org.*

Peck, J. K., W. Peck, J. Sentz and R. Zasa (1998), "Students' Perceptions of Literacy Learning in a Project-Based Curriculum", in E. G. Sturtevant, J. A. Dugan, P. Linder and W. M. Linek (eds.) *Literacy and Community*, College Reading Association, Texas A&M University.

Penner, D. E., N. D. Giles, R. Lehrer and L. Schauble (1997), "Building Functional Models: Designing an Elbow", *Journal of Research in Science Teaching,* Vol. 34, No. 2, pp. 1-20.

Penuel, W. R., B. Means and M. B. Simkins (2000), "The Multimedia Challenge", *Educational Leadership,* Vol. 58, No. 2, pp. 34-38.

Peterson, P. (1979), "Direct Instruction Reconsidered", in P. Peterson and H. Walberg (eds.), *Research on Teaching: Concepts, Findings, and Implications,* McCutchan, Berkeley, CA .

Petrosino, A. J. (1998), *The Use of Reflection and Revision in Hands-On Experimental Activities by At-Risk Children,* Unpublished Doctoral Dissertation, Vanderbilt University, Nashville, TN.

Puntambekar, S. and J. L. Kolodner (2005), "Toward Implementing Distributed Scaffolding: Helping Students Learn Science from Design", *Journal of Research in Science Teaching,* Vol. 42, No. 2, pp. 185-217.

Resnick, L. (1987), *Education and Learning to Think,* National Academy Press, Washington, DC.

Rohrbeck, C. A., M. D. Ginsburg-Block, J. W., Fantuzzo and T. R. Miller (2003), "Peer-Assisted Learning Interventions with Elementary School Students: A Meta-Analytic Review", *Journal of Educational Psychology,* Vol. 95, No. 2, pp. 240-257.

Rosenfeld, M. and S. Rosenfeld (1998), "Understanding the 'Surprises' in PBL: An Exploration into the Learning Styles of Teachers and Their Students*",* paper presented at the 8th European Association for Research in Learning and Instruction (EARLI), Gothenburg, Sweden.

Savery, J. R. and T. M. Duffy (1995), "Problem Based Learning: An Instructional Model and Its Constructivist Framework", *Educational Technology*, Vol. 35, No. 5, pp. 31-38.

Scardamalia, M., C. Bereiter and M. Lamon (1994), "The CSILE Project: Trying to Bring the Classroom into World 3", in K. McGilly (ed.), *Classroom Lessons: Integrating Cognitive Theory and Classroom Practice,* MIT Press, Cambridge, MA.

Schmidt, H. G., M. Machiels-Bongaerts, H. Hermans, T. ten Cate, R. Venekamp and H. Boshuizen(1996), "The Development of Diagnostic Competence: A Comparison between a Problem-Based, an Integrated, and a Conventional Medical Curriculum", *Academic Medicine,* Vol. 71, No. 6, pp. 658-664.

Schunk, D. H. (1996a), "Motivation in Education: Current Emphases and Future Trends", *Mid-Western Educational Researcher*, Vol. 9, No. 2, pp. 5-11, 36, Spr.

Schunk, D. H. (1996b), "Goal and Self-Evaluative Influences during Children's Cognitive Skill Learning", *American Educational Research Journal*, Vol.33, No. 2, pp. 359-382.

Schwartz, D. L. and T. Martin (2004), "Inventing to Prepare for Future Learning: The Hidden Efficiency of Encouraging Original Student Production in Statistics Instruction", *Cognition and Instruction,* Vol. 22, No. 2, pp. 129-184.

Secretary's Commission on Achieving Necessary Skills (SCANS) (1991), *What Work Requires of Schools,* report published by the National Technical Information Service (NTIS), U.S. Department of Commerce.

Shepard, L. A. (2000), "The Role of Assessment in the Learning Culture", *Educational*

Researcher, Vol. 29, No. 7, pp. 4-14.

Shepherd, H. G. (1998), "The Probe Method: A Problem-Based Learning Model's Effect on Critical Thinking Skills of Fourth- and Fifth-Grade Social Studies Students", *Dissertation Abstracts International*, Section A: Humanities and Social Sciences, September 1988, Vol. 59 (3-A), p. 0779.

Slavin, R. (1991), "Synthesis of Research on Co-operative Learning", *Educational Leadership,* Vol. 48, No. 5, pp. 71-82.

Slavin, R. (1996), "Research on Co-operative Learning and Achievement: What We Know, What We Need to Know", *Contemporary Educational Psychology,* Vol. 21, No. 1, pp. 43-69.

Slavin, R. and E. Oickle (1981), "Effects of Co-operative Learning Teams on Student Achievement and Race Relations: Treatment by Race Interactions", *Sociology of Education,* Vol. 54, No. 3, pp. 174-180.

Soar, R. S. (1977), "An Integration of Findings from Four Studies of Teacher Effectiveness", in G. D. Borich (ed.), *The Appraisal of Teaching: Concepts and Process*, Addison-Wesley, Reading, MA.

Stepien, W. J., S. A. Gallagher and D. Workman (1993), "Problem-Based Learning for Traditional and Interdisciplinary Classrooms", *Journal for the Education of the Gifted Child,* Vol. 16, No. 4, pp. 338-357.

TERC (2000), *Construct-A-Glove*, NSTA Press, Cambridge, MA.

Thomas, J. W. (2000), *A Review of Project Based Learning,* report prepared for Autodesk Foundation, San Rafael, CA .

Vernon D. T. and R. L. Blake (1993), "Does Problem-Based Learning Work? A Meta-Analysis of Evaluation Research", *Academic Medicine*, Vol. 68, No. 7, pp. 550-563.

White, B. and J. Frederiksen (2005), "A Theoretical Framework and Approach for Fostering Metacognitive Development", *Educational Psychologist,* Vol. 40, No. 4, pp. 211-223.

Wiggins, G. (1989), "Teaching to the (authentic) Test", *Educational Leadership,* Vol. 46, No. 7, pp. 41-47.

Williams, D. C., S. Hemstreet, M. Liu and V. D. Smith (1998), *Examining How Middle Schools Students Use Problem-Based Learning Software,* Proceedings of the ED-MEDIA /ED-Telecom 10th World Conference on Educational Multimedia and Hypermedia, Freiburg, Germany.

Williams, S. M. (1992), "Putting Case-Based Instruction into Context: Examples from Legal and Medical Education", *Journal of the Learning Sciences,* Vol. 2, No. 4, pp. 367-427.

第十章　将社区作为一种学习资源：中小学教育中的服务学习分析

安德鲁·富尔科

Andrew Furco

明尼苏达大学

University of Minnesota

　　在本章中，安德鲁·富尔科综述了"服务学习"（academic service-learning），即发生在社区中的作为课程整体一部分的体验式学习。相关的教学法和项目正在引发国际范围内很多学者的研究兴趣，包括参与式教学法、授权式教学法、国民兵役计划、价值观教育行动、公民教育项目以及社区资源项目。它介于社会服务和志愿工作之间，从服务开始，包括现场教育和实习，以学习为结束。作为一种好的教育形式，服务学习的不同形式都有其自身价值。不同形式的服务学习积极地影响着这本书中其他章节所提到的认知发展方式，影响方式包括：提供在真实情境中学习的机会、引导学生积极参与、鼓励合作与协作学习、满足个人兴趣、赋予学习者更多权限并提供更高层次的平台。然而对于哪种方式最优以及为什么最优这方面的研究仍待进一步深化。

服务学习的兴起

　　在阿根廷西部，一群12岁的学生，将探索土地的历史作为历史课程的一部分。他们生活的地区干燥、贫瘠。当地居民大部分是印第安瓦尔佩人，由于缺少充足的食物和水，生活得很贫穷。在研究土地历史的过程中，学生们开始知道他们的印第安祖先以前是生活在种植着玉米和其他作物的富饶土地上的。学生们决定探索出如今他们的土地干燥和贫瘠的原因。在调查中，他们发现，25 年前，当地的水源被转移至附近一个区域，用于灌溉葡萄酒酿造厂新建的葡萄园。为了找到让土地重新富饶的办法，学生们制订了一个回收水的计划。最终，他们完成了一个成功的服务学习案例，将部分水源重新调回自己的省份。学生们设计制作了一个引水渠，这个引水渠能将水源引回他们的社区。他们还将水源直接引到当地居民家中，在这之前居民必须依靠镇上的公共水井来取水。学生们种植了各种不同的蔬菜并建立了一个教育项目，用于提高居民种植有营养、好销售的谷物和蔬菜的能力。

这个案例中的学生参与的教育体验被称为"服务学习"。从最基本的层面上看，服务学习是一种体验式的学习和教育方法，这种学习将社区服务与理论课程的学习进行了整合。

实施服务学习的前提是给学生提供情境化的学习体验，这些体验是以他们生活的社区中真实的、实时的情况为基础的。将社区作为学习的一种资源，服务学习的主要目标是增强学生对传统课程（例如：科学、数学、社会研究、语言艺术、美术）的理论知识的价值和实用性的理解，让年轻人深入社会活动中设计和应用针对重要社区问题的对策（Scheckley and Keeton，1997）。理想的情况是，社区可以服务学生，帮助学生更好地明白他们在课堂中接触到的学术概念是如何应用到他们日常生活中的。在这一点上，服务学习试图在提高学生学习成绩的同时，帮助他们成为优秀公民（Eyler and Giles，1999；Tapia，2007）。

目前，服务学习在小学、中学以及中学后教育中是发展最迅速的教育举措之一。大量全国性的服务学习已成为阿根廷、新加坡和美国教育系统的组成部分，同时也慢慢出现在许多 OECD 和非 OECD 国家或机构中，包括澳大利亚、加拿大、智利、哥伦比亚、德国、爱尔兰、意大利、日本、墨西哥、南非、西班牙以及英国。虽然，在全球范围内尚未见到对学校发起的服务学习的综合评价，但从论文发表数量和会议数量以及国际范围内对服务学习在初等、中等和高等教育实践和研究中的投入程度来看，服务学习发展势头强劲。

现有的文献以及其他材料表明：服务学习可以应用于各级教育、各个学科的教学中（Cairn and Kielsmeier，1991；Spring，Grimm and Dietz，2008）。现有的文献资料也显示，学生参与的社区服务活动解决了大量社会问题，包括环境、健康、公共安全、人类需要、读写能力以及多元文化等问题（Tapia，2008）。这些社区服务活动尤其关注当地问题，同时也可能关注本国和全球问题。在实施服务学习的过程中，学生可以通过**"直接服务"**（例如，给一个无家可归的流浪汉一些食物）或**"间接服务"**（例如，制定一份研究报告，向收容所提供建议以更好地给那些流浪汉分配食物）来解决社会问题。不管服务活动的类型和关注点如何，服务学习的目的都是帮助学生用学到的理论知识解决真实、复杂的社会问题。

尽管服务学习同其他一些基于社区的学习（如实习、实地调查或志愿服务）类似，但与其他基于社区的学习不同的是，它同时强调社区服务和理论学习，它的目标是让服务提供者和服务接受者都受益（图10.1）。

图 10.1　服务学习与其他形式的基于社区的学习的比较（Furco，1996）

服务学习也和当前流行的基于项目的学习有类似之处（巴伦、达林－哈蒙德，本书）。基于项目的学习是一种教学方法，能让学生通过个人或者小组项目积极地学习理论知识。但是，与这些学习活动不同的是，服务学习以社区为基础，并聚焦于社区问题，通常由社区成员来指导，最重要的是，服务学习会时刻考虑社区的需求。实际上，服务学习将社区变成了一种学习资源，就像教科书或者实验室，凭借学校周边的社区活动给学生提供解决实际问题的机会，使得学生面对当地社区或者更大的范围的社会问题时，能够运用他们的理论知识和技巧去思考和实施问题解决方案。

　　除了重视理论学习的服务学习，近年来出现了不是很重视理论学习的服务学习形式。这些形式，有时也被称为**合作课程服务学习（co-curricular service-learning）**，往往在正式的理论课程之外（例如，学校发起的课外项目）或者非正式的教育情境中（例如，男孩女孩俱乐部、美国童子军中）实施。同时，合作课程服务学习还包含国际性学习目标，这种课程倾向于强调非理论知识的学习，强调参与者的个人领导能力开发、社会性发展、多样性意识提升和其他类似的目标。

服务学习的本质

　　强调社区服务和把社区作为理论学习资源会改变学生在学习过程中所扮演的角色：学生变成了知识生产者，而不仅仅是知识的接受者；学生学习上变得更加积极，而不被动；学生将更多地提供帮助，而不只是接受帮助（Cairn and Kielsmeier，1991）。与其他大多数的体验式学习方法不同的是，服务学习将学生置于这样一种情境中——学生较少关注如何利用资源来为自己的学习服务，更多时候学生把自身作为资源服务他人。服务学习创造了一种这样的学习氛围——学习者通过自身的社区经历来面对生活中真实的问题，这就需要学习者去开展有意义的、与理论学习相关的活动，这些活动在服务社区的同时也有利于学习者自身的发展。因此，服务学习真正的价值在于能够整合多种有效教学实践，以此促进学生的学习并促进他们积极健康发展（Eccles and Gootman，2002）。正如前面提到的阿根廷学生的例子一样，服务学习结合了多种优质教学要素，为高质量的教学和最优化的学习创造了条件（图10.2）。

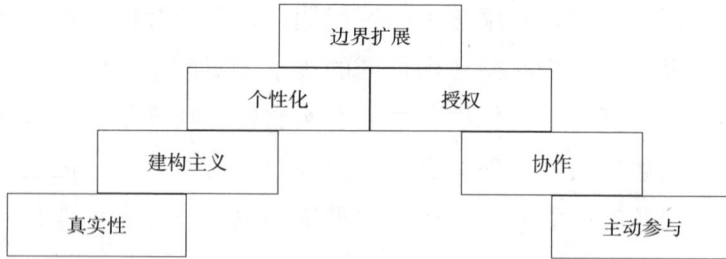

图 10.2 服务学习中呈现的优质教学元素（Furco，2007）

研究表明，每一个优质教学要素都能提高学校中学生的学习效果并促进学生对学习的投入。

为真实的学习提供机会

在服务学习中，学生将面对现实问题：需要解决的问题不是教科书每章结尾部分预设出来的问题或假定会出现的问题。相反，学生需要面对当下真实问题的挑战。在阿根廷学生服务学习的案例中，学生对他们生活的社区中的一个真实事件及其后果进行了研究。学生的学习须关注如何想出最好的办法去解决一个真实的问题——这一问题将对他们所生活的社区中的人们有实实在在的影响。真实的学习体验能够促进学生学习过程中的认知和情感投入，帮助他们对意义和情境进行建构（Slavkin，2004）。

让学生积极参与

服务学习将传统的课堂学习与理论知识在社区真实情境中的实际应用整合起来。和大多数体验式学习策略一样，服务学习本质上是一种以学生为中心的教学方法，将学习视为一种过程。在这个过程中，学生的参与不只是要创作出一系列作品或必须达成什么结果（Kolb，1984）。学习发生于学生开始向他们期望的学习结果付出努力的过程中（例如，通过一门考试，或完成一篇研究报告）。例如，阿根廷学生课堂上所提到的这个问题：多年前原本肥沃的土地，为什么今天会如此贫瘠？在学习的过程中，他们会探索和解决这个问题。这些学生积极地参与学习，他们的行动和想法影响着整个课程。已经发现，让学生由被动学习者变为主动学习者可以增强学生在学习任务中的投入，激发学生的内在动机，提高他们整体考虑问题的能力（Deci，1984；Prince，2004）。

一种建构主义的方法

在整个服务学习过程中，学生要与社区中的同伴和成人协作来获得解决麻烦的、棘手的问题的策略。与专注于寻找正确答案不同，服务学习中学生探索多样的选择、视角和切实可行的策略。同时，学生也要构建和实施他们认为最有效的策略。正如阿根廷的学生为他们的社区寻找水源一样，他们通过与同伴和成人携手，考虑并探讨各种各样的方法，最终他们对哪种方法最有效达成共识。总的来讲，服务学习以建构主义教育哲学为指导。这种哲学认为，当教学过程是一个学生积极的发现过程时，学生就会全面地内化知识（Fosnot，1996）。

锻造学生的合作品质

学习既是一个个体认知的过程，又具有社会性。许多服务学习项目是靠小组合作完成的，学生与同伴和其他人一起确定和协调社区服务计划的开发与实施。学习中的合作、协作可以提高学生的参与度，并加强具有多样背景的学生之间的联系（Slavin，1986；Erickson，1990；Scheckley and Keeton，1997；Johnson and Johnson，2006）。团结作为阿根廷服务学习的一个中心特征也是建立在协作基础之上的。年轻人集体投身于这个具有挑战性和变革性的经历中来，紧紧地团结在一起，也经常使得彼此之间产生持久的联系（Tapia，2007）。正如学生在历史课上"修建水道"一样，他们在整个过程中与专家以及其他可以帮助和指导他们的成人一起工作。这种伙伴关系在保证学生努力工作方面扮演着一个重要的角色，因为这让他们感到自己的工作被社区中的成人认为是有用的。服务学习鼓励学生与社区中的机构代表共同工作。作为学生共同的教育者，这些人往往会为学生提供重要的指导。与教师和其他成人榜样的合作可以促进青少年的健康发展，帮助年轻人在学校获得全面的成功（Eccles and Gootman，2002）。

满足个人的需要和兴趣

服务学习是以对学生非常重要的社区服务项目为中心的。高质量的服务学习能够使不同年龄、能力和抱负的学生发挥自己的个人才华和才能，来为问题解决做出贡献。对于那些学历史的学生，进行服务学习是因为他们对生活的地方的土地的状况很好奇。这件事情对他们每个人都非常重要，因此，他们全心投入到学习过程中。研究者已经发现，高度个性化的课程能够增加学生学习时间的投入并促进学生全身心投入学习（Jaros and Deakin-Crick，2007）。

给学生赋权

学生在服务学习中的意见被看成是教学的一个重要组成部分。在服务学习中，学生需要制订行动计划，同时还需被赋予责任决定如何实施计划。让学生来负责计划的制订及其实施，可以帮助学生锻炼他们的决策能力，让他们学习如何为成功和失败承担责任，并帮助他们增强自信心和领导能力（Clark，1988）。青少年尤其需要在他们能全面有效应用这些技能之前通过大量的经历来练习这些技能。对项目负责使学生感到他们需要对项目承担责任并拥有项目的所有权。这些工作使他们有机会增强分析、开发、计划、应用以及评价的能力，这些能力也同样促进了他们高阶思维的发展。基于社区的学习经验，比如服务学习，让学生在其中扮演项目设计和应用的角色，以锻炼学生这些重要和必备的技能（Eccles and Gootman，2002）。

走出舒适区

服务学习通常要求学生冒险进入陌生领域并与他们可能不熟悉的群体和社区打交道。在这些新环境中，学生被鼓励重新评价他们对问题和人群的假设和先前的观念。案例中，学习历史的学生将不得不面对附近省份的官员，提出为自己省份恢复水源的主张。在这个服务学习的经历中，学生们必须鼓起勇气去一个新的地方冒险，对那些持怀疑态度的成年人提出充分的论据，然后对接下来可能遗留的问题负责任。这些跨界活动，从认知、生理和情感方面对年轻人提出了挑战，将他们从自己的安乐窝中引出来，从而促进他们专家认知能力的发展（Engestrom，Engestrom and Merja，1995）。

正是这些教学因素的组合，才展现了服务学习的本质。每一个因素都能促进学生学习和激发年轻人健康发展的潜力。服务学习可以帮助学生创造有利的学习环境，减轻很多学校正面临的学生不满的问题。通过参与社区学习，学生开始明白他们在课堂上所学习的知识的意义及其与学校之外的世界的联系。服务学习也可以给学生提供一些与社区相关的新愿景和一些他们所不熟悉的问题。对于许多学生来说，他们的世界受限于他们最为习惯的，也最为舒适的社会网络和物理空间。服务学习可以给学生提供一些机会，让他们在新的社区和社交圈中冒险，来解决他们之前从未遇到过的问题。这样，通过将社区作为一种学习资源，服务学习将学生的教育进行延伸，使之超越了学校地理位置的限制，同时也将学习圈定在学生应该掌握的学科领域之内。

在服务学习中，教师应该做好准备，交出课堂的控制权，授权给学生，让学生在学习过程中扮演积极的角色。教师还需要花时间去发展与社区机构代表的关系，因为这些人将成为服务学习的重要合伙人。这些社区机构的代表将会作为合作性的教育者，通过各种设备和学习任务去监督、指导学生，并帮助教师评价学生的学习和发展。为了使服务学习更有效，教师必须将课堂活动和社区服务项目作为一个不可分割的整体。学生在课堂中学到的内容将为他们在社区中的高质量服务做准备。反过来，学生在社区中从事的这些活动又可以帮助他们更为深入地理解在课堂上所学的内容。

因此，作为一种教学策略，应该在课程中寻找合适的时机实施服务学习，即基于社区的经验可以给学习、发展和整个的教育经验带来价值的时机。服务学习如何实施很大程度上最终取决于文化规范和当前系统中的教育结构。随着服务学习越来越普及，它的特征会不断演变，因为每个国家优先考虑的事情的不同以及文化背景的不同会影响服务学习在中小学的应用方式。

服务学习对学生的影响

总的来说，关于服务学习的研究表明：服务学习可以提高学生的学术能力、公民意识、个人素质、社会责任感、道德水平以及职业发展能力。实际上，服务学习有其自身的优势，这些优势无法通过其他积极的学习策略来提供。但是，现有的研究表明：总的来说，这些积极的影响或许与其他基于经验的教学方法没有本质的不同。

关于服务学习的首批研究（英文版）于 20 世纪 80 年代早期出版，这些研究主要受初等、中等、高等教育中所出现的实践活动启发。大多数已有的和即将进行的研究都由美国组织实施，由现有支持服务学习研究的研究中心、基金会和专业网络推动。研究议程起初关注服务学习对参与学生（或者服务学习者）的影响。这些年来，研究议程已经逐渐拓展，开始探讨服务学习对所参与教师、学校和社区的影响，并关注能推动高质量服务学习实践和促进项目可持续发展的影响因素。

大多数的研究都关注高等教育中服务学习对学生影响的评估，这在已发表的 250 多篇文献中皆有体现。相比之下，已经发表的研究服务学习对小学、初中影响的文献还不到 70 篇（这一数据仅包括出现在英文版刊物中的研究）。但是，大体上讲，从服务学习对教育影响的研究结果来看，其对高等教育的影响程度与其对中小学教育的影响程度是类似的。

多年来，怀疑者和支持者都对服务学习研究的严密性和总体质量提出了质疑（Furco and Billig，2002；Bailis and Melchior，2003；Ziegert and McGoldrick，2004；Reeb，2006）。就大部分研究而言，研究并未遵循符合逻辑的探究路线。它们更应该被描述为大量不同的研究，这些研究彼此之间以及与先前的研究之间并没有很好的联系。我们需要更多、更能满足科学探究标准的研究，这也激发了几项研究议题的开展，这些议题增强了不同研究结论的说服力，也促使服务学习研究取得了重要进步（Giles and Eyler，1998；Billig and Furco，2002；Service-Learning in Teacher Education International Research Affinity Group，2006）。

　　与早期的研究相比，今天的服务学习研究倾向于采用更缜密的设计，与相关研究和先前研究建立更清晰的联系，使用更有效和可靠的手段，并采用更先进和复杂的分析方法。然而，更重要的事情是提高服务学习研究的质量和增加研究数量。67 篇已发表的有关服务学习对中小学生影响的研究中，不到一半的研究采用了实验或准实验设计，而其他的研究则或者是非实验条件下的研究成果评估，或者是对现有数据的分析，或者是对二手资料（例如，教师关于学生成绩的报告）的评估。在很多情况下，研究的质量难以保证，因为缺乏有关概念框架、研究设计、工具或方法的细节。尽管有这样的限制，仍需要更多的研究来进一步证实服务学习对学生的影响，现有有关服务学习对学生潜在影响的研究开始成为关注的焦点。

　　考虑到服务学习建立在课堂的理论学习以及培养好公民的基础之上，许多研究已经将注意力集中于评价服务学习对学生的理论学习和市民意识的影响上。接下来呈现出来的研究结论是以 55 项研究为基础的，这些研究大部分是在小学和初中进行的。[①] 作为一种发展趋势，服务学习将被作为教育倡议和社区服务项目在美国广泛应用，这些研究最主要的结论可能与其他国家的服务学习实践有一些相关性并具有一些普遍意义。

学习成绩的提高和全面进步

　　关于服务学习对学生影响的大多数研究都集中于服务学习如何提高学生的学习成绩和促进教育整体成功上。许多研究者（Akujobi and Simmons，1997；Klute and Billig，2002；Kraft and Wheeler，2003）都发现，将服务学习的参与者与一群水平相当的、没有参与服务学习的学生相比，他们在阅读和语言艺术成绩上均有显著的提升。在其他类似的研究中，研究者也注意到服务学习对参与者在数学（Melchior，1998；Melchior and Bailis，2002；Davila and Mora，2007）、科学（Klute and Billig，2002；Davila

---

　　① 在所引用的 67 项服务学习研究中，有 12 项研究的主要研究资料无法获得，因此，这 12 项研究发现也没有被包括在对这 67 项研究的总结之中。在此，我要特别感谢苏珊·罗特（Susan Root）博士和丽莎·伯顿（Lisa Burton）女士所做出的贡献，谢谢她们为这篇综述在查找与选择研究方面所提供的帮助。

and Mora，2007）和社会研究领域（Meyer，Billig and Hofschire，2004；Davila and Mora，2007）的表现有相似的积极影响。然而，虽然在所有的案例中整体性影响是显著的，但影响的效果通常较小。

此外，在学生学习的其他领域，研究发现了更多强有力的研究证据。许多研究已经显示，与那些没有参与项目的学生相比，参与服务学习的学生维持了更高水平的学习动机（Conrad and Hedin，1981；Melchior，1995，1998；Scales，Blythe，Berkas and Kielsmeier，2000；Furco，2002b；Hecht，2002；Brown，Kim and Pinhas，2005；Scales，Roehlkepartain，Neal，Kielsmeir and Benson，2006）、出勤率有所提升（Follman and Muldoon，1997；Melchior，1998；Scales et al.，2006），并且课堂上的纪律性问题也有所减少（Calabrese and Schumer，1986）。其他的研究表明：与没有参与服务学习的学生相比，那些参与服务学习的学生对好成绩有更强烈的追求（Scales et al.，2000；Ammon，Furco，Chi and Middaugh，2002），他们的学业分数和平均绩点的提升也更多（Laird and Black，1999）。这些项目的参与者还指出，与学校里的其他课程相比，在服务学习的课堂中学习到的东西也更多（Weiler，LaGoy，Crane and Rovner，1998）。

在课堂以外，许多研究已经发现，与那些能力相当的没参与服务学习的学生相比，参加服务学习的学生表现出了更加强烈的对学校学习的兴趣和参与度（Melchior，1995，1998），同时，他们辍学的概率也更小（Bridgeland，Dilulio and Morison，2006）。另外，由于参与服务学习，学生对于学校学习有了一种更为强烈的责任感并认为学校学习与自己关系密切（Scales et al.，2000；Scales et al.，2006）。根据斯卡莱等人（Scales et al.，2000）的研究，学生参与服务学习时间的长短（31小时或者更多）、学生参与社区服务和服务学习的动机、学生反馈的数量和类型都可以预测学生的学习结果。

尽管现有的研究显示服务学习对多种不同的学科学习都有积极的影响，但仍需要通过更多的研究来得出更加可靠的结论。更多的实验研究，包括高质量的服务学习项目，应该给学生提供学习和发展的其他视角、多样的方法。此外，我们需要涵盖不同国家背景的跨国研究，以便更好地理解本土文化和对社区服务的态度如何影响服务学习的实践及其对学生发展的影响。

市民和公民意识的发展

　　或许，相对于其他体验式的或者基于社区的学习形式，培养公民意识是服务学习的本质特征。它强调社区服务要将提升参与者的社会责任意识和公民意识作为核心目标。现有的一些培养公民意识的研究表明，参与服务学习和基于社区的学习能够提升学生的以下方面：政治知识的掌握和政治功效意识（Hamilton and Zeldin，1987），参与政治的程度（Morgan and Streb，2001），参与志愿活动的自我效能感（Hamilton and Fenzel，1988），对政府的态度（Hamilton and Zeldin，1987），参与解决城市问题的程度（Kahne and Sporte，2008），未来参加选举的可能性（Hart，Youniss and Atkins，2007），以及将来做志愿者的可能性（Hamilton and Fenzel，1988）。

　　哈特等人（Hart et al.，2007）对不同类型和水平的社区服务参与者（"志愿者""被要求参与者""混合型参与者""未提供服务者"）进行了评价，发现所有种类的社区服务都与选举投票水平的提高有关。他们的分析显示：通过初中生参与社区服务的频率可以预测他们未来是否参与社区服务以及参与状况，但通过他们参与社会服务的形式（"志愿者""被要求参与者""混合型参与者"）不能对其进行预测；可以预测初中参与社区服务的"志愿者"未来参与社区服务的状况，但是对于"混合型参与者"和"被要求参与者"不能预测。

　　这样的结果支持了先前的一项研究结果：比起那些在大学自愿参与社区服务的学生，被要求参与社区服务的年轻人在他们毕业后的五年中也很少会参与社区服务（Stukas，Snyder and Clary，1999）。但是，到底是要求参与社区服务还是服务学习本身促进了公民意识（以及理论知识）的提升还有待进一步研究。正如一些学者所建议的，服务学习的整体质量和意义才是最重要的（Billig，Root and Jesse，2005）。当学生把服务学习理解为一种简单的学校布置的任务去完成时，就会给参与者和社区都带来消极的感觉

（Covitt，2002b）。

　　一项名为"公民教育纵向研究"（Citizenship Education Longitudinal Study，CELS，英国初中生必须参加的一项全国公民教育研究）的研究发现与当前讨论的问题有关（Benton et al.，2008）。这项研究里的公民教育课程让学生投入到基于社区的活动中，包括服务学习中，意在提高他们的公民意识和技能（Annette，2000）。作为仅有的一项大规模有关学生公民意识发展（这是美国本土之外的数量极少的研究中的一项研究）的纵向研究，本顿等人（Benton et al.，2008）测量了学生的公民态度在 5 年间改变的程度。研究显示，随着时间的流逝，学生慢慢地更少重视他们的社区问题，感觉积极参与课程活动的机会越来越少，更少相信官方的数据，感到被赋予的权利越来越少（Benton et al.，2008）。研究者认为，尽管参与了公民教育课程，但学生对于公民参与的概念的理解依然很狭隘，大多数还停留在低水平的参与活动（例如，选举）中；没有证据能够表明学生对公民参与（例如，志愿活动或者社区服务活动）需要承担大量义务有一个更宽泛的理解。

　　在最近的研究中，服务学习的项目质量逐渐受到一些关注。并非所有的服务学习都是相同的，然而高质量的服务学习都有一些基本要素。这些要素包括：持续的时间和程度，服务活动与理论课程学习之间的紧密联系，社区成员之间的协作和有益的互动伙伴关系，有意义的服务活动，学生的观点和选择，以及对服务学习的持续性反思和分析（Billig and Weah，2008）。

　　比林等人（Billig et al.，2005）的研究进一步讨论了服务学习项目质量的重要性。研究者使用一系列关注公民的测试，来测量学生关于政府机构和领导者的知识，在一个选举活动中履行公民权利的能力，社区的归属感，满足社区需求的社区活动参与水平，促成改变的能力，假扮成人角色的感觉，以及现在和将来参与政治演说和活动的能力。研究者发现较长时间参与服务学习的学生的公民意识普遍比较强，这些学生的老师也更善于实施服务学习。那些参与**直接服务**（例如，访问高年级的学生或者指导者）的学生报告说他们比那些参与**间接服务**（例如，筹款）的学生更能专心于社区事务。这个发现支持了一个早期研究（Morgan and Streb，2001）的结果：当服务学习包含高质量的实践要素（例如，服务学习者认为他们拥有真正的责任，要完成富有挑战性的任务，有机会做项目计划和做出重要决定）时，服务学习更有可能促进学生自我概念的发展、促进政治参与、促进学生改变对年长者和残障人士的态度。

学生的其他学习结果

除了能促进学生学习理论知识和提高公民意识，研究者还发现，服务学习在道德、职业、个性和社会性发展方面对学生有益。这些领域的研究结果表明：服务学习作为一种教学策略可以促进其他教育项目目标的实现，包括价值观教育、健康提升计划、防止滥用药物行动和青年领导力的提升活动。这项研究有助于扩展服务学习的形式，而让服务学习不仅用于学习理论知识。

有几项研究已经发现服务学习对发展学生的领导能力是一项有效的教学策略（Ladewig and Thomas，1987；Weiler，LaGoy，Crane and Rovner，1998；Boyd，2001）。在博伊德（Boyd，2001）的研究中，通过参与"领导能力系统提升计划"，学生们的决策能力和小组活动参与能力都有了显著的提高。博伊德将这些积极的结果归因于有效的社区行动项目指导原则：让学生评估社区需求、规划项目、做决策、解决问题、与不同的人进行交流以及在团体中工作。

大量最近的研究考察了服务学习和价值观发展之间的关系（Furco et al.，2004；Berkowitz and Bier，2005；Lovat and Toomey，2007；Billig，Jesse，Brodersen and Grimley，2008）。大部分研究都增加了对于价值观教育的关注，但目前的方法无法为学生提供足够的机会，让学生在真实环境中把素质教育课程中学到的价值观付诸实践（Lovat and Toomey，2007）。正如洛瓦特和图米（Lovat and Toomey，2007）指出的，当课程与高质量教学实践紧密联系时，价值观教育就会得到改善，因为这些高质量的教学实践为学生提供了真实的、体验性的学习机会。

在那些实施价值观教育项目的国家，例如澳大利亚和美国，服务学习被用来提升价值观教育课程的效果。例如，比利希等人（Billig et al.，2008）对高中和初中学生的价值观发展进行了历时 3 年的研究，并进行了前后测。

研究者将一组参与包含服务学习活动的品德教育课程的学生和另一组没有参与含有服务学习活动的品德教育课程的学生进行了对比，对比因素包括关心、无私精神、公民权利与义务、国民责任感、毅力和尊重（尊重自己和尊重他人）。他们的结果支持了先前研究的发现：作为一个成熟的年轻人，其价值观获得（values attainment）有一个平缓且稳定下滑的趋势（Furco et al.，2004）。比利希等人（Billig et al.，2008）发现，随着时间的流逝，参与含有服务学习的品德教育项目的学生比起那些没有参与含有服务学习元素的品德教育项目的学生，其价值观获得的下降程度明显较小。这表明，在学生成长过程中，服务学习可以帮助他们保持他们的价值观水平（品质）。

另一些研究已经发现：服务学习和相关社区活动项目对学生自尊（Yates and Youniss，1996；Johnson and Notah，1999；Martin，Neal，Kielsmeier and Crossley，2006）、性行为（Kirby，2001；O'Donnell et al.，2002）、物质使用（Tebes et al.，2007）、为将来工作做准备（Yamauchi，Billig，Meyer and Hofschire，2006）、向成年人的过渡（Martin et al.，2006）和为接受高等教育做准备（Furco，2002a）等方面都有积极的影响。遗憾的是，大多数的研究局限于课堂或者社区，因此这些研究结论的推论范围是有限的。另外，由于很少有研究可以被重复，因此服务学习的影响此时还不能下定论。

未 来 展 望

总的来讲，服务学习为重新思考中小学生的教育提供了一种新的思路。除了教学法，服务学习在以下方面有启示意义：怎样组织课程，如何评价学生的学习结果，如何培训教师，如何管理学校等。例如，学生通过服务学习来解决社会问题，本身就是跨学科的。为一条污染的小河排污的项目要求学生应用他们在科学、数学、语言艺术，甚至是历史中学到的知识和技能。同样，在阿根廷的服务学习中，学生不仅要学习历史，也要学习数学、科学、管理、语言艺术和大量职业技能。在许多学校系统中，按照学科和主题来组织课程内容往往不利于促进跨学科学习活动。因此，即使有越来越多的研究指出参与服务学习有积极影响，服务学习仍然要为其在教育系统中的学术合法性而奋斗，直到这些系统能为服务学习等更多创新的教学方法提供空间。

随着服务学习在更多的国家逐渐走向成熟，我们还需要更多、更好的研究去确定服务学习对于学生以及所服务社区的真正价值。随着越来越多的国家实施服务学习，或者采取不同形式的服务学习，我们需要对服务学习进行跨国评估。当前世界各国正在努力扩展服务学习的全球化研究，包括组织国际性的研究会议［例如，由国际服务学习和社区参与研究协会（International Association for Research on Service-Learning and Community Engagement）主办的年会］，构建专注于服务学习和社区参与的多语言交流网站（例如：www.tufts.edu/talloiresnetwork），支持服务学习实践者的跨国网络［例如：拉丁美洲学习与服务一体化中心（Centro Latinoamericano de Aprendizaje y Servicio Solidario，CLAYSS）］以及新服务学习国际联盟（International Alliance for Academic Service-Learning）的发展。各个国家和国际力量正共同努力让下一代的中小学教师具备有效组织服务学习所需要的技能。很多的工作是由教师教育服务学习国际协会（International Association for Service-Learning in Teacher Education）完成的，该协会主办两年一度的服务学习教育者和学者国际会议。该协会的其中一个研究项目是调查全球范围内教师教育中有关服务学习的内容的开展状况（Anderson，Furco and Root，2009）。

服务学习的未来研究趋势是使用更大的随机样本，采用更先进的分析方法，开展长期纵向研究，评价服务学习对学生的长期影响。研究应该更多分析具体项目特征对学生不同方面的积极影响。要通过与其他将社区作为一种学习资源的、体验式的教学法的比较，确定服务学习领域将对学生有哪些独特的影响。最后，需要对全球范围内服务学习真实的规模和范围进行更有深度的国际性评估和比较。考虑到服务学习不断显现出来的积极影响，服务学习将有可能在不同的教育系统中得到持续关注。更严密的和精确的研究将会提供更确凿的证据，更精确地确定服务学习以及其他教学策略的真正的优势和局限。

参 考 文 献

Akujobi, C. and R. Simmons (1997), "An Assessment of Elementary School Service-Learning Teaching Methods: Using Service-Learning Goals", *NSEE Quarterly,* Vol. 23, No 2, pp. 19-28.

Ammon, M. S., A. Furco, B. Chi and E. Middaugh (2002), *A Profile of California's Calserve Service-Learning Partnerships: 1997-2000,* California Department of Education, Sacramento, California.

Anderson, J., A. Furco and S. Root (2009), *Assessing the Status of Service-Learning in Teacher Education: International Perspectives,* International Association for Service-Learning in Teacher Education, Clemson, South Carolina.

Annette, J. (2000), "Education for Citizenship, Civic Participation and Experiential Learning and Service Learning in the Community", in D. Lawton, J. Cairns and R. Gardner (eds.), *Education for Citizenship,* Continuum, London, pp. 149-160.

Bailis, L. and A. Melchior (2003), "Practical Issues in the Conduct of Large-Scale, Multisite Research and Evaluation", in S. H. Billig and A. S. Waterman (eds.), *Studying Service-Learning: Innovations in Education Research Methodology,* Erlbaum Associates, Mahwah, pp. 125-147.

Benton, T., E. Cleaver, G. Featherstone, D. Kerr, J. Lopes and K. Whitby (2008), *Citizenship Education Longitudinal Study (CELS): Sixth Annual Report,* National Foundation for Educational Research, Berkshire, England.

Berkowitz, M. and M. Bier (2005), *What Works in Character Education: A Report for Policy Makers and Opinion Leaders,* Character Education Partnership, Washington, DC.

Billig, S. H. and A. Furco (2002), "Research Agenda for K-12 Service-Learning: A Proposal to the Field", in A. Furco and S. H. Billig (eds.), *Service-Learning: The Essence of the Pedagogy*, Information Age Publishing, Greenwich, Connecticut: Information Age Publishing, pp. 271-280.

Billig, S. H., D. Jesse, R. M. Brodersen and M. Grimley (2008), "Promoting Secondary Students' Character Development in Schools through Service-Learning", in M. A. Bowdon, S. H. Billig and B. A. Holland (eds.), *Scholarship for Sustaining Service-Learning and Civic Engagement*, Information Age Publishing, Greenwich, CT, pp. 57-83.

Billig, S. H., S. Root and D. Jesse (2005), *The Impact of Participation in Service-Learning on High School Students' Civic Engagement,* The Center for Information and Research on Civic Learning and Engagement, College Park, Maryland.

Billig, S. H. and W. Weah (2008), "K-12 Service-Learning Standards for Quality Practice", in J. C. Kielsmeier, *et al.* (eds.), Growing to Greatness 2008: The State of Service-Learning Project, National Youth Leadership Council , St. Paul, MN, pp. 8-15.

Boyd, B. L. (2001), "Bringing Leadership Experience to Inner-City Youth", *Journal of Extension,*

Vol. 39, No.4.

Bridgeland, J. M., J. J. Dilulio and K. B. Morison (2006), *The Silent Epidemic:Perspectives of High School Dropouts,* Bill and Melinda Gates Foundation.

Brown, S., W. Kim and S. Pinhas (2005), *Texas Title IV Service-Learning Evaluation, 2004-2005, Interim Report,* RMC Denver Corporation,Denver, Colorado.

Cairn, R. and J. Kielsmeier (1991), *Growing Hope: A Sourcebook on Integrating Youth Service into the School Curriculum,* National Youth Leadership Council, St. Paul, Minnesota.

Calabrese, R. L. and H. Schumer (1986), "The Effects of Service Activities on Adolescent Alienation", *Adolescence,* Vol. 21, No. 83, pp. 675-687.

Clark, R. M. (1988), *Critical Factors in Why Disadvantaged Students Succeed or Fail in School,* Academy for Educational Development, New York.

Conrad, D. and D. Hedin (1981), *National Assessment of Experiential Education: A Final Report,* Center for Youth Development and Research, University of Minnesota, St. Paul, Minnesota.

Covitt, B. A. (2002a), *Middle School Students' Attitude Toward Required Chesapeake Bay Service-Learning,* Corporation for National and Community Service, Washington, DC.

Covitt, B. A. (2002b), Motivating Environmentally Responsible Behaviors through Service-Learning, Corporation for National Service, Washington, DC.

Davila, A. and M. Mora (2007), *Civic Engagement and High School Academic Progress: An Analysis Using NELS Data,* The Center for Information and Research on Civic Learning and Engaagement, College Park, Maryland.

Deci, E. L. (1984), "Quality of Learning with an Active Versus Passive Motivational Set", *American Educational Research Journal,* Vol. 21,No. 4, pp. 755-765.

Eccles, J. and J. A. Gootman (eds.) (2002), *Community Programs to Promote Youth Development,* National Academies Press, Washington, DC.

Engestrom, Y., R. Engestrom and K. Merja (1995), "Polycontextuality and Boundary Crossing in Expert Cognition: Learning and Problem Solving in Complex Work Activities", *Learning and Instruction,* Vol. 5, No. 4,pp. 319-336.

Erickson, F. (1990), "Going for the Zone: The Social and Cognitive Ecology of Teacher-Student Interaction in Classroom Conversations", in D. Hicks (ed.), *Discourse, Learning, and Schooling,* Cambridge University Press,Cambridge, pp. 29-62.

Eyler, J. S. and D. E. Giles (1999), *Where's the Learning in Service-Learning?*,Jossey-Bass, San Francisco.

Follman, J. and K. Muldoon (1997), "Florida Learn and Serve 1995-96: What Are the Outcomes?", *NASSP Bulletin*, Vol. 81, No. 591, pp. 29-36.

Fosnot, C. T. (ed.) (1996), *Constructivism, Theory, Perspectives, and Practice,*Teachers College Press, New York.

Furco, A. (1996), "Service-Learning: A Balanced Approach to Experiential Education", in B.

Taylor (ed.), *Expanding Boundaries: Service and Learning,* Corporation for National and Community Service, Washington, DC, pp. 2-6.

Furco, A. (2002a), "High School Service-Learning and the Preparation of Students for College: An Overview of the Research",in E. Zlotkowski (ed.), *Service-Learning and the First-Year Experience: Preparing Students for Personal Success and Civic Responsibility,* University of South Carolina, National Resource Center for the First-Year Experience and Students in Transition, Columbia, South Carolina, pp. 3-14.

Furco, A. (2002b), "Is Service-Learning Really Better Than Community Service?: A Study of High School Service Program Outcomes", in A. Furco and S. H. Billig (eds.), *Service-Learning:The Essence of the Pedagogy,* Information Age Publishing, Greenwich, Connecticut,pp. 23-50.

Furco, A. (2007), "Experiential Education as a Pedaogy of Engagement",paper presented for the National Society for Experiential Education,Seattle, Washington.

Furco, A. and S. H. Billig (2002), "Establishing Norms for Scientific Inquiry in Service-Learning", in S. H. Billig and A. Furco (eds.), *Service-Learning through a Multidisciplinary Lens,* Information Age Publishing, Greenwich,Connecticut, pp. 15-31.

Furco, A., E. Middaugh, M. Goss, S. Darche, J. Hwang and T. Tabernik (2004), *A Study of Character Development in Elementary School Students:Preliminary Findings,* U.S. Department of Education, Washington, DC.

Giles, D. E. and J. Eyler (1998), "A Service Learning Research Agenda for the Next Five Years", *New Directions in Teaching and Learning,* Vol. 73,No. 1, pp. 65-72.

Hamilton, S. and L. M. Fenzel (1988), "The Impact of Volunteer Experience on Adolescent Social Development: Evidence of Program Effects", *Journal of Adolescent Research,* Vol. 3, No.1, pp. 65-80.

Hamilton, S. and R. S. Zeldin (1987), "Learning Civics in the Community",*Curriculum Inquiry,* Vol. 17, No. 4, pp. 407-420.

Hart, D., J. Youniss and R. Atkins (2007), "High School Community Service as a Predictor of Adult Voting and Volunteering", *American Educational Research Journal,* Vol. 44, No. 1, pp. 197-219.

Hecht, D. (2002), "The Missing Link: Exploring the Context of Learning in Service-Learning", paper presented at the 2nd Annual International Research Conference on Service-Learning, Nashville, Tennessee.

Jaros, M. and R. Deakin-Crick (2007), "Personalized Learning for the Post-Mechanical Age", *Journal of Curriculum Studies*, Vol. 39, No. 4,pp. 423-440.

Johnson, A. and D. Notah (1999), "Service-Learning: History, Literature, and a Pilot Study of Eighth Graders", *The Elementary School Journal,* Vol. 99,No. 5, pp. 453-467.

Johnson, D. W. and R. T. Johnson (2006), "Co-operative Learning and Social Interdependence Theory", in R.S. Tindale, et al. (eds.), *Theory and Research on Small Groups,* Springer,

New York, pp. 9-35.

Kahne, J. and S. Sporte (2008), "Developing Citizens: The Impact of Civic Learning Opportunities on Students' Commitment to Civic Participation",*American Educational Research Journal*, Vol. 45, No. 3, pp. 738-766.

Kirby, D. (2001), *Emerging Answers: Research Findings on Programs to Reduce Teen Pregnancy,* National Campaign to Reduce Teen Pregnancy, Washington, DC.

Klute, M. M. and S. H. Billig (2002), *The Impact of Service-Learning on MEAP: A Large-Scale Study of Michigan Learn and Serve Grantees,*RMC Research, Denver, Colorado.

Kolb, D. (1984), *Experiential Learning: Experience As The Source of Learning and Development,* Prentice Hall, Englewood Cliffs, New Jersey.

Kraft, N. and J. Wheeler (2003), "Service-Learning and Resilience in Disaffected Youth: A Research Study", in J. Eyler and S.H. Billig (eds.), *Deconstructing Service-Learning: Research Exploring Context,Participation, and Impacts*, Information Age Publishing, Greenwich,Connecticut, pp. 213-238.

Ladewig, H. and J. K. Thomas (1987), *Assessing the Impact of 4-H on Former Members,* Texas A and M University, College Station.

Laird, M. and S. Black (1999), *Service-Learning Evaluation Project:Program Effects for at-Risk Students,* Quest International, San Francisco.

Lovat, T. and R. Toomey (2007), *Values Education and Quality Teaching: The Double Helix Effect*, David Barlow Publishing, Sydney.

Martin, S., M. Neal, J. Kielsmeier and A. Crossley (2006), "The Impact of Service-Learning on Transitions to Adulthood", in J. Kielsmeier, M. Neal and A. Crossley (eds.), *Growing to Greatness: The State of Service-Learning Project*, National Youth Leadership Council, St. Paul, Minnesota, pp. 4-24.

Melchior, A. (1995), *National Evaluation of Serve-America: Final Report,*Center for Human Resources, Brandeis University, Waltham, Massachusetts.

Melchior, A. (1998), *National Evaluation of Learn and Serve America School and Community-Based Program,* Center for Human Resources, Brandeis University, Waltham, Massachusetts.

Melchior, A. and L. Bailis (2002), "Impact of Service-Learning on Civic Attitudes and Behaviors of Middle School and High School Youth:Findings from Three National Evaluations", in A. Furco and S. H. Billig (eds.), *Service-Learning: The Essence of the Pedagogy,* Information Age Publishing, Greenwich, Connecticut, pp. 201-222.

Meyer, S. J., S. H. Billig and L. Hofschire (2004), "The Impact of K-12 School-Based Service-Learning on Academic Achievement and Student Engagement in Michigan", in M. Welch and S. H. Billig (eds.), *Service-Learning: Research to Advance the Field,* Information Age Publishing,Greenwich, Connecticut, pp. 61-85.

Morgan, W. and M. Streb (2001), "Building Citizenship: How Student Voice in Service-Learning

Develops Civic Values", *Social Science Quarterly*,Vol. 82, No. 1, pp. 154-169.

Newmann, F. M. and R. A. Rutter (1983), *The Effects of High School Community Service Programs on Students' Social Development,* Wisconsin Center for Education Research, University of Wisconsin, Madison, Wisconsin.

O'Donnell, L., A. Stueve, C. O'Donnell, R. Duran, A. San Doval, R. Wilson, D. Haber, E. Perry and J. H. Pleck (2002), "Long-Term Reductions in Sexual Initiation and Sexual Activity Among Urban Middle Schoolers in the Research for Health Service Learning Program", *Journal of Adolescent Health,* Vol. 31, No. 1, pp. 93-100.

Prince, M. (2004), "Does Active Learning Work? A Review of the Research",*Journal of Engineering Education*, Vol. 93, No. 3, pp. 223-231.

Reeb, R. N. (2006), "Community Service Self-Efficacy: Research Review", *Academic Exchange Quarterly*, spring, pp 1-9.

Scales, P., D. Blythe, T. Berkas and J. Kielsmeier (2000), "The Effects of Service-Learning on Middle School Students' Social Responsibility and Academic Success", *Journal of Early Adolescence,* Vol. 20, No. 3,pp. 332-358.

Scales, P. C., E. C. Roehlkepartain, M. Neal, J. C. Kielsmeir and P. L. Benson (2006), "Reducing Academic Achievement Gaps: The Role of Community Service and Service-Learning", *Journal of Experiential Education*, Vol.29, No. 1, pp. 38-60.

Scheckley, B. G. and M. T. Keeton (1997), "Service Learning: A Theoretical Model", in J. Schine (ed.), *Service learning: Ninety-Sixth Yearbook of the National Society for the Study of Education, Part I,* University of Chicago Press, Chicago, pp. 32-55.

Service-Learning in Teacher Education International Research Affinity Group (2006), "A Research Agenda for Advancing Service-Learning in Teacher Education", paper presented at the International Research Conference on Service-Learning and Community Engagement, Portland,Oregon.

Slavin, R. (1986), *Using Student Team Learning* (3rd edition), Johns Hopkins University, Baltimore, Maryland.

Slavkin, M. L. (2004), *Authentic Learning: How Learning About the Brain Can Shape the Development of Students,* Scarecrow Education, Lanham, Maryland.

Spring, K., R. Grimm and N. Dietz (2008), *Community Service and Service-Learning in America's Schools,* Corporation for National and Community Service, Washington, DC.

Stukas, A. A., M. Snyder and E. G. Clary (1999), "The Effects of 'Mandatory Volunteerism' on Intentions to Volunteer"*, Psychological Science,* Vol. 10,No. 1, pp. 59-64.

Tapia, M. N. (2007), "The Potential Effects of Service-Learning and Community Service in Educational Settings in Latin America", in A. M. McBride and M. Sherraden (eds.), *Civic Service Worldwide*, M.E. Sharpe, London,pp. 133-156.

Tapia, M. N. (2008), *Service-Learning Research in Argentina,* Centro Latinoamericano de Aprendizaje y Servicio Solidario (CLAYSS), Buenos Aires.

Tebes, J. K., R. Feinn, J. J. Vanderploeg, M. J. Chinman, J. Shepard, T. Brabham, M. Genovese and C. Connell (2007), "Impact of a Positive Youth Development Program in Urban After-School Settings on the Prevention of Adolescent Substance Use", *Journal of Adolescent Health*,Vol. 41, No. 3, pp. 239-247.

Weiler, D., A. LaGoy, E. Crane and A. Rovner (1998), *An Evaluation of K-12 Service-Learning in California: Phase II Final Report,* RPP International,Emeryville, California.

Yamauchi, L. A., S. H. Billig, S. Meyer and L. Hofschire (2006), "Student Outcomes Associated with Service-Learning in a Culturally Relevant High School Program", *Journal of Prevention and Intervention in the Community*, Vol. 32, No. 1, pp. 149-164.

Yates, M. and J. Youniss (1996), "A Developmental Perspective on Community Service in Adolescence", *Social Development*, Vol. 5, No. 1,pp. 85-111.

Ziegert, A. L. and K. McGoldrick (2004), "Adding Rigor to Service-Learning Research: An Armchair Economists' Approach", in M. Welch and S. H. Billig (eds.), *Service-Learning: Research to Advance the Field*,Information Age Publishing, Greenwich, Connecticut, pp. 23-36.

第十一章　家庭对儿童学习和社会化的影响

芭芭拉·施耐德　　　　　凡妮莎·基斯勒　　　　　拉里莎·莫洛克

Barbara Schneider　　　Venessa Keesler　　　　Larissa Morlock

密歇根州立大学

Michigan State University

　　芭芭拉·施耐德、凡妮莎·基斯勒、拉里莎·莫洛克在本文中论述了：（1）家庭如何对儿童学习成长产生影响；（2）家庭影响着什么；（3）家庭影响何时发生。社会经济地位无疑对儿童的成长有着重大的影响，但家庭的影响才是儿童成长的关键。在儿童树立学习目标，发展职业抱负以及努力学习时，家庭的重要性甚至被认为超过学校。研究表明，儿童的健康成长跟父母双方的共同介入是紧密相连的。在一个健全的家庭里，父母根据对儿童的了解及其性格为其设立清晰的学习目标，在这种情况下，儿童更有兴趣学习。另外，在家中的交流及互动对儿童未来目标的实现和自信心的树立都起着非常重要的作用。最后，让儿童和家长参与学校的课外活动，或让家长参与学校教学都能产生积极的效果，但只有当其与校方所设的目标和教育活动相结合时儿童才能受益最大。

概　　论

　　家庭是儿童获取基础认知与社交能力的首要社会系统，亦是他们入学之前形成学习动机、准备应对未来挑战的第一场所（Machida，Taylor and Kim，2002）。在儿童成长的初期阶段，父母的教育能力表现在他们对儿童的支持、体谅以及回应上。这些父母表现出的特点与儿童今后的语言能力、问题解决能力、早期对数字的认识和区分能力以及今后的人际交往能力都有着必然的联系（Lugo-Gil and Tamis-LeMonda，2008）。通过家庭关系，儿童会学习交流的基础、如何组织活动、自己的角色和责任，同时也会认识到家庭对其未来的教育期望（Smith，Prinz，Dumas and Laughlin，2001）。本章讲述的内容包括：家庭**如何**对儿童学习成长产生影响、影响的**范围**以及影响**何时**发生。

家庭如何影响儿童的学习和成长

父母对儿童学习的影响：遗传因素

要了解一个家庭如何影响儿童的学习成长过程，我们需要将遗传因素和环境因素的重要性考虑在内。事实上，有研究者撇开部分遗传因素而更多考虑环境因素，这在社会学和生理学研究中引起了不断的争议。一些倾向于遗传视角的研究者认为，儿童的成长与环境因素，如父母的教育方法的关系被过度强调（Harris，1995，1998；Rowe，1994；Scarr，1992）；另一些研究者则采用综合的研究方法，他们认为每个人不同的认知发展水平及性情是遗传因素及社会因素共同作用的结果（Bouchard and McGue，2003）。

之所以我们要更进一步认识遗传因素是因为，当它被排除在考虑范围外时，对各种质疑的研究及解答都会受到限制。最新的神经科学研究致力于结合人脑功能及环境因素这两者，集中对人脑的结构和功能进行研究，探讨其对学习和记忆的影响（Goswami，2004）。神经科学研究领域逐渐认可了脑的终身可塑性（Baltes，Reuter-Lorenz and Rösler，2006；Doyon and Benali，2005；Geary and Huffman，2002；Huttenlocher，2002；Jenkins，Merzenich and Recanzone，1990；OECD，2007；Thelen and Smith，1994）。例如，研究表明，儿童早期的严重社交脱节可导致其产生神经化学性变化，影响其后叶催产素的分泌。后叶催产素在社交行为中被看作一种能促进情感的激素，同时它的分泌能减轻压力，预防焦虑和抑郁等精神疾病（Fries，Ziegler，Kurian，Jacoris and Pollak，2005；Heim，Newport，Mletzko，Miller and Nemeroff，2008；Meinlschmidt and

Heim，2007）。

神经科学的研究结果与社会学研究一起，共同凸显了遗传因素与环境因素在人的成长过程中相互影响的关系（Maccoby，2000）。为了更有力地证明两因素的交叉影响，杜梅、杜梅特和汤姆基威（Duyme，Dumaret and Tomkiewicz，1999）在一份研究中列举了一份领养儿童的案例：在被领养前，这些年幼曾被虐待或冷落的儿童的智商达不到中等智商值（小于86），甚至比中等智商值还低一个标准差。在被领养后，当儿童13岁时，研究者发现，那些被社会经济地位（SES）高的家庭领养的儿童的智商（平均智商值98）远远高于那些被社会经济地位低的家庭领养的儿童的智商（平均智商值85）。与此同时，研究者也发现了一个遗传效应，即尽管儿童的领养家庭社会经济地位不同，但他们在13岁时的智商与他们亲身父母的智商高度相关。

以上研究及其他相关研究（Dickens and Flynn，2001；Kendler and Greenspan，2006；Rutter，2008；Uher，2008）都强调遗传因素和环境因素两者共同影响着儿童认知及社交能力的发展。布朗芬布伦纳（U. Bronfenbrenner）以及塞西（S. J. Ceci）的生态系统理论（Bronfenbrenner and Ceci，1994）就如何理解杜梅及其同事的研究给出了一个方向，认为所有人的基因潜质都是在所谓的"最近过程"（proximal process）中通过与环境的相互作用实现的。同样，拉特（Rutter，2008）也表明了基因潜质的发挥会受到环境的威胁和保护。

在研究基因因素与环境因素两者间的关系链时，最为人们关注的环节是，人类本身及其社会背景的不固定性和易渗透性对这一关系产生的影响。脑会导致变化，同时环境也很重要。然而，对于那些低收入和条件差的群体来说，环境因素对他们的影响更为突出。最新的一份对于黑人儿童和白人儿童的测验分数的研究显示，在优越环境中成长的儿童的认知能力差异更取决于遗传因素；而在普通家庭环境中成长的儿童的认知能力差异更取决于环境状况（Turkheimer，Haley，Waldron，D'Onofrio and Gottesman，2003）。

父母对儿童学习的影响：状态变量

现在，我们来谈谈家庭内部情况对儿童成长造成的影响。在社会学领域，特别是关于教育的研究中，人们的社会经济地位及家庭状况对学习过程的影响引起不少关注，这些影响因素就是人们所称的"状态变量"。

社会经济地位

某些家庭的"家庭特征"对儿童的学习产生了深刻的影响。这些家庭特征主要包括：家庭成员结构、财务状况以及社会资源。这些特征综合起来，就是人们所指的社会经济地位。这种多维框架的社会经济地位的高低，通常由这个家庭的收入、父母的受教育程度及职业、家庭结构以及家庭成员的关系来体现（Entwisle and Astone，1994）。家庭的社会地位（社会经济地位的一个指标）可被看作其在社会中的阶层标志，通过对父母受教育程度、收入高低、社会关系状况的比较，可以反映出社会地位的层级制度在对社会资源的获取和掌控中起着的重要作用（Mueller and Parcel，1981）。人们所属的这个社会阶层会为其在工作、学习以及社交中灌输特殊的价值理念和取向。这些取向会传递给下一代，甚至是好几代，使他们拥有独特的社交方法和动机。

数十年的研究显示，家庭的社会经济地位与学生的成就两者之间有重大的关联。在社会经济地位的构成部分中，父母的受教育程度对学生有着最深远的影响（例如，Baker，Riordan and Schaub，1995；Boyle，Georgiades，Racine and Mustard，2007；Zhou，Moen and Tuma，1998）。1967年，布劳（P. M. Blau）和邓肯（O. D. Duncan）曾做过一项研究，他们通过对20000名参与者进行分析，发现父母的受教育程度与儿童对职业的选择有着直接的关联（Blau and Duncan，1967）。这项研究也成为后来研究社会经济地位与学习结果的关系的经典案例。科尔曼等人（Coleman et al.，1966）与其他研究人员也同样指出，一个家庭的社会经济地位和学生的成就有着密不可分的关系。最近，2004年的美国国家教育进展评估（National Assessment of Educational Progress，NAEP）的结果同样证实了父母受过高等教育的家庭的学生学习成绩相对较好（Perie，Moran and Lutkus，2005）。

家庭社会经济地位对儿童的影响不仅仅体现在综上所述中，它对儿童的影响还有一种持续性。在社会经济地位较差的家庭环境里成长的儿童更有可能留级（Bianchi，1984；Byrd and Weitzman，1994；Dawson，1991；Entwisle，Alexander，Pallas and Cadigan，1988）和高中辍学（Alexander，Entwistle and Kabbani，2001；Haveman et al.，1991；Laird，DeBell and Chapman，2006；Rumberger，1983，1987）。研究表明，在一个家庭里，父母低教育水平、职业不稳定，以及破裂的家庭关系都是造成儿童留级及辍学的原因（Chen and Kaplan，2003；Hout，1988）。此外，家庭社会经济地位对子女的高等教育同样有着持续性的影响。在一项全国性的纵向研究中，古德瑞克－拉布（Goldrick-Rab，2006）发现，尽管控制了先前成就的影响，家庭社会经济地位低的学生进了大学后仍然会比其他学生更有可能中断学业。

家庭社会经济地位对儿童成就的影响，部分源于家庭对儿童的教育期望，在这方面，高收入与社会资源丰富的家庭所设定的期望会更高。休厄尔和豪泽（Sewell and Hauser，1972，1980）就父母背景的特征和学生成就的相关性做出了"因果路径"研究，研究考虑了学生对其本身教育程度的期望，也就是高中以后，学生是否期望更进一步深造。研究指出，就此问题，学生会跟身边的重要他人交流，主要是他们的父母，此时学生的自我教育期望对今后的成就有着重要影响。

今天，我们继续来探讨父母的教育期望作为教育价值体系里的一部分是如何影响儿童发展的。研究一致显示，父母对儿童提出的教育期望在儿童的整个受教育过程中起到一个关键作用。布迪厄（Bourdieu，1984）指出，家庭、亲友跟儿童间的互动影响着儿童的行为模式，例如儿童的饮食偏好、穿衣风格，以及他们的讲话语气。儿童对家庭文化的吸收对其有着深远的影响，其中一些影响儿童会在课堂中表现出来。除了对儿童的教育期望外，父母也会期望儿童在重要课程中表现突出，例如希望儿童在数学和科学领域表现突出。弗罗姆和埃克尔斯（Frome and Eccles，1998）指出，儿童的数学技能会受到年级因素的限制，而父母对儿童数学技能的期望能促使儿童超越自我。

家庭结构

家庭结构在儿童的学习过程中扮演着一个重要的角色。单亲家庭的儿童会更有可能经历消极的成长历程（例如，Park，2007；Pong，Dronkers and Hampden-Thompson，2003；Pong and Ju，2000）。同时，家庭人数和父母的责任心对儿童的学习和交际能力也有着一定的影响，因为这些因素与父母和儿童的互动时间长短有关。但是，温劳布、霍瓦特同格林盖斯（Weinraub，Horvath and Gringlas，2002）也指出，不同的家庭结构对儿童的影响也存在着显著的差异。邓肯、布鲁克斯－冈恩与克莱巴诺夫（Duncan，Brooks-Gunn and Klebanov，1994）发现，在双亲家庭成长的儿童的能力更强大部分可以用家庭的社会经济地位来解释。

在父母对儿童的学习影响方面，尽管父母的受教育程度极为重要，但他们的工作经验也是一个不容忽视的影响因素。父母的职业及其工作态度可以决定一个儿童对职业的看法，特别是对那些在儿童看来有兴趣从事的职业的看法（Galambos and Sears，1998；Jodl，Michael，Malanchuk，Eccles and Sameroff，2001；Kracke，2002；Mortimer，1976；Rathunde，Carroll and Huang，2000）。与父母交流，熟悉父母的工作环境，这些都能使儿童直接受益。最新的研究显示，随着年龄的增长，青少年的职业选择会逐渐倾向于其父母的职业方向（Kalil，Levine and Ziol-Guest，2005；Weinshenker，2005）。这种情况在父亲的职业上表现得极其明显：尽管儿童母亲的职位更高，薪资更优厚，儿童还是会对父亲的职业更感兴趣。这么看来，父母的职业可以被看作一个"实验室"，用以帮助儿童发展今后的职业价值观及他们未来的职业取向。

对于儿童的教育期望、职业选择方向及学习成绩这些方面，家庭比学校所起的作用更大。这种情况在儿童早期表现得更为突出：不同种族儿童的测试分数高低跟其不同的家庭背景有着密切的关联。环境影响的效果在儿童时期更易体现。埃文斯、豪特和迈耶（Evans，Hout and Mayer，2004）认为，儿童会将自己的家庭状况与周边家庭做比较，这种经济与社会地位的比较也会对儿童的学习和今后的成就造成不同程度上的影响。当儿童意识到自己的家庭经济状况不如其他家庭时，这一状况就有可能影响他们在学校的表现，从而导致其在学业上付出更少。

父母对儿童学习的影响：过程变量

状态变量无法对家庭背景和学业成就两者间的关联做出完整的解释，此时我们要关注家庭状态变量以外的影响因素，即一个家庭在教育儿童过程中运用的不同方法和技巧，包括：父母与儿童互动的方法、父母观察儿童习性的方法、父母辅导儿童作业的方法，以及父母跟儿童讨论将来学习机会的方法。

情感依恋及情感表达

在儿童的学习成长过程中，尽管其家庭的社会经济地位起着重要的作用，但父母自身的行为（这里我们不去考虑儿童所面对的家庭条件的限制）仍然会对儿童的认知能力跟社交能力的发展造成影响。婴儿时期，父母或看护对婴儿需求的满足程度和敏感程度会影响儿童安全型依恋的建立，即与他人的关系能否持久（Ainsworth, Blehar, Waters and Wall, 1978；Belsky and Fearon, 2002；Isabella, 1993；Kivijärvi et al., 2001）。在婴儿时期，被细心呵护的儿童会更愿意接触不同的环境，因为细心的看护给了他们安全感。而幼儿时期所遭受到的粗鲁和忽视，则会导致儿童形成回避型和反抗型依恋。具有反抗型依恋的儿童当父母离开时会倾向于缠住父母，而不愿意自己去适应周围的环境，表现出极度不安的情绪，他们也不会因为父母回来而感到安全。在这样的儿童眼里，父母与陌生人没有太大区别。

研究也显示，母亲对儿童的细心呵护有利于儿童的成长发育（Burchinal, Campbell, Bryant, Wasik and Ramey, 1997；Ginsburg, 2007；Tamis-LeMonda, Bornstein and Baumwell, 2001）。实际上并不是只有母亲的角色重要，越来越多的证据证明，父子关系的好坏同样在很大程度上影响着儿童的成长发育（Cabrera，Tamis-LeMonda，Bradley，Hofferith and Lamb，2000；Flouri and Buchanan，2003；Lamb，2004；Tamis-LeMonda and Cabrera，2002）。研究不断证实，儿童的情绪自控能力、心态健康以及认知的发展会受到其父母双方的性情及共处时间长短的影响（Amato and Rivera，1999；van Wel，Linssen and Abma，2000；Williams and Kelly，2005）。

抚养方式

在与儿童互动这方面，不同的父母也有着不一样的方式。研究人员对这些不同的抚养方式也进行了归类。通常情况下，研究人员为具有不同家庭决策类型的家庭贴标签。这些标签（即家庭教育方式）分为三类：专制式抚养、放养式抚养以及民主式抚养（Baumrind，1966，1967；Steinberg，1996）。专制式抚养对儿童的管教最为严厉，限制儿童的社交活动并干涉儿童的心理活动，从而使儿童的行为受家长所控；放养式抚养跟专制式抚养恰恰相反，这类父母包容儿童的各种习性，他们允许儿童做自我决策，从而使儿童感受到最大限度的"成长快乐"；而民主式抚养则综合以上两种抚养类型的特点，对儿童管教严格，却不乏民主，这种抚养类型的父母鼓励儿童在适当的范围内学习自控。

民主式抚养在一些方面有利于青少年的健康成长，对儿童的认知能力、交际能力及心理健康都起着积极的作用。民主式抚养家庭的儿童与其他儿童相比，通常在学校表现得更好，他们自信、成绩优秀、犯错次数或出现其他社会问题行为的次数也较少（Lamborn，Mants，Steinberg and Dornbusch，1991；McBride-Chang and Chang，1998；Steinberg，2001；Steinberg，Lamborn，Dornbusch and Darling，1992）。与另外两种教育类型不同的是，民主式抚养的父母更注重儿童的目标设定及勤奋努力，他们会给儿童灌输自我效能理念，使儿童明白勤奋与收获的相关性，同时培养儿童在面临挑战及战胜挑战时的信心，让儿童认识到坚持和勤奋的重要性（Purdie，Carroll and Roche，2004；Steinberg，1996）。

建构模式

尽管在研究中人们一致认同儿童的健康成长与特定的父母抚养方式相关，但也有实例表明，我们应该关注父母如何认识与理解儿童的行为模式，以及儿童如何理解父母的行为模式。此处"模式"指的是父母与儿童是如何通过他们的决策能力与行事方式建构彼此的行为的（Grusec, Goodnow and Kuczynski, 2000, p.205）。父母与儿童的这种关系需要父母关注儿童的情绪、目标与行事方式，并有针对性地予以配和。父母没有必要给儿童设定一套"行为标准"，但可以给定总体的目标，并以特定的互动方式将其传递给儿童。这一观点提倡父母随儿童和情境灵活改变抚养方式。儿童在公平对待及父母关照下被认为具备足够的自我决策能力。父母只需要为儿童设定社会化目标，并告知儿童哪些目标没有商量空间而哪些有回旋余地即可（Grusec et al., 2000）。

年龄稍大的儿童在行为模式上可以表现为对独立性和自我感知更加关注，同时在社交上更偏向于同伴而不是父母。这一时期父母的影响开始从学校与社交生活转移到家庭环境之中，这可以从家长正式参与学校活动（如家庭作业）次数的减少体现出来（Crosnoe, 2001；Eccles and Harold, 1996）。在十几岁这个年龄段，家庭对学习的影响主要体现在家庭规范与价值观对儿童行为方式和参与的活动的影响上，家长更多参与支持性的教育活动而不是直接涉入其中。

行为模式可以借由观察下述过程获知，如父母向儿童传递自己的行为模式（Lerner and Steinberg, 2004），父母向儿童解释对学校的看法（Hektner and Asakawa, 2000；Rathunde et al., 2000；Steinberg, 1996）以及父母向儿童灌输达成教育目标的策略。芭芭拉·施耐德和史蒂文森（Schneider and Stevenson, 1999）认为，如果仅关注父母对学校教育、学科教学与课外活动的参与的话，就会减少对父母向未成年子女传输自己行为模式的关注，导致未成年人缺乏规划自己未来的能力与责任感。为未成年人创设的理想学习环境应该包括行为模式的传递，但要达成这一目标，除了需要为其提供正确的信息，还要在其成人的过程中一路为其保驾护航。具体步骤包括帮助未成年人建立自己的兴趣、获取升学信息、频繁参与对未来规划的讨论，并创建现实的机会让未成年人了解职业及实现职业所需的教育条件。

协调同伴的影响

另一个家庭影响学习的途径是协调同伴对儿童的影响。家庭环境既可以是儿童免受同伴、其他成年人伤害的保护伞，也可以是儿童受到伤害的诱发因素，这取决于家庭的动态结构。父母会对儿童对待友情的看法产生特别大的影响（Coleman，1988）：一旦了解到儿童同伴的价值观和理想与其相异，他们便会将其视为问题儿童并阻止自己的孩子与其产生关联（Crosnoe，Erickson and Dornbusch，2002；de Kemp，Scholte，Overbeek and Engels，2006；Offer and Schneider，2007）。父母的这一行为只有当家庭的育儿观念和方式与儿童所在的整个社会观念一致时方能有效（Furstenberg，Cook，Eccles，Elder and Sameroff，1999；Harris，1995）。

父母对儿童校内学习的参与

在儿童性格塑造的初期，父母会以不同方式参与儿童的校园生活：亲自去学校开家长会，参与校园活动以及为班级活动做志愿者。大多数研究发现，学生的成绩并没有因为家长的课堂参与而受到太大影响，甚至是完全没有受到影响。可是，家长的参与却在其他方面对儿童有所帮助：帮助儿童建立集体意识，这也有可能会间接影响到儿童的学习目标（Driessen，Smit and Sleegers，2005；Schneider and Coleman，1988；Kerbow and Bernhardt，1988）。最新的研究表明，家长与校方的互动不仅降低了儿童在高中的辍学率，并且有助于儿童按时完成高中学业（Anguiano，2004；Barnard，2004）。这么看来，家长对儿童早期学习阶段的课堂参与虽然对儿童的成绩起不到太大作用，但从长远来看，他们的参与对儿童的学习观和受教育程度还是有影响的。

学校与家长的良好协作也可能提高儿童的学习能力和适应能力，比如说家长以监督儿童完成家庭作业的方式来协助校方。家长参与到儿童学习中的主要方式包括与校方沟通，并直接为提高儿童的学习成绩及将来的成就提供价值观方面的支持（Hill et al.，2004）。这些因素通常跟小学生的成绩有着相关性（Driessen et al.，2005；Eccles and Harold，1996；Epstein and Sanders，2002；Hill et al.，2004；Kohl，Lengua，McMahon and Conduct Problems Prevention Research Group，2000；Steinberg et al.，1992）。家长参与儿童的学习后，通过督促，增强了儿童的学习动力，间接地影响了儿童的成绩（Hill，Ramirez and Dumka，2003；Young and Friesen，1990），从而使儿童的成绩得以提高（Abu-Hilal，2000；Trusty，Robinson，Plata and Ng，2000）。

选择送儿童去怎样的幼儿园，让儿童接触到哪些学前知识，从父母直接参与的影响的角度来看，这项决策似乎是最为重要的。研究表明，儿童日后的语言表达能力及算数能力、学习成绩，以及将来的职业地位和收入都与幼儿园的教学质量有关（Lynch，2004；Melhuish et al.，2008；Schweinhart，2007）。正规的学前教育清楚地显示：让儿童接触优质的学前教育，会有益于儿童今后的个人成就及其经济利益（Cunha and Heckman，2006；Sylva et al.，2007）。库尼亚和赫克曼（Cunha and Heckman，2006）使用经济模型来归纳有关项目的研究证据［从启蒙项目（the Abecedarian Project），佩里教育项目（the Perry Pre-School Program），芝加哥亲子中心教学项目（the Chicago Child-Parent Centre Program），到其他综合幼儿教育和后期教育项目］，通过这些项目他们发现，"人的认知及非认知能力与整个社会经济群体的差异，在幼年时期便会呈现出来"（p.68），但是"弥补儿童的部分认知能力缺陷也并非不可能。对一个干预教学方案对儿童的影响的随机测验显示，家庭条件相对差的儿童，是可以借助特殊的教学方案来弥补他们成长早期的认知不足的"（p.69）。他们同时发现，"初次投资的经济收益在投资阶段的早期是最高的，儿童的教育也是如此，对幼儿教育的投资使儿童更早地掌握认知与非认知技能，从而让他们在今后的成长过程中用更少的投资更有效地学习"（p.69）。

这对教育政策制定的启示是：家庭对儿童学习过程的影响能够也应当被合理组织、倡导全面发展的正式学习环境所支持，对于弱势儿童尤其如此，因为结构化的早期学习体验会对弱势家庭儿童的成长产生重要的作用。决策者应当关注这一结论，帮助这些父母甄别学前教育服务的良莠，还需要为其提供教育和健康方面的资源来确保他们的子女能获得这些服务并收获成功。

家庭会对学校学习产生什么影响

至此，我们已经从家庭特征、亲子互动风格及父母行为的角度对父母的影响进行了讨论。现在我们再来看看不同的父母特征与行为对儿童在学校的学习成就有何影响。

认知发展

儿童的学习首先在词汇发展方面受到家庭的高度影响，家庭的社会经济地位及母亲的话语风格会对儿童词汇的获得产生明显的作用。母子对话方式的差异受家庭社会经济地位的影响，也相应地对儿童的语言使用产生影响（Hoff，2003；Keown，Woodward and Field，2001；Zhang，Jin，Shen，Zhang and Hoff，2008）。富裕家庭的儿童相对于其他儿童通常会掌握更大的词汇量，且这一差距在逐年增大。到三岁时，来自社会经济地位较低家庭儿童的词汇量只有社会经济地位较高家庭儿童的一半（Biemiller，2006；Brooks-Gunn and Markman，2005；Hart and Risley，1995，1999）。哈特和里斯利（Hart and Risley，1995）在研究中记录了42个儿童从开始学语（大约一周岁）直至三岁时的亲子互动，并每月对这些儿童进行观察，发现社会经济地位较低家庭的儿童词汇量更小，与人交流时的熟练程度更差，并且学习词汇也更为缓慢。

有研究证明，家庭收入与儿童认知的相关性远比与其行为动作（Duncan，Yeung，Brooks-Gunn and Smith，1998；Kohen，Brooks-Gunn，Leventhal and Hertzman，2002）和健康状况的相关性更显著（Burgess，Propper and Rigg，2004；Korenman and Miller，1997）。改进父母收入与就业状态的政策由此也具有激发儿童学业投入，甚至激发其教育和职业志向的作用（Gennetian et al.，2002；Gennetian and Miller，2002；Huston et al.，2001；Kagitcibasi，Sunar and Bekman，2001；

Morris, Duncan and Clark-Kauffman, 2005；Soares and Collares, 2006)。莫里斯等人(Morris et al., 2005)审查了7个扶贫项目的评估报告，这些评估都采用随机抽样的方式进行，结果发现使父母的就业状况与收入得以改善的项目，也导致其学龄前子女的认知表现得到明显的提升。

潜藏于家庭社会经济地位与儿童发展关系背后的因素包括家庭的不稳定性、家庭的社会支持状况、亲子关系、父母对子女的抚养方式以及家庭环境的特点(Evans, 2004；McCulloch and Joshi, 2001；Pittman and Chase-Lansdale, 2001)。在家庭中，父母如果花更多时间与儿童互动，鼓励其讲话、模仿语音和辨别词汇，其子女通常会比缺少此类沟通的儿童更快、更轻松地掌握词汇。研究已经显示，当父母经常在日常"真实生活"情境中与儿童互动并且示范词汇、语音和逻辑性时，儿童会更愿意开口说话和使用词汇(Berger, 2000；Downey, 2002；National Research Council, 1998；Sénéchal and LeFevre, 2002；Weems and Rogers, 2007)。

父母对阅读的态度也会对儿童的阅读态度以及学习读写的投入程度产生明显影响(Baker, Scher and Mackler, 1997；Hewison and Tizard, 2004)。已有研究归纳了父母参与儿童阅读的几个方式：(1)给儿童教授字母、发音及两者的联系；(2)与儿童进行对话来促进其词汇增长；(3)示范阅读和写作的好习惯，每天与儿童一起读书，和儿童一起去图书馆看书，参观博物馆，等等(National Reading Panel, 2000)。阅读应该被儿童视为愉悦的体验，由此父母也应将讲故事作为一种积极的亲子互动，并要求儿童参与到讲述故事的过程中去。借助书本进行积极的互动会帮助儿童领略阅读的快乐与满足感，而这种感觉通常会增加儿童阅读的动机(Baker, Serpell and Sonnenschein, 1995；McKenna, 1994；Snow and Tabors, 1996；Torr, 2004)。

家庭同样在创设儿童早期数学能力的发展环境方面扮演着重要的角色。早期数学能力即儿童在学龄前学习数学的能力被视为其之后学业成就的主要预测指标之一(Duncan et al., 2007；Kaufmann, Delazer, Pohl, Semenza and Dowker, 2005)。脑成像研究发现，进行数学运算的脑区与进行空间推理的脑区存在着紧密的联系(Dehaene, Spelke, Pinel,

Stanescu and Tsivkin，1999）。这些发现为使用具体表征解释抽象数学原理提供了强力支持，对幼儿而言，这通常包括诸如积木、木棍和棋盘游戏的使用（Case and Okamoto，1996；Zhou et al.，2006）。为了让儿童获得计算能力，家庭应当特别关注为儿童提供外显的工具来帮助其数学知识与推理能力的发展。

非认知发展：动机、投入与社会支持

儿童在有序的家庭环境中更乐意学习，这里父母既提出期望，又能结合儿童的需要与个性调节对儿童的期望（Downey，2002；Maccoby and Martin，1983；Neuenschwander，Vida，Garrett and Eccles，2007；Steinberg，1996）。这些行为通常被认为对儿童的学业成就有影响，但同时也会对儿童诸如竞争意识、独立自主精神、坚持和忍耐等研究者所关注的情感因素的发展有所促进，对于中产和上层阶级的家庭尤其如此（Abu-Hilal，2001；Kohn，1986；Kusserow，2004；Lareau，2003；Robbins，2006）。让儿童以最佳的状态学习，仅靠"浇灌"并不足够——还需要鼓励他们学会以健康的方式与他人竞争，克服困难竞逐自己的目标，将自己发展成为具有鲜明个性、能脱离父母独立行事的个体。

在青春期，儿童与父母的关系会有质的变化，此时儿童开始变得独立，大多数父母也不再对其校内外的活动进行直接管制。在此阶段，青少年越来越易觉察到父母行为以及自己的动机和价值取向，他们会重新审视并诠释父母的行为与态度，并由此对父母所持的立场与决策进行积极或消极的应对。埃克尔斯等人（Eccles et al.，1993）提出了"阶段-环境匹配"的观点，认为在青春期建立特定环境（此处指家庭）与青少年感知到的需求之间的良好匹配十分重要（Eccles et al.，1993；Eccles，Early，Frasier，Belansky and McKarthy，1997；Goldstein，Davis-Kean and Eccles，2005；Gutman and Eccles，2007）。

在学校组织大量正式的学科学习的同时，家庭可在发展学生态度与价值观方面发挥作用，激励学生参与学习、激发学生的学习动机并帮助学生取得成功。辅导儿童的作业是其中一个典型的行为，在此父母不仅帮助儿童强化了学校所学的知识与概念（Hoover-Dempsey et al.，2001；Xu and Yuan，2003），同时也向其展现了与学业成就相关的态度与行为（Desforges，2003；Hoover-Dempsey and Sandler，1995）。考虑到父母辅导功课的积极作用，学校应该鼓励教师与家长互动，清晰阐明辅导的方式，包括：（1）挑选适合学习的地方；（2）在作业上投入足够的时间；（3）为儿童的作业提供帮助，但不是代做；（4）解释作业的作用，特别是它与儿童及学校的教育目标的关系。

父母期望对儿童发展对自我效能和能力的感知具有重要作用，而这又与其实际的学业成就有关，在青少年时期，这一关系尤为明显。青少年会因父母对其未来的期望而形成自己对教育的期望及对未来职业的愿景，但他们常常不知道达成目标的必要步骤。帮助青少年形成切实的未来发展规划的方式之一是调整其对教育的期望，使之与其成年后想从事的职业类型相匹配。芭芭拉·施耐德和史蒂文森（Schneider and Stevenson，1999）在一项关于青少年工作定位的研究中发现，当这一衔接更紧密时，青少年在高中阶段设定的目标达成得也更好。父母可以为儿童介绍从事其意向职业的人并鼓励儿童与其交流，获得关于高校、专业选择及其对职业规划影响的信息。父母还可以与这些人共同参与儿童关于未来目标的决策，为儿童提供支持。

家庭是劳动力市场信息传输的重要中介，家庭成员可以讨论如何为某项工作进行必需的培训与准备，如何成功应聘工作，如何基于青少年自身资质与技能获取这些工作的招聘信息，等等。父母需要帮助青少年鉴别信息的可靠性，并为儿童的选择与决策提供建议。尽管父母通常以发展学习技能及学科相关知识的方式影响儿童，但其更关键的作用则是为其未成年子女提供信息和决策规划。

帮助儿童形成合理抱负的一种方法是构建父母与儿童的动态支持机制，在这一机制中，父母在促进儿童学业表现的同时为其提供情感上的支持。这种父母对儿童情感上的关怀可以帮助父母传达其对儿童学业与社会行为的期望（Crosnoe，2004）。森特米哈伊、拉森德和惠伦（Csikszentmihalyi，Rathunde and Whalen，1993）开发了这种机制下的一个模型，即由父母同时提供挑战与支持。在习惯提供挑战的家庭中，父母通常希望青少年能富有责任心，能像成人一样行事，在遇到复杂的个人问题时仍不失自信。在高挑战的家庭中，儿童的目标更加明确，乐意做更多的家庭作业，并将完成家庭作业视为获取未来发展与成就的途径。

在强调支持的家庭中，父母十分重视让儿童获得被关爱与支持的感觉：这些家庭的儿童会对学业持有更为乐观和积极的态度。也有一些家庭在给予儿童支持的同时十分关注给予儿童挑战，此时儿童往往会有更强的自尊心，对于未来的目标与方向也有更清晰的把握。要想给儿童的学习与社会发展创设一个积极的环境，让其感受到有人支持，保持乐观豁达、动机强烈和目标明确，父母就需要在挑战与支持之间寻求一个平衡（Rathunde et al.，2000）。

对未来有清晰规划的青少年会花大量时间在友善、充满关爱与积极的环境中与父母讨论行动与决策，来寻求实现教育和职业目标上的帮助（Schneider and Stevenson，1999）。父母给予子女在学业相关问题上足够的自主性，同时又对其抱有较高期望，这会使儿童更乐意在家庭中探讨决策行为（Jones and Schneider，2009）。当父母愿意花时间为儿童提供决策支持时，儿童也会对自己抱有更高的期望。片面强调在作业检查、同学交往时间等方面设立严苛要求，只会降低儿童对自我的教育期望并对其精神状态带来消极影响。

结论：增强家庭与学校之间的联系

虽然本章聚焦于家庭而不是教师对儿童学习的影响，然而绝大部分的学习仍然发生在正式的学习环境中。当家长参与正式的学校教学时，结果并非全是积极的。例如，如果家长将自己置于教师的对立立场，就很难与教师确立将关爱儿童置于首位的信任关系。当学校缺乏这一关系时，儿童的学习也会受到消极影响（Bryk and Schneider，2002）。这样就抛出一个问题："教育政策应如何规划，以鼓励家长以有意义及支持学习的方式参与学校教育，构建真正的家校合作？"

由此需要审慎考虑关于构建有效家校合作的潜在障碍，例如家长的自我效能感不足以及资源上的限制等（Hoover-Dempsey and Sandler，1997）。埃斯勒、戈德伯和克里斯坦森（Esler，Godber and Christenson，2008）主张学校应主动、系统地甄别未参与儿童学校教育的父母，并在儿童在校表现优越或是困顿时个别邀请其参与学校教学，因为这足以向家长传达学校对其子女的高度重视且学校并没有将其视为教学管理上的负担。

当父母不愿参与儿童的学习过程时，学校应该怎么办？学校除了履行正规学习机构的职能外，还应该提供一些传统上归属于家庭的附加服务。具体措施包括提供免费早餐、中餐等，以避免儿童因营养不良而产生注意力不集中等现象（Gunderson，2008）。另一个方案是让学校借助诸如"21世纪社区学习中心项目"（U.S. Department of Education，2008）等项目的支持让学校变为社区的中心，为学生提供课外活动、初级阅读指导，并让教师和志愿者进行示范。尽管此类项目在为大量儿童提供额外服务方面发挥了重要作用，但学校要由此弥补家庭教育缺失的影响无疑是困难的。

学校提供原本应该由家庭提供的额外学业支持的另一种方式是开展课后项目，但这往往会导致不同的结果（例如，James-Burdumy et al.，2005）。研究显示，有组织的学业指导尤其在数学学科方面的指导会给学生的学业带来极大提升（Black，Doolittle，Zhu，Unterman and Grossman，2008；Bray，2006；Ireson，2004；Rahm and Ash，2008）。有效课后项目的关键特征包括广泛的拓展机会、学业相关的技能训练、良性的人际关系建构、项目工作人员的高效组织以及赞助机构在财力与管理上的强力支持（Birmingham，Pechman，Russell and Mielke，2005；Fordham，2004）。

拉瑞（Lareau，2003）和其他学者一样认为参与课外项目有助于儿童的全面发展，特别是在其小学阶段到青春期，并且研究已经证实这对其成年后的一系列表现也有积极影响，包括减少犯罪、旷工，减少对毒品、酒精的摄用（Derous and Ryan，2008；Eccles and Barber，1999；Marsh，1992；Persson，Kerr and Stattin，2007；Raymore，Barber，Eccles and Godbey，1999；Werner，1993），提升大学学业成绩（Schneider，2003；Swanson，2002），等等。经常参与课外项目通常会激发学生的兴趣，有助于学生发现自己在诸如体育、音乐和美术等方面的才华，并对努力和坚持的重要性形成第一手的认识。此外，这类活动也强化了儿童在承诺、合作和人际沟通方面的能力。考虑到参与此类活动颇有回报，应该大力支持课外活动的开展并让来自不同收入层面家庭的儿童都能参与其中。但是，课外活动不能打乱或是占用其各自家庭活动的时间。过多的课外活动会侵占家庭成员团聚的时间，使儿童和家长疲惫不堪，压力重重（Ochs and Shohet，2006；Schneider，2003）。

此类项目也可以鼓励和支持家长在儿童的学习活动中扮演多个积极角色。"父母即教师项目"（Parents as Teachers National Center，2008）将家长视为儿童的启蒙教师，并提供资源以帮助家长成为有效的家庭教师。选择参与此项目的家长会得到相关的支持，比如说项目人员的定期来访，家长团聚会，项目人员定期的"教育及感知发展"监测，以及进入家长资源中心的权利（National Diffusion Network，1996）。通过参与该项目，例如延长儿童的阅读时间、让儿童进入学前班（Zigler, Pfannenstiel and Seitz，2008），家长可以帮助儿童做好有效的正式入学准备。这种"父母即教师"的设计体现了外界支持对家长引导儿童为今后入学及读写做准备的重要性（Zigler et al.，2008）。

在美国，还有一种来自儿科医生的有益于儿童读写能力提升的方案。在每次儿童做常规体检时，儿科医生为家长提供适当的书籍及阅读资料（High, LaGasse, Becker, Ahlgren and Gardner，2000）。一份评估报告显示，接受治疗的家庭在儿科医生那里所接触的儿童读物及教育资料如果适合儿童阅读，将有益儿童的成长。在这些家庭中，家长通过接触儿科医生提供的读物，在"以儿童为本的读写向导"（衡量一个家庭是否有能力和意愿与幼儿一起参与读写活动）的参与率方面提升了40%，同时也提高了自己为儿童阅读的频率，从而增加了儿童的词汇量。以上所产生的效果来自家长与儿童的共同阅读，这也显示了儿科医生在提高儿童阅读和识字能力上做出的贡献（High et al.，2000）。

尽管教育政策的正确实施及教育经费的合理分配应首先考虑学校的需要，但资助以家庭为基础的项目也极其重要。为持续发展和加强家庭在儿童成长过程中的影响力，只从父母本身入手改变家庭的教育方式是很困难的，政府在这一领域中的正式角色目前也还不够明确。只资助学校的教学方案还远远不足以实现儿童的健全发展。对于那些想促进儿童学习的家庭来说，额外的支持是必要因素。

参 考 文 献

Abu-Hilal, M. M. (2000), "A Structural Model of Attitudes towards School Subjects, Academic Aspiration and Achievement", *Educational Psychology*, Vol. 20, No. 1, pp. 75-84.

Abu-Hilal, M. M. (2001), "Correlates of Achievement in the United Arab Emirates: A Sociocultural Study", in D. M. McInerney and S. Van Etten (eds.), *Research on Sociocultural Influences on Motivation and Learning*, Vol. 1, Information Age Publishing, Greenwich, CT, pp. 205-230.

Ainsworth, M. D. S., M. C. Blehar, E. Waters and S. Wall (1978), *Patterns of Attachment: A Psychological Study of the Strange Situation*, Lawrence Erlbaum Associates, Mahwah, NJ.

Alexander, K., D. Entwistle and N. Kabbani (2001), "The Dropout Process in Life Course Perspective: Early Risk Factors at Home and School", *Teachers College Record,* Vol. 103, No. 3, pp. 760-822.

Amato, P. R. and F. Rivera (1999), "Paternal Involvement and Children's Behavior Problems", *Journal of Marriage and Family,* Vol. 61, No. 2, pp. 375-384.

Anguiano, R. P. V. (2004), "Families and Schools: The Effect of Parental Involvement on High School Completion", *Journal of Family Issues,* Vol. 25, No. 1, pp. 61-85.

Baker, D., C. Riordan and M. Schaub (1995), "The Effect of Sex-Grouped Schooling on Achievement: The Role of National Context", *Comparative Education Review*, Vol. 34, No. 4, pp. 468-482.

Baker, L., D. Scher and K. Mackler (1997), "Home and Family Influences on Motivations for Reading", *Educational Psychologist,* Vol. 32, No. 2, pp. 69-82.

Baker, L., R. Serpell and S. Sonnenschein (1995), "Opportunities for Literacy Learning in the Homes of Urban Pre-schoolers", in L. M. Morrow (ed.), *Family Literacy: Connections in Schools and Communities*, International Reading Association, Newark, DE, pp. 236-252.

Baltes, P. B., P. A. Reuter-Lorenz and F. Rösler (2006), *Lifespan Development and the Brain*, Cambridge University Press, Cambridge, UK .

Barnard, W. M. (2004), "Parent Involvement in Elementary School and Educational Attainment", *Children and Youth Services Review*, Vol. 26, No. 1, pp. 39-62.

Baumrind, D. (1966), "Effects of Authoritative Parental Control on Child's Behavior", *Child Development*, Vol. 37, No. 4, pp. 887-907.

Baumrind, D. (1967), "Child Care Practices Anteceding Three Patterns of Pre-school Behavior", *Genetic Psychology Monographs*, Vol. 75, No. 1, pp. 43-88.

Belsky, J. and R. M. P. Fearon (2002), "Early Attachment Security, Subsequent Maternal Sensitivity, and Later Child Development: Does Continuity in Development Depend upon Continuity of Caregiving?", *Attachment and Human Development,* Vol. 4, No. 3, pp. 361-387.

Berger, E. H. (2000), *Parents as Partners in Education: Families and Schools Working Together*, Merrill Publishing, Upper Saddle River, NJ.

Bianchi, S. M. (1984), "Children's Progress through School: A Research Note", *Sociology of Education*, Vol. 57, No. 3, pp. 184-192.

Biemiller, A. (2006), "Vocabulary Development and Instruction: A Prerequisite for School Learning", in D. K. Dickinson and S. B. Neuman (eds.), *Handbook of Early Literacy Research, Vol. 2*, Guilford Press, New York*,* pp. 41-51.

Birmingham, J., E. M. Pechman, C. A. Russell and M. Mielke (2005), *Shared Features of High-Performing After-School Programs: A Follow-Up to the TASC Evaluation,* prepared for The After-School Corporation and Southwest Educational Development Laboratory, New York.

Black, A. R., F. Doolittle, P. Zhu, R. Unterman and J. B. Grossman (2008), *The Evaluation of Enhanced Academic Instruction in After-School Programs: Findings After the First Year of Implementation* (NCEE 2008-4021), National Center for Education Evaluation and Regional Assistance, Institute of Education Sciences, U.S. Department of Education, Washington, DC.

Blau, P. M. and O. D. Duncan (1967), *The American Occupational Structure*, John Wiley & Sons, New York.

Bouchard, T. J. and M. McGue (2003), "Genetic and Environmental Influences on Human Psychological Differences", *Journal of Neurobiology,* Vol. 54, No. 1, pp. 4-45.

Bourdieu, P. (1984), *Distinction: A Social Critique of the Judgement of Taste*, Harvard University Press, Cambridge, MA.

Boyle, M. H., K. Georgiades, Y. Racine and C. Mustard (2007), "Neighbourhood and Family Influences on Educational Attainment: Results from the Ontario Child Health Study Follow-Up 2001", *Child Development*, Vol. 78, No. 1, pp. 168-189.

Bray, M. (2006), "Private Supplementary Tutoring: Comparative Perspectives on Patterns and Implications", *Compare: A Journal of Comparative and International Education,* Vol. 36, No. 4, pp. 515-530.

Bronfenbrenner, U. and S. J. Ceci (1994), "Nature-Nuture Reconceptualized in Developmental Perspective: A Bioecological Model", *Psychological Review*, Vol. 101, No. 4, pp. 568-586.

Brooks-Gunn J. and L. B. Markman (2005), "The Contribution of Parenting to Ethnic and Racial Gaps in School Readiness", *The Future of Children / Center for the Future of Children, the David and Lucile Packard Foundation,* Vol. 15, No. 1, pp. 139-168.

Bryk, A. S. and B. Schneider (2002), *Trust in Schools: A Core Resource for Improvement,*

Russell Sage Foundation, New York.

Burchinal, M. R., F. A. Campbell, D. M. Bryant, B. H. Wasik and C. T. Ramey (1997), "Early Intervention and Mediating Processes in Cognitive Performance of Children of Low-Income, African American Families", *Child Development,* Vol. 68, No. 5, pp. 935-954.

Burgess, S. M., C. Propper and J. Rigg (2004), *The Impact of Low Income on Child Health: Evidence from a Birth Cohort Study* (LSE STICERD Research Paper No. CASE085), University of Bristol, Department of Economics, UK , May.

Byrd, R. S. and M. L. Weitzman (1994), "Predictors of Early Grade Retention Among Children in the United States", *Pediatrics,* Vol. 93, No. 3, pp. 481-487.

Cabrera, N. J., C. S. Tamis-LeMonda, R. H. Bradley, S. Hofferith and M. E. Lamb (2000), "Fatherhood in the Twenty-First Century", *Child Development*, Vol. 71, No. 1, pp. 127-136.

Case, R. and M. Okamoto (1996), "The Role of Central Conceptual Structures in the Development of Children's Thought", *Monographs of the Society for Research in Child Development,* Vol. 61, No. 1-2, pp. 1-295.

Chen, Z-Y. and H. B. Kaplan (2003), "School Failure in Early Adolescence and Status Attainment in Middle Adulthood: A Longitudinal Study", *Sociology of Education*, Vol. 76, No. 2, pp. 110-127.

Coleman, J. (1988), "Social Capital in the Creation of Human Capital", *American Journal of Sociology*, Vol. 94, Supplement, pp. S95-S120.

Coleman, J., E. Campbell, C. Hobson, J. McPartland, A. Mood, F. Weinfeld and R. York (1966), *Equality of Educational Opportunity*, U.S. Government Printing Office, Washington, DC.

Crosnoe, R. (2001), "Academic Orientation and Parental Involvement in Education during High School", *Sociology of Education*, Vol. 74, No. 3, pp. 210-230.

Crosnoe, R. (2004), "Social Capital and the Interplay of Families and Schools", *Journal of Marriage and Family*, Vol. 66, No. 2, pp. 267-280.

Crosnoe, R., K. G. Erickson and S. M. Dornbusch (2002), "Protective Functions of Family Relationships and School Factors on the Deviant Behavior of Adolescent Boys and Girls", *Youth and Society*, Vol. 33, No. 4, pp. 515-544.

Csikszentmihalyi, M., K. R. Rathunde and S. Whalen (1993), *Talented Teenagers: The Roots of Success and Failure*, Cambridge University Press, New York.

Cunha, F. and J. J. Heckman (2006), "Investing in our Young People", unpublished manuscript, Department of Economics, University of Chicago.

Dawson, D. A. (1991), "Family Structure and Children's Health and Well- Being: Data from the 1988 National Health Interview Survey on Child Health", *Journal of Marriage and the Family*, Vol. 53, No. 3, pp. 573-584.

Dehaene, S., E. Spelke, P. Pinel, R. Stanescu and S. Tsivkin (1999), "Sources of Mathematical Thinking: Behavioral and Brain-Imaging Evidence", *Science,* Vol. 284, No. 5416, pp. 970-974.

Derous, E. and A. M. Ryan (2008), "When Earning is Beneficial for Learning: The Relation of Employment and Leisure Activities to Academic Outcomes", *Journal of Vocational Behavior*, Vol. 73, No. 1, pp. 118-131.

Desforges, C. (2003), *The Impact of Parental Involvement, Parental Support and Family Education on Pupil Achievements and Adjustment: A Literature Review* (Research Report RR433), DfES Publications, Nottingham, UK .

de Kemp, R. A. T., R. H. J. Scholte, G. Overbeek and R. C. M. E. Engels (2006), "Early Adolescent Delinquency: The Role of Parents and Best Friends", *Criminal Justice and Behavior*, Vol. 33, No. 4, pp. 488-510.

Dickens, W. T. and J. R. Flynn (2001), "Heritability Estimates versus Large Environmental Effects: The IQ Paradox Resolved", *Psychological Review*, Vol. 108, No. 2, pp. 346-369.

Downey, D. (2002), "Parental and Family Involvement in Education", in A. Molnar (ed.), *School Reform Proposals: The Research Evidence*, Information Age Publishing, Greenwich, CT, pp. 113-134.

Doyon, J. and H. Benali (2005), "Reorganization and Plasticity in the Adult Brain during Learning of Motor Skills", *Current Opinion in Neurobiology,* Vol. 15, No. 2, pp. 161-167.

Driessen, G., F. Smit and P. Sleegers (2005), "Parental Involvement and Educational Achievement", *British Educational Research Journal,* Vol. 31, No. 4, pp. 509-532.

Duncan, G. J., J. Brooks-Gunn and P. K. Klebanov (1994), "Economic Deprivation and Early Childhood Development", *Child Development*, Vol. 65, No. 2, pp. 296-318.

Duncan, G. J., C. J. Dowsett, A. Claessens, K. Magnuson, A.C. Huston, P. Klebanov, L. Pagani, L. Feinstein, M. Engel, J. Brooks-Gunn, H. Sexton, K. Duckworth and C. Japel (2007), "School Readiness and Later Achievement", *Developmental Psychology*, Vol. 43, No. 6, pp. 1428-1446.

Duncan, G. J., W. J. Yeung, J. Brooks-Gunn and J. Smith (1998), "How Much Does Childhood Poverty Affect the Life Chances of Children?", *American Sociological Review*, Vol. 63, No. 3, pp. 406-423.

Duyme, M., A-C. Dumaret and S. Tomkiewicz (1999), "How Can We Boost IQs of 'Dull Children'?: A Late Adoption Study", *PNAS*, Vol. 96, No. 15, pp. 8790-8794.

Eccles, J. S. and B. L. Barber (1999), "Student Council, Volunteering, Basketball, or Marching Band: What Kind of Extracurricular Involvement Really Matters?", *Journal of Adolescent Research*, Vol. 14, No. 1, pp. 10-43.

Eccles, J., C. Midgley, A. Wigfield, C. Buchanan, D. Reuman, C. Flanagan and D. MacIver (1993), "Development during Adolescence: The Impact of Stage-Environment Fit on Adolescents' Experiences in Schools and Families", *American Psychologist,* Vol. 48, No. 2, pp. 90-101.

Eccles, J. S., D. Early, K. Frasier, E. Belansky and K. McKarthy (1997), "The Relation of Connection, Regulation, and Support for Autonomy to Adolescents' Functioning", *Journal of Adolescent Research*, Vol. 12, No. 2, pp. 263-286.

Eccles, J. S. and R. D. Harold (1996), "Family Involvement in Children's and Adolescent Years", in A. Booth and J.F. Dunn (eds.), *Family-School Links: How do They Affect Educational Outcomes?*, Lawrence Erlbaum Associates, Mahwah, NJ, pp. 3-34.

Entwisle, D. R. and N. M. Astone (1994), "Some Practical Guidelines for Measuring Youth's Race/Ethnicity and Socioeconomic Status", *Child Development*, Vol. 65, No. 6, pp. 1521-1540.

Entwisle, D. R., K. Alexander, A. Pallas and D. Cadigan (1988), "A Social Psychological Model of the Schooling Process over First Grade", *Social Psychology Quarterly*, Vol. 51, No. 3, pp. 173-189.

Epstein, J. L. and M. G. Sanders (2002), "Family, School, and Community Partnerships", in M. H. Bornstein (ed.), *Handbook of Parenting: Being and Becoming a Parent*, Lawrence Erlbaum Associates, Mahwah, NJ, pp. 407-438.

Esler, A. N., Y. Godber and S. L. Christenson (2008), "Best Practices in Supporting Home-School Collaboration", in A. Thomas and J. Grimes (eds.), *Best Practices in School Psychology V* (5th edition), NASP Publications, Bethesda, MD, pp. 917-926.

Evans, G. W. (2004), "The Environment of Childhood Poverty", *American Psychologist*, Vol. 59, No. 2, pp. 77-92.

Evans, W., M. Hout and S. Mayer (2004), "Assessing the Effect of Economics Inequality", in K. M. Neckerman (ed.), *Social Inequality*, Russell Sage Foundation, New York, pp. 933-968.

Flouri, E. and A. Buchanan (2003), "The Role of Father Involvement in Children's Later Mental Health", *Journal of Adolescence*, Vol. 26, No. 1, pp. 63-78.

Fordham, I. (2004), "Out-of-School-Hours Learning in the United Kingdom", *New Directions for Youth Development*, Vol. 2004, No. 101, pp. 43-74.

Fries, A. B., T. E. Ziegler, J. R. Kurian, S. Jacoris and S. D. Pollak (2005), "Early Experience in Humans is Associated with Changes in Neuropeptides Critical for Regulating Social Behavior", *PNAS*, Vol. 102, No. 47, pp. 17237-17240.

Frome, P. M. and J. S. Eccles (1998), "Parents' Influence on Children's Achievement-Related Perceptions", *Journal of Personality and Social Psychology,* Vol. 74, No. 2, pp. 435-452.

Furstenberg, F. F., T. D. Cook, J. Eccles, G. H. Elder and A. Sameroff (1999), *Managing to Make It: Urban Families and Adolescent Success*, University of Chicago Press, Chicago.

Galambos, N. L. and H. A. Sears (1998), "Adolescents' Perceptions of Parents' Work and Adolescents' Work Values in Two-Earner Families", *The Journal of Early Adolescence*, Vol. 18, No. 4, pp. 397-420.

Geary, D. C. and K. J. Huffman (2002), "Brain and Cognitive Evolution: Forms of Modularity and Functions of Mind", *Psychological Bulletin*, Vol. 128, No. 5, pp. 667-698.

Gennetian, L., G. Duncan, V. Knox, W. Vargas, E. Clark-Kauffman and A. London (2002), *How Welfare and Work Policies for Parents Affect Adolescents: A Synthesis of Research*, Manpower Demonstration Research Corporation, New York.

Gennetian, L. and C. Miller (2002), "Children and Welfare Reform: A View from an Experimental Welfare Program in Minnesota", *Child Development*, Vol. 73, No. 2, pp. 601-620.

Ginsburg, K. R. (2007), "The Importance of Play in Promoting Healthy Child Development and Maintaining Strong Parent-Child Bonds", *Pediatrics*, Vol. 119, No. 1, pp. 182-191.

Goldrick-Rab, S. (2006), "Following Their Every Move: An Investigation of Social-Class Differences in College Pathways", *Sociology of Education*, Vol. 79, No. 1, pp. 61-79.

Goldstein, S. E., P. E. Davis-Kean and J. S. Eccles (2005), "Parents, Peers, and Problem Behavior: A Longitudinal Investigation of the Impact of Relationship Perceptions and Characteristics on the Development of Adolescent Problem Behavior", *Developmental Psychology,* Vol. 41, No. 2, pp. 401-413.

Goswami, U. (2004), "Neuroscience and Education", *British Journal of Educational Psychology*, Vol. 74, No. 1, pp. 1-14.

Grusec, J. E., J. J. Goodnow and L. Kuczynski (2000), "New Directions in Analyses of Parenting Contributions to Children's Acquisition of Values", *Child Development*, Vol. 71, No. 1, pp. 205-211.

Gunderson, G. W. (2008), *National School Lunch Program: Background and Development*, New York.

Gutman, L. M. and J. S. Eccles (2007), "Stage-Environment Fit during Adolescence: Trajectories of Family Relations and Adolescent Outcomes", *Developmental Psychology,* Vol. 43, No. 2, pp. 522-537.

Harris, J. R. (1995), "Where is the Child's Environment? A Group Socialization Theory of Development", *Psychological Review*, Vol. 102, No. 3, pp. 458-489.

Harris, J. R. (1998), "The Trouble with Assumptions", *Psychological Inquiry*, Vol. 9, No. 4, pp. 294-297.

Hart, B. and T. Risley (1995), *Meaningful Differences in the Everyday Experience of Young American Children*, Paul Brookes Publishing, Baltimore.

Hart, B. and T. Risley (1999), *The Social World of Children Learning to Talk,* Paul Brooks Publishing, Baltimore.

Haveman, R., B. Wolfe and J. Spaulding (1991), "Childhood Events and Circumstances Influencing High School Completion", *Demography*, Vol. 28, No. 1, pp. 133-157.

Heim, C., J. D. Newport, T. Mletzko, A. H. Miller and C. B. Nemeroff (2008), "The Link between Childhood Trauma and Depression: Insights from HPA Axis Studies in Humans", *Psychoneuroendocrinology*, Vol. 33, No. 6, pp. 693-710.

Hektner, J. and K. Asakawa (2000), "Learning to like Challenges", in M. Czikszentmihalyi and B. Schneider (eds.), *Becoming Adult: How Teenagers Prepare for the World of Work*, Basic Books, New York, pp. 95-112.

Hewison, J. and J. Tizard (2004), "Parental Involvement and Reading Attainment", in D. Wray (ed.), *Literacy: Major Themes in Education*, Routledge, London, pp. 208-217.

High, P. C., L. LaGasse, S. Becker, I. Ahlgren and A. Gardner (2000), "Literacy Promotion in Primary Care Pediatrics: Can we Make a Difference?", *Pediatrics,* Vol. 105, No. 4, pp. 927-934.

Hill, N. E., D. R. Castellino, J. E. Lansford, P. Nowlin, K. A. Dodge, J. E. Bates and G. S. Pettit (2004), "Parent Academic Involvement as Related to School Behavior, Achievement, and Aspirations: Demographic Variations across Adolescence", *Child Development*, Vol. 75, No. 5, pp. 1491-1509.

Hill, N. E., C. Ramirez and L. E. Dumka (2003), "Early Adolescents' Career Aspirations: A Qualitative Study of Perceived Barriers and Family Support among Low-Income, Ethnically Diverse Adolescents", *Journal of Family Issues*, Vol. 24, No. 7, pp. 934-959.

Hoff, E. (2003), "The Specificity of Environmental Influence: Socioeconomic Status Affects Early Vocabulary Development via Maternal Speech", *Child Development*, Vol. 74, No. 5, pp. 1368-1378.

Hoover-Dempsey, K. V., A. C. Battiato, J. M. T. Walker, R. P. Reed, J. M. Dejong and K. P. Jones (2001), "Parental Involvement in Homework", *Educational Psychologist,* Vol. 36, No. 3, pp. 195-209.

Hoover-Dempsey, K. V. and H. M. Sandler (1995), "Parental Involvement in Children's Education: Why Does it Make a Difference?", *Teachers College Record*, Vol. 95, No. 2, pp. 310-331.

Hoover-Dempsey, K. V. and H. M. Sandler (1997), "Why do Parents Become Involved in Their Children's Education?", *Review of Educational Research*, Vol. 67, No. 1, pp. 3-42.

Hout, M. (1988), "More Universalism, Less Structural Mobility: The American Occupational Structure in the 1980s", *The American Journal of Sociology*, Vol. 93, No. 6, pp. 1358-1400.

Huston, A. C., G. J. Duncan, R. Granger, J. Bos, V. McLoyd, R. Mistry, D. Crosby, C. Gibson, K. Magnuson, J. Romich and A. Ventura (2001), "Work-Based Antipoverty Programs for Parents Can Enhance the School Performance and Social Behavior of Children", *Child Development*, Vol. 72, No. 1, pp. 318-336.

Huttenlocher, P. R. (2002), *Neural Plasticity: The Effects of Environment on the Development of the Cerebral Cortex*, Harvard University Press, Cambridge, MA.

Ireson, J. (2004), "Private Tutoring: How Prevalent and Effective is it?", *London Review of Education,* Vol. 2, No. 2, pp. 109-122.

Isabella, R. A. (1993), "Origins of Attachment: Maternal Interactive Behavior across the First Year", *Child Development*, Vol. 64, No. 2, pp. 605-621.

James-Burdumy, S., M. Dynarski, M. Moore, J. Deke, W. Mansfield and C. Pistorino (2005), *When Schools Stay Open Late: The National Evaluation of the 21st Century Community Learning Centers Program: Final Report,* U.S. Department of Education, Institute of Education Sciences, National Center for Education Evaluation and Regional Assistance,

Washington, DC.

Jenkins, W. M., M. M. Merzenich and G. Recanzone (1990), "Neocortical Representational Dynamics in Adult Primates: Implications for Neuropsychology", *Neuropsychologia,* Vol. 28, No. 6, pp. 573-584.

Jodl, K. M., A. Michael, O. Malanchuk, J. S. Eccles and A. Sameroff (2001), "Parents' Roles in Shaping Early Adolescents' Occupational Aspirations", *Child Development,* Vol. 72, No. 4, pp. 1247-1265.

Jones, N. and B. Schneider (2009), "Rethinking the Role of Parenting for Adolescents", in N. E. Hill and R. K. Chao (eds.), *Family-School Relations during Adolescence: Linking Interdisciplinary Research, Policy, and Practice*, Teachers College Press, New York.

Kagitcibasi, C., D. Sunar and S. Bekman (2001), "Long-Term Effects of Early Intervention: Turkish Low-Income Mothers and Children", *Journal of Applied Developmental Psychology*, Vol. 22, No. 4, pp. 333-361.

Kalil, A., J. A. Levine and K. M. Ziol-Guest (2005), "Following in their Parents' Footsteps: How Characteristics of Parental Work Predict Adolescents' Interest in Parents' Jobs", in B. Schneider and L. Waite (eds.), *Being Together Working Apart*, Cambridge University Press, Cambridge, UK , pp. 422-442.

Kaufmann, L., M. Delazer, R. Pohl, C. Semenza and A. Dowker (2005), "Effects of a Specific Numeracy Educational Program in Kindergarten Children: A Pilot Study", *Educational Research and Evaluation,* Vol. 11, pp. 405-431.

Kendler, K. S. and R. J. Greenspan (2006), "The Nature of Genetic Influences on Behavior: Lessons from 'Simpler' Organisms", *American Journal of Psychiatry*, Vol. 163, No. 10, pp. 1683-1694.

Keown, L. J., L. J. Woodward and J. Field (2001), "Language Development of Pre-School Children Born to Teenage Mothers", *Infant and Child Development*, Vol. 10, No. 3, pp. 129-145.

Kerbow, D. and Bernhardt, A. (1988), "Parent Intervention in the School: The Context of Minority Involvement", in B. Schneider and J. Coleman (Eds.), *Parents, Their Children, and Schools*, Westview Press, San Francisco, pp. 115-146.

Kivijärvi, M., J. Oeten, H. Raiha, A. Kaljonen, T. Tamminen and J. Piha (2001), "Maternal Sensitivity Behavior and Infant Behavior in Early Interaction", *Infant Mental Health Journal*, Vol. 22, No. 6, pp. 627-640.

Kohen, D. E., J. Brooks-Gunn, T. Leventhal and C. Hertzman (2002), "Neighborhood Income and Physical and Social Disorder in Canada: Associations with Young Children's Competencies", *Child Development,* Vol. 73, No. 6, pp. 1844-1860.

Kohl, G. O., L. J. Lengua, R. J. McMahon and Conduct Problems Prevention Research Group (2000), "Parent Involvement in School Conceptualizing Multiple Dimensions and Their Relations with Family and Demographic Risk Factors", *Journal of School Psychology*,

Vol. 38, No. 6, pp. 501-523.

Kohn, A. (1986), *No Contest: The Case against Competition,* Houghton Mifflin, Boston.

Korenman, S. and J. E. Miller (1997), "Effects of Long-Term Poverty on Physical Health of Children in the National Longitudinal Survey of Youth", in G.J. Duncan and J. Brooks-Gunn (eds.), *Consequence of Growing up Poor,* Russell Sage Foundation, New York, pp. 70-99.

Kracke, B. (2002), "The Role of Personality, Parents and Peers in Adolescents' Career Exploration", *Journal of Adolescence,* Vol. 25, No. 1, pp. 19-30.

Kusserow, A. (2004), *American Individualisms: Child Rearing and Social Class in Three Neighborhoods,* Palgrave, London.

Laird, J., M. DeBell and C. Chapman (2006), *Dropout Rates in the United States: 2004* (NCES 2007-024), U.S. Department of Education, National Center for Education Statistics, Washington, DC.

Lamb, M. E. (ed.) (2004), *The Role of the Father in Child Development* (4th edition), Wiley, Hoboken, NJ.

Lamborn, S. D., N. S. Mants, L. Steinberg and S. M. Dornbusch (1991), "Patterns of Competence and Adjustment among Adolescents from Authoritative, Authoritarian, Indulgent, and Neglectful Families", *Child Development,* Vol. 62, No. 5, pp. 1049-1065.

Lareau, A. (2003), *Unequal Childhoods: Class, Race, and Family Life*, University of California Press, Berkeley, CA.

Lerner, R. and L. Steinberg (2004), *Handbook of Adolescent Psychology: Contextual Influences on Adolescent Development,* John Wiley: Hoboken, NJ.

Lugo-Gil, J. and C. S. Tamis-LeMonda (2008), "Family Resources and Parenting Quality: Links to Children's Cognitive Development across the First 3 Years", *Child Development,* Vol. 79, No. 4, pp. 1065-1085.

Lynch, R. G. (2004), *Exceptional Returns: Economic, Fiscal, and Social Benefits of Investment in Early Childhood Development*, Economic Policy Institute, Washington, DC.

Maccoby, E. E. (2000), "Parenting and its Effects on Children: On Reading and Misreading Behavior Genetics", *Annual Review of Psychology*, Vol. 51, No. 1, pp. 1-27.

Maccoby, E. E. and J. Martin (1983), "Socialization in the Context of the Family: Parent-Child Interaction", in E. M. Hetherington (ed.) and P. H. Mussen (series ed.), *Handbook of Child Psychology: Vol. 4, Socialization, Personality, and Social Development*, Wiley, New York, pp. 1-101.

Machida, S., A. R. Taylor and J. Kim (2002), "The Role of Maternal Beliefs in Predicting Home Learning Activities in Head Start Families", *Family Relations*, Vol. 51, No. 2, pp. 176-184.

Marsh, H. W. (1992), "Extracurricular Activities: Beneficial Extension of the Traditional Curriculum or Subversion of Academic Goals?", *Journal of Educational Psychology,* Vol. 84, No. 4, pp. 553-562.

McBride-Chang, C. and L. Chang (1998), "Adolescent-Parent Relations in Hong Kong: Parenting Styles, Emotional Autonomy, and School Achievement", *Journal of Genetic Psychology,* Vol. 159, No. 4, pp. 421-436.

McCulloch, A. and H. E. Joshi (2001), "Neighbourhood and Family Influences on the Cognitive Ability of Children in the British National Child Development Study", *Social Science and Medicine*, Vol. 53, No. 5, pp. 579-591.

McKenna, M. C. (1994), "Toward a Model of Reading Attitude Acquisition", in E. H. Cramer and M. Castle (eds.), *Fostering the Life-Long Love of Reading: The Affective Domain in Reading Education,* International Reading Association, Newark, DE, pp. 18-40.

Meinlschmidt, G. and C. Heim (2007), "Sensitivity to Intranasal Oxytocin in Adult Men with Early Parental Separation", *Biological Psychiatry*, Vol. 61, No. 9, pp. 1109-1111.

Melhuish, E. C., K. Sylva, P. Sammons, I. Siraj-Blatchford, B. Taggart, M. B. Phan and A. Malin (2008), "The Early Years: Pre-school Influences on Mathematics Achievement", *Science,* Vol. 321, No. 5893, pp. 1161-1162.

Morris, P., G. J. Duncan and E. Clark-Kauffman (2005), "Child Well-Being in an Era of Welfare Reform: The Sensitivity of Transitions in Development to Policy Change", *Developmental Psychology*, Vol. 41, No. 6, pp. 919-932.

Mortimer, J. (1976), "Social Class, Work, and the Family: Some Implications of the Father's Occupation for Familial Relations and Sons' Career Decisions", *Journal of Marriage and the Family,* Vol. 38, No. 2, pp. 241-256.

Mueller, C. W. and T. L. Parcel (1981), "Measures of Socioeconomic Status: Alternatives and Recommendations", *Child Development*, Vol. 52, No. 1, pp. 13-30.

National Diffusion Network (1996), *Educational Programs that Work* (22nd Edition), Sopris West, Longmont, CO .

National Reading Panel (2000), *Put Reading First: Helping Your Child Learn to Read, A Parent Guide,* National Institute for Literacy at ED Pubs, Jessup, MD.

National Research Council (1998), *Preventing Reading Difficulties in Young Children*, National Academy Press, Washington, DC.

Neuenschwander, M. P., M. Vida, J. L. Garrett and J. S. Eccles (2007), "Parents' Expectations and Students' Achievement in Two Western Nations", *International Journal of Behavioral Development*, Vol. 31, No. 6, pp. 594-602.

Ochs, E. and M. Shohet (2006), "The Cultural Structuring of Mealtime Socialization", *New Directions for Child and Adolescent Development,* Vol. 2006, No.111, pp. 35-49.

OECD (2007), *Understanding the Brain: The Birth of a Learning Science*, OECD Publishing, Paris.

Offer, S. and B. Schneider (2007), "Children's Role in Generating Social Capital", *Social Forces,* Vol. 85, No. 3, pp. 1125-1142.

Parents as Teachers National Center (2008), "What is Parents as Teachers", *www.*

parentsasteachers.org/site/pp.asp?c = ekIRLcMZJxEandb = 272093.

Park, H. (2007), "Single Parenthood and Children's Reading Performance in Asia", *Journal of Marriage and Family,* Vol. 69, pp. 863-877.

Perie, M., R. Moran and A. D. Lutkus (2005), *NAEP 2004, Trends in Academic Progress: Three Decades of Student Performance in Reading and Mathematics*, National Center for Education Statistics, Washington, DC.

Persson, A., M. Kerr and H. Stattin (2007), "Staying in or Moving away from Structured Activities: Explanations Involving Parents and Peers", *Developmental Psychology,* Vol. 43, No. 1, pp. 197-207.

Pittman, L. D. and P. L. Chase-Lansdale (2001), "African American Adolescent Girls in Impoverished Communities: Parenting Style and Adolescent Outcomes", *Journal of Research on Adolescence*, Vol. 11, No. 2, pp. 199-224.

Pong, S. L., J. Dronkers and G. Hampden-Thompson (2003), "Family Policies and Children's School Achievement in Single-Versus Two-Parent Families", *Journal of Marriage and the Family*, Vol. 65, No. 3, pp. 681-699.

Pong, S. L. and D. B. Ju (2000), "The Effects of Change in Family Structure and Income on Dropping Out of Middle and High School", *Journal of Family Issues,* Vol. 21, No. 2, pp. 147-169.

Purdie, N., A. Carroll and L. Roche (2004), "Parenting and Adolescent Self-Regulation", *Journal of Adolescence,* Vol. 27, No. 6, pp. 663-676.

Rahm, J. and D. Ash (2008), "Learning Environments at the Margin: Case Studies of Disenfranchised Youth Doing Science in an Aquarium and an After-School Program", *Learning Environments Research*, Vol. 11, No. 1, pp. 49-62.

Rathunde, K. R., M. E. Carroll and M. P. Huang (2000), "Families and the Forming of Children's Occupational Future", in M. Csikszentmihalyi and B. Schneider (eds.), *Becoming Adult: How Teenagers Prepare for the World of Work*, Basic Books, New York, pp. 113-139.

Raymore, L. A., B. L. Barber, J. S. Eccles and G. C. Godbey (1999), "Leisure Behavior Pattern Stability during the Transition from Adolescence to Young Adulthood", *Journal of Youth and Adolescence*, Vol. 28, No. 1, pp. 79-103.

Robbins, A. (2006), *The Overachievers: The Secret Lives of Driven Kids*, Hyperion, New York.

Rowe, D. C. (1994), *The Limits of Family Influence: Genes, Experience, and Behavior*, Guilford Press, New York.

Rumberger, R. W. (1983), "Dropping out of High School: The Influence of Race, Sex and Family Background", *American Educational Research Journal,* Vol. 20, No. 2, pp. 199-220.

Rumberger, R. W. (1987), "High School Dropouts: A Review of Issues and Evidence," *Review of Educational Research*, Vol. 57, No. 2, pp. 101-121.

Rutter, M. (2008), "Biological Implications of Gene-Environment Interaction", *Journal of*

Abnormal Child Psychology, Vol. 36, No. 7, pp. 969-975.

Scarr, S. (1992), "Developmental Theories for the 1990s: Development and Individual Differences", *Child Development*, Vol. 63, No. 1, pp. 1-19.

Schneider, B. (2003), "Strategies for Success: High School and Beyond", in D. Ravitch (ed.), *Brookings Papers on Educational Policy 2003*, Brookings Institution Press, Washington, DC, pp. 55-79.

Schneider, B. and J. Coleman (1988), *Parents, Their Children, and Schools*, Westview Press, Boulder, CO.

Schneider, B. and D. Stevenson (1999), *The Ambitious Generation: America's Teenagers, Motivated but Directionless*, Yale University Press, New Haven, CT.

Schweinhart, L. J. (2007), "Outcomes of the High/Scope Perry Pre-school Study and Michigan School Readiness Program", in M. E. Young and L. M. Richardson (eds.), *Early Child Development from Measurement to Action: A Priority for Growth and Equity*, World Bank Publications, Washington, DC, pp. 87-102.

Sénéchal, M. and J-A. LeFevre (2002), "Parental Involvement in the Development of Children's Reading Skill: A Five-Year Longitudinal Study", *Child Development,* Vol. 73, No. 2, pp. 445-460.

Sewell, W. H. and R. M. Hauser (1972), "Causes and Consequences of Higher Education: Models of the Status Attainment Process", *American Journal of Agricultural Economics*, Vol. 54, No. 5, pp. 851-861.

Sewell, W. H. and R. M. Hauser (1980), "The Wisconsin Longitudinal Study of Social and Psychological Factors in Aspirations and Achievements", *Research in Sociology of Education and Socialization*, Vol. 1, pp. 59-99.

Smith, E. P., R. J. Prinz, J. E. Dumas and J. E. Laughlin (2001), "Latent Models of Family Processes in African American Families: Relationships to Child Competence Achievement, and Problem Behavior", *Journal of Marriage and the Family*, Vol. 63, No. 4, pp. 967-980.

Snow, C. and P. Tabors (1996), "Intergenerational Transfer of Literacy", in L. A. Benjamin and J. Lord (eds.), *Family Literacy: Directions in Research and Implications for Practice*, Office of Educational Research and Improvement, U.S. Department of Education, Washington, DC.

Soares, J. F. and A. C. M. Collares (2006), "Ressources des Familles et Performance Cognitive des Élèves de l'enseignement Primaire et Secondaire au Brésil" (Family Resources and Cognitive Performance by Primary School Students in Brazil), *Dados*, Vol. 49, No. 3, pp. 615-650.

Steinberg, L. (1996), *Beyond the Classroom: Why School Reform has Failed and What Parents Need to Do*, Simon and Schuster, New York.

Steinberg, L. (2001), "We Know Some Things: Parent-Adolescent Relationships in Retrospect and Prospect", *Journal of Research on Adolescence*, Vol. 11, No. 1, pp. 1-19.

Steinberg, L., S. D. Lamborn, S. M. Dornbusch and N. Darling (1992), "Impact of Parenting Practices on Adolescent Achievement: Authoritative Parenting, School Involvement, and Encouragement to Succeed", *Child Development*, Vol. 63, No. 5, pp. 1266-1281.

Swanson, C. (2002), "Spending Time or Investing Time? Involvement in High School Curricular and Extracurricular Activities as Strategic Action", *Rationality and Society*, Vol. 14, No. 4, pp. 431-471.

Sylva, K., B. Taggart, L. Siraj-Blatchford, V. Totsika, K. Ereky-Stevens, R. Gilden and D. Bell (2007), "Curricular Quality and Day-to-Day Learning Activities in Pre-School", *International Journal of Early Years Education*, Vol. 15, No. 1, pp. 49-65.

Tamis-LeMonda, C. S., M. H. Bornstein and L. Baumwell (2001), "Maternal Responsiveness and Children's Achievement of Language Milestones", *Child Development*, Vol. 72, No. 3, pp. 748-767.

Tamis-LeMonda, C. S. and N. Cabrera (eds.) (2002), *Handbook of Father Involvement: Multidisciplinary Perspectives*, Erlbaum, Mahwah, NJ.

Thelen, E. and L. B. Smith (1994), *A Dynamic Systems Approach to the Development of Cognition and Action*, MIT Press, Cambridge, MA.

Torr, J. (2004), "Talking about Picture Books: The Influence of Maternal Education on Four-Year-Old Children's Talk with Mothers and Pre-School Teachers", *Journal of Early Childhood Literacy*, Vol. 4, pp. 181-210.

Trusty, J., C. R. Robinson, M. Plata and K. M. Ng (2000), "Effects of Gender, Socioeconomic Status, and Early Academic Performance on Postsecondary Education Choice", *Journal of Counseling and Development*, Vol. 78, No. 4, pp. 463-472.

Turkheimer, E., A. Haley, M. Waldron, B. D'Onofrio and I. I. Gottesman (2003), "Socioeconomic Status Modifies Heritability of IQ in Young Children", *Psychological Science*, Vol. 14, No. 6, pp. 623-628.

Uher, R. (2008), "Forum: The Case for Gene-Environment Interactions in Psychiatry", *Current Opinion in Psychiatry*, Vol. 21, No. 4, pp. 318-321.

U.S. Department of Education (2008), *Guide to U.S. Department of Education Programs 2008*, U.S. Department of Education, Washington, DC, *www.ed.gov/programs/gtep/gtep.pdf*.

van Wel, F., H. Linssen and R. Abma (2000), "The Parental Bond and the Well-Being of Adolescents and Young Adults", *Journal of Youth and Adolescence*, Vol. 29, No. 3, pp. 307-308.

Weems, D. M. and C. Rogers (2007), "America's Next Top Model: Parent Behaviors that Promote Reading", *Childhood Education*, Vol. 84, No. 2, pp. 105-106.

Weinraub, M., D. L. Horvath and M. B. Gringlas (2002), "Single Parenthood", in M. H. Bornstein (ed.), *Handbook of Parenting: Being and Becoming a Parent*, Lawrence Erlbaum Associates, Mahwah, NJ, pp. 109-140.

Weinshenker, M. (2005), "Imagining Family Roles: Parental Influences on the Expectations of

Adolescents in Dual-Earner Families", in B. Schneider and L. Waite (eds.), *Being Together, Working Apart,* Cambridge University Press, Cambridge, UK , pp. 365-388.

Werner, E. E. (1993), "Risk, Resilience, and Recovery: Perspectives from the Kauai Longitudinal Study", *Developmental Psychopathology,* Vol. 5, No. 4, pp. 503-515.

Williams, S. K. and F. D. Kelly (2005), "Relationships among Involvement, Attachment, and Behavioral Problems in Adolescence: Examining Father's Influence", *The Journal of Early Adolescence,* Vol. 25, No. 2, pp. 168-196.

Xu, J. and R. Yuan (2003), "Doing Homework: Listening to Students', Parents', And Teachers' Voices in One Urban Middle School Community", *The School Community Journal,* Vol. 13, No. 2, pp. 25-44.

Young, R. A. and J. D. Friesen (1990), "Parental Influences on Career Development: A Research Perspective" in R. A. Young and W.A. Borgen (eds.), *Methodological Approaches to the Study of Career*, Greenwood Publishing Group, Santa Barbara, CA , pp. 147-162.

Zhang, Y., X. Jin, X. Shen, J. Zhang and E. Hoff (2008), "Correlates of Early Language Development in Chinese Children", *International Journal of Behavioral Development,* Vol. 32, No. 3, pp. 145-151.

Zhou, X., J. Huang, Z. Wang, B. Wang, Z. Zhao, L. Yang and Z. Yang (2006), "Parent-Child Interaction and Children's Number Learning", *Early Child Development and Care,* Vol. 176, No. 7, pp. 763-775.

Zhou, X., P. Moen and N. B. Tuma (1998), "Educational Stratification in Urban China: 1949-94", *Sociology of Education*, Vol. 71, No. 3, pp. 199-222.

Zigler, E., J. C. Pfannenstiel and V. Seitz (2008), "The Parents as Teachers Program and School Success: A Replication and Extension", *The Journal of Primary Prevention*, Vol. 29, No. 2, pp. 103-120.

第十二章 实施变革：从空想模型到日常实践

劳伦·B. 雷斯尼克

Lauren B. Resnick

帕姆·戈德曼

Pam Goldman

匹兹堡大学

University of Pittsburgh

詹姆斯·P. 斯皮兰

James P. Spillane

伊丽莎白·S. 兰热尔

Elizabeth S. Rangel

美国西北大学

Northwestern University

　　劳伦·B. 雷斯尼克、詹姆斯·P. 斯皮兰、帕姆·戈德曼和伊丽莎白·S. 兰热尔通过观察发现现有的教师实践缺乏对学习科学的借鉴，教师专业发展情况的确认依赖于叙事研究，偶尔还掺杂过多的个人观点。他们也注意到了学校和学校系统改革中根深蒂固的保守主义和阻力，以及课堂实践和组织系统的政策之间的鸿沟。作者认为应对组织团体的社会性理解、组织规则、专业学习共同体的作用给予更多关注。教与学变革的萌芽和发展得益于"核心常规"，其重要性不容忽视。雷斯尼克等人介绍和讨论了两个这样的核心常规。第一个核心常规是在学校中发展以指导为核心的领导团队，第二个核心常规是通过以内容为中心的教师专业发展来直接促进教与学。

概　　论

　　随着对学习、教学和学校教育的创新形式的需求和热情的增长，现有组织和机构的改革实践遭遇的困难显得尤为突出、极为迫切，没有什么地方比教育部门面临更严峻的改革挑战。即使越来越多的事实证明，传统的方法收效甚微，但是千百年来古板的教学实践依旧受制于政治组织结构并排斥新的思想。

为迎接挑战，扫除变革障碍，本章集中探讨学校组织及其在改善教学实践中的作用。我们对组织发展的关注，并不简单地止步于构建新结构［如正式定位（formal positions），组织路线（organizational routines）］，还关注新结构的实施，如关注对改革学校实践有所贡献的"核心常规"，这点在本章中会详细探讨。学校转变实践的目的是确保课堂实践（如教与学）的改善。通过这种方式，我们利用取得的研究成果来规划学校结构，强化学校某方面的社会实践，并对其他方面进行制约。我们提出并讨论了两种此类方案，并通过美国匹兹堡大学学习研究与发展中心的学习研究所得以实施和验证。

教育改革的挑战

为什么教育改革中的难题如此根深蒂固且长期如此显著呢？有以下几种可能性。最经常提到的事实是：与其他提供服务的组织（尤其是卫生领域的组织）相比较，教育组织所依赖的知识基础比较薄弱。尽管有小部分实践被研究证实能为学生的学习与发展提供支持，但大多数决策者和从业者并未深刻地意识到，这些基础研究能够支持（有时是挑战）他们的行动。更糟糕的是，教育组织并没有建立将新知识与组织实践融合的机制，以改善专业实践和学生的学习结果。教育系统内行动者角色的设置相对来说未分化；学校组织的管理、课堂活动的"最佳实践"的有效整合缺乏必要、系统的规范；几乎没有指导新成员进行实践的系统方法。因此，教育日趋保守。总的来说，要想预测在大多数国家未来的五到十年何种实践将占主导地位，最佳方法是深究现在的发展状况。

在过去的几十年中，学习科学与教学科学如日方升（Anderson，1983；Glaser，1984；Glaser and Bassock，1989；Resnick，1987）。学习科学的迅猛发展已超出心理学和认知科学的范畴，其关注的核心是特定的人——教师和学生。但将学习和教学科学知识付诸实践的不懈努力遭遇了学校组织、政府机构和社会政治环境的重重阻碍。学习科学家在寻求构建一个切实有用的教学技术的过程中，一次又一次地认识到"情境"（环境、组织和对学习中有特定目的的干预的总体感知）的重要性。一些人开始重新审视自己的研究方向，并专攻之前被视为"情境损害"（contextual nuisance）的研究问题［美国学者中，布雷克（A. S. Bryk）、科布（P. Cobb）和雷斯尼克（L. B. Resnick）等人密切关注教育研究的情境］。但是总的来说，学习科学的开创者将情境问题留给了别人。

缺乏对情境的关注且依赖权威传授知识的方式仍然在教学中占主导地位，即依靠专家告知别人他们的新发现。学者们擅长通过研究文献和研讨会报告分享知识。然而，在大多数情况下，学术会议的目标群体是"学术团体"（the choir），如其他研究者、学者以及实践者中的"先行者"。专为实践者和决策者撰写的书籍和文章应使用非专业读者也能理解的通俗易懂的语言和概念，这也是研究者进行研究活动的目的之一。这本书就是一个例子。

在教育领域，未来的从业者会接受一系列专业的培训，在这些培训中他们会阅读一系列的材料，有时候，这些材料是原始的学术版本读物，更多的时候则是为从业者而改编的版本，这在一定程度上标志着学习和教学中读物的一种规范。在该领域多数从业者能记住几个主要理论家的姓名和主张，但以研究为基础的理论方案与教育工作者的实际工作联系甚少。如果未事先通知就随机访问一些学校或班级的教师，则会发现教师极少将职前培训中所教的教与学的原则应用于实践。在教育管理层面同样如此：分布式领导或专业学习社区等词在学术会议中时常耳闻，在实践中却几乎无迹可寻。

研究对教育实践的影响有限并不是因为研究者们缺乏全面深入的对改善沟通过程的努力。举一个例子，美国的认知科学研究界曾在过去十五年中，向决策者和实践者推广认知科学中的重大发现。美国国家研究理事会（NRC）的学习委员会于1996年出版了一本书，题为《人是如何学习的》（*How People Learn*）（Bransford, Brown and Cocking, 1999），该书一时间成为美国和其他国家学者的参考宝典。在短短几个月内，美国又出版了该书针对教育工作者的通俗版本（Donovan, Bransford and Pellegrino, 1999）。此外，NRC通过举办从业者的讲习班和会议，进行了一系列实践尝试，探寻如何将《人是如何学习的》这本书中的理论迁移到课堂中。最近，美国还出版了该书的新卷，内容涵盖将教学原则应用于历史、科学和数学教学实践的详细案例（Donovan and Bransford，2005）。顶尖的认知科学研究者这些坚持不懈的努力，旨在告知教育实践者他们的研究成果，以及如何将研究成果更好地应用于教育实践。

但是，即使教育实践者接受新方案，试图利用这些新信息，他们还是可能在实际工作中将这些新方案生搬硬套到已有的教学脚本中。例如，他们可能花超出了研究者设计范围的时间教授一个数学概念，他们认为这样做能让所有的孩子都掌握这个概念，接着，他们又会跳过教学计划中建议的概念回顾与扩展阶段部分。

教师可能对学生的学习情况有强烈的主观判断：哪些材料适合哪些学生学习，哪些学生能够成功应对考试，等等。在我们的学校体制和社会中，这种主观判断已根深蒂固。尽管大量的研究表明，学习能力是可以获得的（Resnick and Nelson-LeGall，1997；Greeno，Collins and Resnick，1996），但大多数西方教育者仍然认为智力和资质决定了学习能力，并耗费巨资去检测所谓的天资。心理学家对这种观念壁垒的反应是，试图直接干预学生和教师的观念系统，指引他们将成功和失败归因于所付出的努力，而非资质能力（Dweck，2003）。心理学家们使用小组调查策略来增强学生的学习动机（Shachar and Fischer，2004）或发展学生的自主控制学习能力（Boekaerts，2002）。可替代的或候补的方案应符合组织机构的安排，例如，基于学生的意愿及努力程度决定其是否需要接触大学预修课程或其他高阶课程，而不是基于成绩或能力测试分数，但这并不意味着所有领域的创造性改革实践都应如此。

以变革为目的的参与式结构

讲授可以开启新知识的传递过程，但它永远不能完成这一过程，尤其是当新知识与现有的理解相去甚远的时候。事实上，讲授作为一项教学策略有很大的局限性，因为面对新知识的时候，人类的意识决策趋向于保护已有的对知识的理解。因此我们需要的不仅仅是高度概括、听众友好型的陈述，更需要的是符合现有对学习社区角色的了解的教学，这是人们变革实践的关键

257

因素。为教育工作者开发专业的学习社区并提供支持这一路径刚刚得以初步探索，但具有巨大潜力。

专业学习社区运动发展的一系列理论根源来自人类学及其支脉：社会文化理论（Cole, Yrjo and Olga, 1997；Lave and Wenger, 1991），学术上也称其为"情境学习"理论（Greeno et al., 1996）。在20世纪70年代，维果茨基（Vygotsky, 1978）的工作被重新探讨，学习心理学家、发展心理学家、教学心理学家与人类学家之间进行了富有成果的合作。其结果之一是，在一定程度上产生了一种新的思考学习的视角（Hutchins, 1995；Resnick, 1987；Resnick, Levine and Teasley, 1991；Rogoff, Goodman-Turkanis and Bartlett, 2001）。情境认知理论认为学习不是个体脑获取新知识或新技能的简单认知过程，而是个体在具体的、特定社会情境中进行有效认知的过程。认知被视为一种社会活动，是个人、任务和工具的"延伸"。思维和动机、技能和自我意识在学习和发展的基本社会认知理论上取得了联系。

社会文化理论在教育框架中的一种更广泛的应用是"分布式领导"（Spillane, 2005）。分布式领导的视角促使我们重新审视组织中人员的领导力和管理能力。分布式领导的视角并不仅仅关注那些正式的领导职位，它认为所有个人，无论他们是否是正式指定的领导人，都可以在组织和管理方面有些作为。与此同时，分布式领导将领导和管理中的交互与情境置于首位——领导者与下属的交互实践以这种方式展现，并且受所处不同情境的推动或限制。

分布式领导有时被误解为一个组织可以简单将领导和管理职能授予不同的个人，因而缺少关键的互动或实践要素。分布式领导在协同构建新组织流程的方面方式多种多样（Spillane, 2005），但是在构建一个高效的有领导力的组织方面，往往缺少简单易行的方案。例如，领导或管理实践的最佳参与者的人数可能会遭到限定。参与的人越多，效果可能越差，但我们还不知如何确定最佳参与人数。此外，当存在被赋予超越组织最高权限的领导力时，该组织就无法保证其社会资本的构建。分布式领导能增加组织内个人之间、个人与外部组织之间潜在的人际交往的机会，但是个人之间社会信任的最终建立取决于人际交互的实质，这点来自日常实践的积累。此外，我们不能事先设计如何实践；我们只能**为**实践进行设计（Spillane and Diamond，2007）。为实践进行设计要求我们必须参加该组织。

组织设计的策略：社会学和组织理论

除极少数特例外（Engeström and Middleton，1999），社会文化的分析基本上没有涉及组织内的小组交互。这似乎是由于在广泛的社会文化（作为一门学科，人类学的研究涉及的时间跨度很大）和正式的组织架构里，除了个人进入组织进行交流外，并没有其他机构或组织介入。为了在设计组织时获得更多帮助，我们不得不转向其他扎根于社会学的研究领域。

为教育和学习问题寻求行之有效的解决方案，应眼光长远，超越个人，甚至超越个人参与的、面对面的社会团体。为了"应用"已经发现的学习的本质，我们将研究教学和学习的实施机构，尤其关注组织实践是否发生变化以及如何发生转变。这意味着要将不断积累的个体（和小组）如何学习的知识与组织绩效理论，尤其是组织改革的理论进行融合（Choo，1998；Mabey and Iles，1994；Senge，1994；Sparrow，1998）。

在 19 世纪，以马克思·韦伯（Max Weber）为首的社会学家努力探究正规组织是如何运作的以及它们应运而生的原因。韦伯试图解释当依靠人际关系不能有效管理行动时，科层组织（政府和个人）是如何对大型组织的工作和责任进行合理说明并提高效率的（Weber，1947）。韦伯的理论由他的学生和同事传播到了世界各地，在 20 世纪上半叶，这种理性主义理论主导着社会科学界对组织的思考，被用来规范公共机构和私营企业的组织设计。在美国，随着科学管理的通用原则应用到了工业生产，科层组织原则也从商业领域迁移到教育领域（Tyack，1974）。在其他国家，类似的理性管理原则也通过政府机构引入教育实践。

20 世纪 60 年代和 70 年代，出于多种原因，社会学家不再青睐韦伯的理性主义分析。一种名为"新制度主义"的理论开始发展（Meyer and Rowan，1977；Powell and DiMaggio，1991）。这种理论告诉我们，组织运转需要一系列被广为接受的（制度化）信念、实践和结构的支撑。组织通常会顺应这些限制，并采用常规的形式和结构，以实现组织间广泛的在效率上的合法化竞争，从而延长组织的生存时间。组织还可以挑战这些常规化的做法，从而在实现改革目标的过程中更有效率，但这也可能降低其生存的可能性。事实上，一些颇具影响力的评论家认为，固化的组织很难产生真正的创新，取而代之的应是成立新的分离机构（breakaway institutions）（例如，Christensen, Horn and Johnson, 2008）。

公共服务机构是控制准入与发展、劳资协议、信息公开、对外咨询的专业组织，其制度化实践（包括教育领域）的创新也是步履维艰。在教育领域，正规组织和政策环境中传统的"去耦合"或"松散耦合"的核心技术（即课堂教学）减慢了创新的速度。值得一提的是，在对教学新举措进行"实验"方面，组织领导人常常将多个方案，有时甚至是观点互为冲突的多个方案相互融合，留待后续（通常为自己的后任）看到效果后修正：决定是否实施该方案，以及如何在未曾接触过这些新政的教师中传播该方案。通过这种方式，教育机构在维持制度化教学的同时锐意改革，同时防止新方案在几个试验点之外渗透到核心技术（大部分课堂教学）中。

有关改革举措的近期研究表明，重新制定某些特定形式的制度，可克服有关新一轮实践的预期障碍（例如：Rowan, 2002；Rowan, Correnti, Miller and Camburn, 2009；Spillane and Burch, 2006）。在英国和美国进行的教育改革长达十年或更久，改革涉及本地学校的系统性课程、基于标准的课程和集中性教学指导，已有的教育改革表明：集中指向课程的政策改革以测试和问责为支撑，尽管并未完全按照改革者设定的轨迹发展，在一定程度上仍可重塑学校的核心技术（Firestone, Mayrowetz and Fairman, 1998；Resnick and Zurawsky, 2005）。由于教育工作者理解的差异，政策在实施时也出现了多种变体（Spillane, 2004）。此外，与文化分支的特定主题（如数学或历史）相联系的制度化规范构成了紧密耦合与松散耦合的不同形式。教学的某些方面，例如，数学课中的主题，会比其他方面对规则的反应更迅速，如课堂话语的性质或教学中使用的数学表述（Spillane and Burch, 2006）。最近的研究表明，学校领导人正不遗余力地部署组织规则，将外部新举措与课堂教学进行整合（Spillane, Mesler, Croegaert and Sherer Zoltner，2007）。

学校组织规范及适用范围

学校与众多组织如出一辙，通过一套相互联结的组织规范维持正常运作——这些组织规范涉及多方参与，是可重复、可识别、相互依存的行动模式（Feldman and Pentland，2003，p.311）。这些组织规范是组织运行的核心基石，为组织的稳定提供保证，使之经久不衰（Feldman，2000；Feldman and Pentland，2003；March，1981；March and Simon，1958，1993），并构建组织的行动（Allison，1971；Gersick and Hackman，1990）。理论家马奇和西蒙（March and Simon，1958，1993）认为，由于个人信息处理能力有与生俱来的限制，个体无法全面理性地做出决策；相反，人们在决策时有"满意"倾向，如寻求一个可行但不必完美的解决方案，而不是试图获得最优化的解决方案。组织机构亦是如此。组织中的团体或个人指定组织规范，构成完成工作的常规准则。这些组织规范并非死板的官方手册，而是允许组织成员基于自己对客户和上司的判断，执行自己满意的行动方案。社会认知研究表明，这些组织规范能够灵活处理体制内外的限制，还能吸纳非正式的边缘团队的力量（Orr，1996；Suchman，1996；Brown and Duguid，2000；Resnick，Saljo，Pontecorvo and Burge，1997）。

已有研究展示了如下内容：正式和非正式的组织规范如何构建并促进交互，如何使组织保持稳定，以及如何支持新的组织成员进行交互（Feldman and Pentland，2003；Cohen and Bacdayan，1994；Sherer and Spillane，即将出版；Spillane et al.，2007）。然而，这些组织规范的普及性、效率，以及它们在非正式的或者没有明确官方许可的情况下运行这一事实，使得组织规范成为创新的抑制剂（Hannan and Freeman，1984）。组织中的群体通常会抵制对现行实践的颠覆性改变。鉴于改变现行的实践形式会给个人和团体带来高昂的成本，这种做法是可以理解的（Hallett，2010；Marris，1974）。组织机构越复杂，人事越稳定，外部需求越多，就有越多组织成员抵制常规的变革。正如现行的日常工作是组织的稳定剂一样，在某种程度上，也会成为创新的抑制剂，因此，很少有新的组织规范能成为改革的来源（Feldman and Pentland，2003；Sherer and Spillane，即将出版；Spillane et al.，2007）。为了适应不断变化的政策环境对课堂教学和学生学习的重视，学校领导者高度重视对组织规范的设计与再设计，以求将政府调控与课堂教学相耦合（Spillane et al.，2007）。

重构学校实践：组织变革的"核心常规"

当因地制宜选择新组织规范且有效实施时，新组织规范就会成为改变学校实践的强大武器。雷斯尼克和斯皮兰（Resnick and Spillane，2006）使用术语"核心常规"指代一种组织常规，它允许我们通过"培训"和"传播"新的教学形式来改变学校实践。其核心思想是引入一个新的组织规范，在校长或其他领导人的指导下，将这一规范在合理的质量层次内迅速执行。这是因为该新组织规范高度概括，并有明确的策略的支持。该组织规范对教与学予以高度关注，并应符合学校已有的责任标准。

核心常规服务于两大核心目标。第一大目标是，将学校管理与课堂实践联系起来，这样有助于逆转课堂实践与政策规范的松散耦合，因为课堂实践与政策规范的松散耦合会阻碍教育的长足发展。第二大目标是，不仅仅简单地为教师提供一种新方法，也为教师理解和接受新的教学方法提供一系列的结构化的机会。核心常规与组织中的其他组织规范交错融合互为补充。核心常规这种实施方式并不试图颠覆现有实践，而旨在完善、重组组织熟知的行事方式。

这不是一个简单的过程，也不能简单地由教育政策制定者或管理者宣布实施。因为要使核心常规最终取代现存的低效常规，其必须经过充分的说明、发展，并且有相应的脚手架，之后才能变革人们的工作方式。"充分的说明"指的是，必须清楚地阐述核心常规的实施步骤、这些步骤的合理性及要求。这就要求为核心常规的执行提供一系列的培训、工具及产品。

虽然核心常规最初是按要求制定的，但成功的核心常规并不期望学校执行者遵照规划好的脚本毫无异议地执行。作为组织变革的核心，核心常规在设计上应鼓励迁移（appropriation）（Wenger，1998），并鼓励使用者根据特定条件和能力使用这些常规。迁移的实现是通过开发新形式的常规，并将其与历史的常规相互联系进行的。核心常规的设计对组织甚至个人开放，其产生的变体使得常规成为组织改革的核心。因此，尽管核心常规在一开始实施时就已经过充分的说明和深入发展，但是在"培育"和"传播"新教学实践时，必须确保核心常规的迁移性和适应性。

在实施的第一阶段，要基于核心常规的设计初衷，保证其实施可行、落到实处。通过对常规实施进行培训、构建脚手架，学校领导者和广大教师群体按照与设计意图一致的方式来执行该常规。第一阶段是"培育"，即组织社会、人力和物质资本。随即进行第二阶段"传播"。第二阶段从初级核心常规的实施细节中衍生，伴随新常规的生成与演化，以及对学校现有常规的再设计。核心常规在学校的培育和传播，必须符合以下六条标准：

- 必须以核心技巧——教和学——为中心；
- 必须扎根于区域性的官方课程**和**课程的课堂实施之中——真正传授给学生东西的地方；
- 必须建立在地区、学校教师对教与学的共识之上；
- 必须在学校教师之间建立信任和沟通的途径；
- 必须提供让新知识进入学校实践共同体的规范；
- 必须开放、可调整、与时俱进，同时保证其核心元素的稳定。

我们将描述符合上述标准的两个核心常规，这两个核心常规由美国匹兹堡大学学习研究与发展中心的学习研究所开发。第一个核心常规是学习走访®（The Learning Walk®）常规，旨在在学校中开发以教学为核心的领导团队。第二个核心常规是教学法与教学内容常规（PCR），侧重于通过针对学校主要科目的、以内容为中心的教师专业发展直接改善教和学。

教育变革的核心常规——学习走访®

设想一组学校教师正在观察其所在学校的课堂教学，而课堂教学观察是学习走访®常规教学变革的新举措的一部分。一个由校长、指导者和三名教师组成的团队观察四年级的一堂课。这种形式的观察看来是例行公事，因此得到了教师的同意。学生毫无干扰地继续学习，大声朗读赫雷拉（Juan Felipe Herrera）的《颠倒的男孩》（*The Upside Down Boy*）。学生正在热烈讨论书中的主角：因为还不会讲英语而感觉"颠三倒四"的一位小移民，他对诸如课间休息和在食堂吃午餐之类的学校日常活动迷惑不清。学生（在教师的指导下）讨论着这本书中国界所蕴含的意义，也一一找到了小组中有出国想法的学生。墙上的大幅图表罗列了赫雷拉的四大著作，并在图表顶部展示了进行作者研究的要点：书籍内容、体裁范围、写作风格和在世界文坛中的地位。一位观察者（即走访者）注意到墙上粘贴着一位同学的写作范文，并附有教师的评语，范文旁边还附有描述优秀范文标准的图表。另一位观察者主要关注教师的语言，旨在了解教师是第一次带着学生读这本书，还是为了与该作者的其他作品做比较再次带着学生读这本书。第三个观察者检查读者心得日志中学生的写作内容。最后两名观察者与学生交谈，询问类似于如下的问题："你今天学了什么？""你正在做什么？""你怎样知道你的任务是否完成了？"10分钟后，观察小组转移到大厅里，简要地描述他们观察的情况，并对观察到的内容提出问题。几分钟后，他们转移到另一间教室，并重复此过程。

在这一天快要结束的时候，观察小组与被观察的教师（即被走访的教师）开会。观察小组描述他们所观察到的现象并提出在整个观察过程中发现的问题。教师评论、记录并提出其他一些问题。关注读写素养的专家想知道学生对作者研究的要点的反馈，以判断学生是否内化了这些内容。教师对墙壁上挂图的要点进行讨论，并探讨学生的作品中是否有作者写作的主题，或参考了其他关于作者的网络资源。其中的一个观察者注意到，课堂上有些学生能够指出他们或他们的家庭曾遇到了与《颠倒的男孩》一书中类似的障碍。指导者让该观察者详细复述教师提出的问题以引出本次讨论。经过这番交流，一名位教师说"我要去试一试"，另一名老师对此表示赞同。但第二名教师想要知道学生如何将他们谈论的这些复杂的思想迁移到写作中。教师们接着进行了热烈的讨论，两名教师都请指导者帮助他们规划课程弧（arc of lessons），其中包括以学生正在学习的作者为主要内容的写作练习。然后该小组计划了下次学习走访的日期和重点内容，本次被观察的三位教师成为下次的观察者。

对该常规的总结详见图12.1，图的第二列列明了组成常规的八个成分，这八个成分在观察和专业学习的连续循环中进行实践。

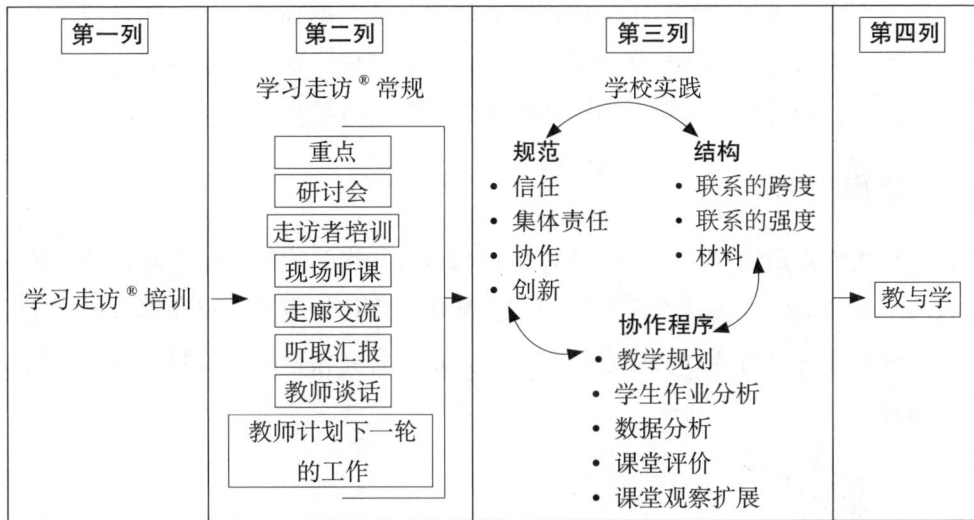

图12.1 作为核心常规的学习走访®

重点

学习走访®常规的领导者或团队使用"课堂教与学观察"工具细化课堂教与学观察的重点，并选定所要观察的课堂以及走访者和被走访教师。观察的核心是被走访教师当前的专业化学习。通常，本次的专业化学习针对上一轮走访的结果已得到了预先规划。

研讨会

走访的重点内容一旦定下，领导者就要告知被走访的教师走访的日期及重点内容，并针对已选择的、将观察的重点内容，对被走访教师进行指导。

走访者培训

在进行走访之前，参与者会接收到及时更新的、有关走访重点的信息，包括被走访的教师提供的相关数据和材料。在这一过程中，走访者设计他们可能会提的问题，他们相信这些问题会产生与重点相关的信息。

现场听课

学习走访®常规的学校走访包括三到五个课堂，通常每个走访约为10分钟。不同的走访者进行不同的观察，观察可能是单独的，也可能是两个人一组的。走访内容包括与学生进行交谈，检查墙壁、木板、学生的笔记本等课堂工具，聆听教师与学生的互动和学生与学生的互动。

走廊交流

每次课堂走访结束后，走访者在走廊进行一次简短的对话，其目的是检查其观察的准确性，并确保所有走访者都按照走访特定的重点和框架进行走访。此外，通过将零碎的观察连贯起来，走访者互相帮助以**理解**其所观察到的内容。

听取汇报

在所有走访完成后，为学习走访的内容，被走访的教师做好讨论准备，走访者针对他们观察到的内容和问题进行讨论和总结，探求课堂模式的完善。

教师谈话

走访者与被走访的教师就观察结果和问题展开讨论。他们讨论专业学习的下一个合理步骤，并考虑后续走访的重点。

教师计划下一轮的工作

被走访的教师讨论其下一步的协作学习计划。校长、指导者和教学组组长应出席这些规划性的工作会议。

学习走访®作为一个核心常规，其最初的设计是按照所教的特定步骤，顺序实施，同时也允许在学校中产生新常规，并变革现有常规（图12.1，第三列）。

以课程为基础的教师发展：教学法与教学内容常规

另一个匹兹堡大学提出的核心常规——教学法与教学内容常规（见图12.2）——侧重于通过针对学校主要科目的、以内容为中心的教师专业发展直接改善教和学（McConachie and Petrosky，2010）。作为实施创新教学的一个直接途径，教学法与教学内容常规是针对教师和指导者的、有广泛参与的培训常规。如同学习走访®常规一样，它以教师参与结构严密的具体的培训为开端。这些培训通过核心流程，产生本土学校和课堂的新实践，这些新实践依赖培训常规得以传播。

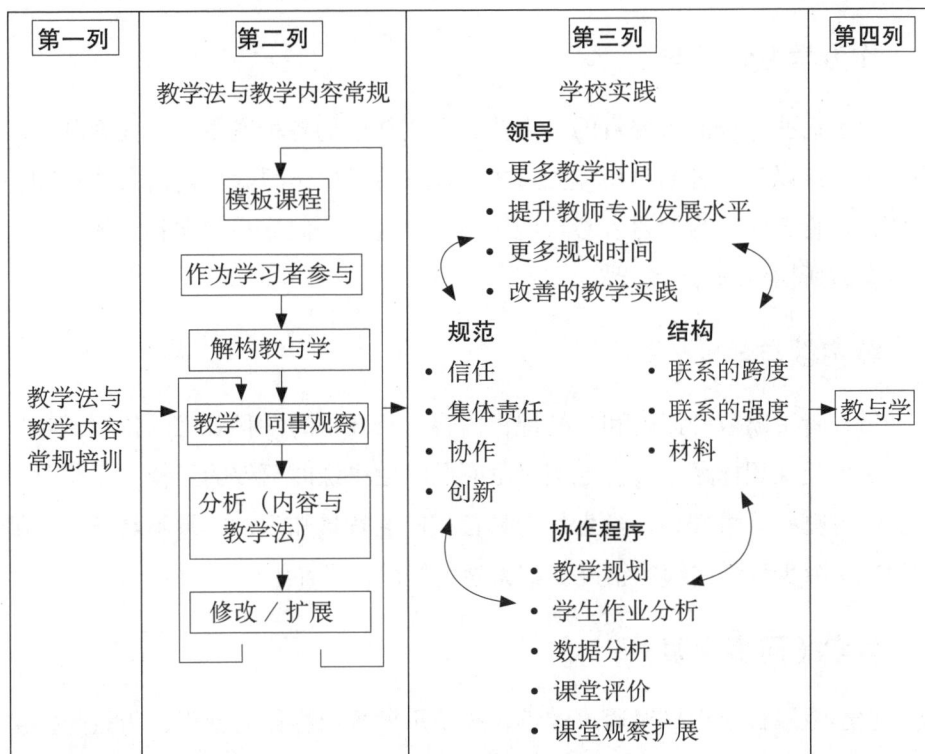

图12.2　教学法与教学内容常规

教学法与教学内容常规的培训和实践可以在每一教学内容领域单独出现。但如果将该常规引入多个课程，可能就会出现"交叉培育"的现象，并导致学校或学校群体较大规模的体制变革。教师、指导者、教学组组长可按以下顺序来执行常规。

模板课程

教学法与教学内容常规的核心要素是一套特定内容单元和模板课程。每个单元或每套课程的设计目的是支持学科中重要概念的教学。这一系列连贯的课程中的单元是精心设计的，并包含了教学主题、学科思维、推理能力和学科教学法的内容。

这些课程在学术上是严谨的，对学生开放。学生参与学习，教师同时对专业英语不流利的学生提供系统的支持。重要的是，这些课程包含对事实以及与其相关的概念框架的评估（McConachie and Petrosky，2010）。

作为学习者参与

由于这些课程的主要目的是支持教师实践中的各种变革，这些教师实践是教师从未以学习者的身份体验过的、以支持学生学习为目的的实践活动，因此，教育者应作为学习者参与经过精挑细选的一门或多门课程，体验他们教该课时所期望的课堂实践。

解构教与学

指导者帮助教师回顾和分析课程内容、所要求的学科思维的传授、学科教学法以及课程体系结构。他们讨论面向学生讲课时要做的工作：了解学生需要掌握哪些背景知识，学生是否具备相应的背景知识，如果不具备，教师如何在不减少教学内容的情况下，为学生提供背景知识。

教学（同事观察）

教学组组长或指导者通过教学，并使用模板课程作为指引，为教师提供另一教学模板。教学组组长和指导者邀请校长和教师观察并记录其教学过程和学生的反馈，然后再次听取关于教学内容、课堂教学法和课堂结构以及学生反馈的报告。教师在进行课堂教学时也遵循这一流程。

分析（内容与教学法）

教学组组长或指导者经常对某一堂课或单元进行教学法和教学内容的协作分析，这种分析也是专业学习社区的核心工作，这有助于他们作为个人和学习社区的一部分持续不断完善自己的实践。共同的语言、共同的专业发展状况和共同的课堂实践经历使得这个学习社区的工作得以聚焦。

修改 / 扩展

教师教授模板课程，以此深化对教学内容、教学法、教学结构、自身教学、学生学习的理解，不断提高教与学的能力，不仅仅将这种能力运用到这些课堂，而且将其贯穿整个课程。

由斯坦福大学塔尔伯特（Joan Talbert）领导的研究团队，在得克萨斯州奥斯汀的六所城镇高中对教学法与教学内容常规进行了评估（Talbert and David，2008）。评估分析报告表明教学法与教学内容常规不仅为以教学为中心的教师协作提供了有效途径，同时也提升了教与学的学术严谨度。洛杉矶一个类似的研究（David and Greene，2007）与奥斯汀的小学有关匹兹堡核心常规的研究（Matsumura，Garnier and Resnick，2008）一样，也得出了类似的结论。

学习走访®常规和教学法与教学内容常规都符合核心常规的六个标准（已详述）。第一，两者都以教与学的核心技巧为中心：学习走访®常规以观察和改善为核心，教学法与教学内容常规以应用和改编模板单元和课程为核心。第二，两者的对象都是学校的官方课程和规定的教学课程。第三，两者都使用了以研究为基础的学习原则（Resnick，Hall and fellows of the Institute for Learning，2003）和学科素养原则（McConachie and Petrosky，2010），都使用针对具体内容的观察指导，或以研究为基础的典型课堂和单元，从而促进了参与者对教与学的创造性理解。第四，两者都促进了工作人员之间的信任和相互交流。当实施新常规为教育者观察、实验新的实践活动提供可靠途径时，精心设计的新实践活动都考虑了以上方面。第五，两者都通过培训、观察和讨论，为将新知识引入学校提供有效常规。第六，两者都能促进学校员工的调整适应和创新开放。这两个常规的核心方面将在下一节中讨论。

学校实践和核心化

核心常规衍生了新的社会实践（图 12.1，图 12.2，第三列），在学校形成了以人群、社会和领导为根基的新型社会实践。核心常规衍生的社会实践和其他学校常规不仅有助于创建庞大的学习社区，丰富教师的知识储备，提高其专业化水平，同时也有助于激发教师的学习能力和动力（McLaughlin and Talbert，2006）。上述目的可以通过教师对核心常规的理解运用（如实践）达成。

核心常规能衍生和发展新的常规，例如：教学计划、学生作业分析、课堂设计、数据分析、课堂评价和课堂观察扩展。这些新常规有助于提升教师和领导的知识储备，以及增强他们运用所学内容的能力。教师聚集在一起探讨实践和成果之间的具体联系，在对数据进行讨论和反思的情境氛围中，产生对变革的新理解和新动机（McLaughlin and Talbert，2006）。领导和教师通过实践将成果展示给专家，以提升课堂评价与设计的能力，从而具备有效教学所需的各项能力，成为专业级教师。

实践结构

组织常规能够建构或者影响教师之间的交互，如谈话对象、谈话频率和谈话内容，并通过这种方式改变实践（Spillane et al.，2007；Spillane and Diamond，2007）。学习走访®常规和教学法与教学内容常规的子常规的组成部分为学校人员在教学和学生学习方面的交互提供了更为频繁的机会。这两个核心常规的结构框架有助于确保交互的重点是教与学。这些交互可以跨年级进行，以包含不同年级的教师（以构建纵横二维的交互）。参与交互活动的人员不限于当前学校的校领导和个人，这样学校人员就可以借鉴其他学校的成功经验，为校际协调一致提供机会。因此，学校人员之间的联系与日俱增，联系的跨度也发生了重大变化。联系的强度和广度是组织创新的重要方面。研究表明联系的稳固性对内隐、复杂和感性知识的迁移是十分必要的（Uzzi，1997；Reagans and McEvily，2003），而这些知识正是提升课堂教学效果的关键。稳固的联系也能促进组织成员之间共同解决问题（Uzzi，1997）。

最近的研究调查了社会资本对改革实施的影响程度（例如，Frank，Zhao and Borman，2004），以及在社会网络对教师教学实践产生影响的环境下如何选取"专业性"改革的突破口（Penuel，Frank and Krause，2006）。就联系的跨度而言，交互活动已横跨"多个知识领域"（Reagans and McEvily，2003，p.242），超越现有的年级水平甚至是学校水平，教学人员可通过其获取教学的最新信息，避免"群体思维"。例如，最近在美国88所城市学校进行的一项研究表明，一所学校的内部和外部关系（社会资本[①]）能够预测学生的成绩（Leana and Pil，2006）。在荷兰47所小学进行的一项研究表明，对教师的工作和教师个人提出的建议越多，越能提高整所学校的创新能力（Moolenaar，Daly and Sleegers，即将出版）。

规范

通过设计、实施两个核心常规，可以完善有关规范，促进教师间的相互信任、对学生学习的集体责任感、协作和开放创新。规范的实施需通过开展一系列基于学校的协作性研究并为其提供支持，以及与合作单位一起研究主题规范来实现。

具有这些规范是专业学习社区的特征（例如，Newmann，Marks and Gamoran，1996；Kruse，Louis and Bryk，1995；Talbert and McLaughlin，1999），这些规范同教学法与教学内容常规开发的专业学习社

---

① 社会资本指的是人与人之间的关系或相互作用的行动所带来的资源。一个组织可以产生一些机会，并通过与他人交互获得知识和其他资源（Becker，1964；Coleman，1988）。社会资本也指社会关系和相互信任的关系（Adler and Kwon，2002；Nahapiet and Ghoshal，1998）。有些研究者已经指出了认知和社会认知教学理论建议的知识建构主义形式和社会资本（如学校中同一教研组的教师专业地进行协作）之间的联系　（如 Bryk and Schneider，2002；Frank et al.，2004；Gamoran et al.，2003；McLaughlin and Talbert，2001；Newman，1996）。

区实践相一致（David and Greene，2007；Talbert and David，2008）。研究人员对这两个常规的变体进行研究，达成如下共识：教师要对学生学习具有责任感，对高学术水准达成共识，与领导者相互信任，开放创新，对自身实践进行反思。一所学校中的上述内容，与较高的教师满意度和坚持度、较高的学生参与度、较高的学生学习努力程度和较高的学生成绩等因素息息相关（Bryk and Schneider，2002；Newmann and Wehlage，1995；Louis and Marks，1998；Talbert and McLaughlin，1999；Leana and Pil，2006）。在专业学习社区中，教师的工作方式影响着他们的教学方式。学校或部门里教师的高水平社会资本与不断完善的课堂实践和不断提高的学生成就水平息息相关（Leana and Pil，2006）。

领导和管理技术核心

核心常规的实施对领导和管理的实践产生了积极的影响。它提升了人们对领导的认识：领导阶层并不总是指学校校长，它不仅包括正式指定的领导，也包括非正式指定的领导。核心常规关注领导和管理实践，并强调在原来的基础上发展实践。最重要的是，它聚焦于课堂教学使得学校领导和管理更加注重教学和提升教学质量的规划。学习走访®常规为领导力和管理实践水平的提升提供结构流程与指引。教学法与教学内容常规则更侧重于直接服务教学，通过为学校领导提供可循环的学校实践常规，为提升领导力和管理实践水平提供支持。核心常规反映了这些教学领导和管理实践与改变、提高学生成绩之间的关系（Leithwood，Louis，Anderson and Wahlstrom，2004；Purkey and Smith，1983；Elmore，2000）。

总结与结论

教育领域不缺乏有关如何改善学生学习的理念，这些理念可能是极好的，甚至是行之有效的，但对这些理念的普遍采纳却并不多见。鉴于研究结果在教育中的有限采用，我们呼吁进行进一步研究，特别是进行有关人们如何学习特定主题的研究。做这项研究的人很少关注社会情境：课堂、学校环境、学校系统。这些社会情境正是研究理念实施的情境。随着研究的反复开展，这点愈发清晰——在某段时间内，组织性安排对教学理念是否被注意、采纳、修订和实施至关重要。

我们认为，对这一问题的回答需要对学习进行更为细微深入的研究，我们需要了解阻碍实施新的有效实践的社会和组织因素。事实上，我们认为多数学者称之为"情境"的内容应该是一个更为重要的研究和实践的关注点。

当我们研究"情境"时，我们需要理解组织，这直接将我们引向了组织社会学。乍一看这些转变使人颇感沮丧，因为组织惯以合法之名采用固化的形式与结构以维持自身的稳定，这点常与高效相抗衡。简言之，组织常维持一贯的运行方式，尽管这一运行方式松散低效。因此，除了摒弃现有组织，组织变革还有哪些方法？解决这个问题的答案，就在这些组织是如何运转的理论中。正是常规使组织获得了生命力。通过引进新的常规进而推动转变，组织得以更好地运转。

我们将能够变革学校实践的新常规称为"核心常规"，这些常规是专一性和开放性的高度结合。一开始，常规需要按部就班执行；同时，通过培训，下一代常规被不断构建出来。

核心的概念来自生物学。想象一下一个农夫如何在新产的玉米中挑选出一部分精华作为来年的种子。当播种时刻到来时，农民在土壤中种植这部分精华种子，然后期待收获同样品质优良的玉米，然而，结果往往并不如预期一样，因为为了维持基因健康，生物在生物学过程中产生了变种。据此，农夫为了实现特定的目标，比如为了提高产量或适应诸如持续干旱之类的环境的改变，可能就会有意地培育一个新的变种。

核心常规在学校工作的每轮循环中都可以被再次使用和整改。因此，每一轮循环中的核心常规都可以被预测，但并不完全相同。下一轮循环中实施的有意干预可能会导致混合模式的产生。无论采用哪种方式，核心常规都是建立在一个持续优化的生物模式的基础之上的。核心常规，如学习走访®常规和教学法与教学内容常规，为教育实践的理想模式与实践本身的有意义的衔接提供了行之有效的途径。核心常规以动态的方式，将研究与实践衔接，为教育者提供专业化培训，培养其人文、社会和领导能力，并积极鼓励教育者对常规进行调适和改变，以满足自身学校及社区的需要。

　　教育研究和组织发展的核心是发展和迁移知识。我们呼吁高度重视学校组织，以发展学校实践。换言之，我们对组织发展的关注重点不是简单地构建新结构（如规范的立场、组织常规），而是从根本上实施有助于改变学校实践的新结构（如核心常规）。学校实践中的转变可以推动课堂实践——教与学的改善。这样，我们就能用丰富的研究成果重塑学校结构，以确保特定社会实践的实施并对其他方面加以制约。

参 考 文 献

Abrutyn, L. S. (2006), "The Most Important Data", *Educational Leadership*, Vol. 63, No. 6, pp. 54-57.

Adler, P. S. and S. Kwon (2002), "Social Capital: Prospects for a new Concept", *The Academy of Management Review*, Vol. 27, No. 1, pp. 17-40.

Albert, S., B. Ashforth and J. Dutton (2000), "Organizational Identity and Identification: Charting New waters and Building New Bridges", *The Academy of Management Review*, Vol. *25*, No. 1, pp. 13-17.

Albert, S. and D. Whetten (1985), "Organizational Identity", in L. L. Cummings and B. M. Straw (eds.), *Research in Organizational Behavior*, Jai Press, Greenwich, CT, pp. 63-295.

Allison, G. T. (1971), *Essence of Decision*, Little, Brown and Company, New York.

Anderson, J. R. (1983), *The Architecture of Cognition*, Harvard University Press, Cambridge, MA.

Ball, S. (1994), *Education Reform*, Open University Press, Philadelphia.

Barnes, F. and M. Miller (2001), "Data Analysis by Walking Around", *The School Administrator*. Vol. 58, No. 4.

Becker, G. (1964), *Human Capital: A Theoretical and Empirical Analysis, with Special Reference to Education*, Columbia University Press for the National Bureau of Economic Research, New York.

Blase, J. and J. Blase (1999), "Principals' Instructional Leadership and Teacher Development: Teachers' Perspectives", *Educational Administration Quarterly*, Vol. 35, No. 3, pp. 349-378.

Boekaerts, M. (2002), "Bringing about Change in the Classroom: Strengths and Weaknesses of the Self-Regulated Learning Approach", *Learning and Instruction*, Vol.12, No. 6, pp. 589-604.

Bransford, J. D., A. L. Brown and R. R. Cocking (1999), *How People Learn: Brain, Mind, Experience, and School*, National Academy Press, Washington, DC. available online at *www.nap.edu/html/howpeople1/*.

Brown, J. S. and P. Duguid (2000), *The Social Life of Information*, Harvard Business School

Press, Cambridge, MA.

Bruner, J. (1960), *The Process of Education*, Harvard University Press, Cambridge, MA.

Bruner, J. (1986), *Actual Minds, Possible Worlds*, Harvard University Press, Cambridge, MA.

Bryk, A. S. and B. Schneider (2002), *Trust in Schools: A Core Resource for Improvement*, Russell Sage, New York.

Choo, C. (1998), *The Knowing Organization: How Organizations Use Information to Construct Meaning, Create Knowledge, and Make Decisions,* Oxford University Press, New York.

Christensen, C. M., M. B. Horn and C. W. Johnson (2008), *Disrupting Class: How Disruptive Innovation will Change the Way the World Learns,* Mcgraw-Hill, New York, NY.

Cohen, M. D. and P. Bacdayan (1994), "Organizational Routines are Stored as Procedural Memory: Evidence from a Laboratory Study", *Organizational Science,* Vol. 5, No. 4, pp. 554-568.

Cole, M., E. Yrjo and V. Olga (eds.) (1997), *Mind, Culture, and Activity,* Cambridge University Press, Cambridge.

Coleman, J. S. (1988), "Social Capital in the Creation of Human Capital", *The American Journal of Sociology,* Vol. 94, s95-s120.

David, J. (December 2007/January 2008), "What the Research Says about…Classroom Walk-throughs", *Educational Leadership*, Vol. 65, No. 4, pp. 81-82.

David, J. D. and D. Greene (2007), *Improving Mathematics Instruction in Los Angeles High Schools: An Evaluation of the PRISMA Pilot Program,* Bay Area Research Group report.

Donovan, S. and J. Bransford (2005), *How Students Learn: History, Mathematics, and Science in the Classroom,* National Academy Press, Washington, DC.

Donovan, S., J. Bransford and J. Pellegrino (1999), *How People Learn: Bridging Research and Practice,* National Academy Press, Washington, DC.

Dweck, C. S. (2003), "Ability Conceptions, Motivation and Development", *British Journal of Educational Psychology Monograph Series II, Part 2* (Development and Motivation), pp.13-27.

Elmore, R. F. (2000), *Building a New Structure for School Leadership*, Albert Shanker Institute, Washington, DC.

Engeström, Y. and D. Middleton (eds.) (1999), *Cognition and Communication at Work,* Cambridge University Press, Cambridge, UK.

Feldman, M. S. (2000), "Organizational Routines as a Source of Continuous Change", *Organization Science,* Vol. 11, No. 6, pp. 611-629.

Feldman, M. S. and B. T. Pentland (2003), "Reconceptualizing Organizational Routines as a Source of Flexibility and Change", *Administrative Science Quarterly*, Vol. 48, No. 1, pp. 94-118.

Firestone, W. A., D. Mayrowetz and J. Fairman (1998), "Performance-based Assessment and Instructional Change: The Effects of Testing in Maine and Maryland", *Educational*

Evaluation and Policy Analysis, Vol. 20, No. 2, pp. 95-113.

Frank, K. A., Y. Zhao and K. Borman (2004), "Social Capital and the Diffusion of Innovations within Organizations: The Case of Computer Technology in Schools", *Sociology of Education,* Vol. 77, No. 2, pp.148-171.

Gamoran, A., C. W. Anderson, P. A. Quiroz, W. G. Secada, T. Williams and S. Ashmann (2003), *Transforming Teaching in Math and Science: How Schools and Districts can Support Change,* Teachers College Press, New York.

Gardner, H. (1995), *Leading Minds: An Anatomy of Leadership,* Basic Books, New York.

Gersick, G. J. and J. R. Hackman (1990), "Habitual Routines in Taskperforming Groups", *Organizational Behavior and Human Decision Process,* Vol. 47, No. 1, pp. 65-97.

Ginsberg, M. B. (2001), "Data-in-a-Day Technique Provides a Snapshot of Teaching that Motivates", *Journal of Staff Development,* Vol. 22, No. 2, pp. 44-47.

Glaser, R. (1984), "Education and Thinking: The Role of Knowledge", *American Psychologist,* Vol. 39, pp. 93-104.

Glaser, R. and M. Bassok (1989), "Learning Theory and the Study of Instruction", in *Annual Review of Psychology,* Annual Reviews, Inc., Palo Alto, CA.

Goldman, P., L. B. Resnick, V. Bill, J. Johnston, D. Micheaux and A. Seitz (2004), *Learning-Walk SM Sourcebook* (Version 2.0), available from the Institute for Learning, Learning Research and Development Center, University of Pittsburgh.

Greeno, J. G., A. Collins and L. B. Resnick (1996), "Cognition and Learning", in D. C. Berliner and R. C. Calfee (eds.), *Handbook of Educational Psychology*, Macmillan, New York, pp. 15-46.

Hallett, T. (2010), "The Myth Incarnate: Recoupling Processes, Turmoil, and Inhabited Institutions in an Urban Elementary School", *American Sociological Review*, Vol. 75, No. 1, pp. 52-74.

Hannan, M. T. and J. Freeman (1984), "Structural Inertia and Organizational Change", *American Sociological Review,* Vol. 49, No. 2, pp. 149-164.

Harbison, R. and E. Hanushek (1992), *Educational Performance for the Poor: Lesson from Rural Northeast Brazil*, Oxford University Press, Oxford.

Herrera, J. F. (2006), *The Upside Down Boy,* Children's Book Press, San Francisco.

Hill, H., B. Rowan and D. Ball (2005), "Effects of Teachers' Mathematic Knowledge for Teaching on Student Achievement", *American Educational Research Journal*, Vol. 42, No. 2, pp. 371-406.

Hopkins, G. (originally published 4/12/2005, links last updated 2/5/2007), "Walk-Throughs are on the Move!", *www.education-world.com/a_admin/admin/admin405.shtml*, retrieved 1 August 2007.

Hutchins, E. (1995), *Cognition in the Wild,* MIT, Cambridge, MA .

Kachur, D. S., J. A. Stout and C. L. Edwards (2010), *Classroom Walkthroughs to Improve*

Teaching and Learning, Eye on Education, Larchmont, NY.

Keruskin, T. E. (2005), *The Perceptions of High School Principals on Student Achievement by Conducting Walkthroughs*, unpublished Doctor of Education, University of Pittsburgh, Pittsburgh, PA.

Kruse, S., K. S. Louis and A. Bryk (1995), "An Emerging Framework for Analyzing School-Based Professional Community", in K. Louis and S. Kruse and Associates, *Professionalism and Community: Perspectives on Reforming Urban Schools,* Corwin Press, Inc., Thousand Oaks, CA, pp. 23-44.

Lave, J. and E. Wenger (1991), *Situated Learning: Legitimate Peripheral Participation,* Cambridge University Press, Cambridge, UK/New York.

Leana, C. R. and F. K. Pil (2006), "Social Capital and Organizational Performance: Evidence from Urban Public Schools", *Organization Science,* Vol. 17, No. 3, pp. 353-366.

Leithwood, K., K. S. Louis, S. Anderson and K.Wahlstrom (2004), *How Leadership Influences Student Learning. Review of Research,* The Wallace Foundation, New York, NY.

Leithwood, K. and R. Steinbach (1990), "Characteristics of Effective Secondary School Principals' Problem Solving", *Educational Administration and Foundations*, Vol. 5, No. 1, pp. 24-42.

Louis, K. S. and H. M. Marks (1998), "Does Professional Community Affect the Classroom? Teachers' Work and Student Experiences in Restructuring Schools", *American Journal of Education,* Vol. 106, No. 4, pp. 532-575.

Mabey, C. and P. Iles (eds.) (1994), *Managing Learning*, Routledge, London/New York.

March, J. G. (1981), "Exploration and Exploitation in Organizational Learning", *Organizational Science,* Vol. 2, No. 1, pp.71-87.

March, J. G. and H. A. Simon (with the collaboration of H. Guetzkow) (1958), *Organizations.* Wiley, New York.

March, J. G. and H. A. Simon (with the collaboration of H. Guetzkow) (1993), *Organizations* (2nd edition), Blackwell, Cambridge MA.

Marris, P. (1974), *Loss and Change*, Anchor Press/Doubleday, New York.

Matsumura, L. C., H. Garnier and L. B. Resnick (2010), *Implementing Literacy Coaching: The Role of School Social Resources. Educational Evaluation and Policy Analysis*, OnlineFirst, published on 3 May, 2010.

McAdams, D. (1993), *The Stories We Live By: Personal Myths and the Making of the Self,* W. Morrow, New York.

McConachie, S. M. and A. R. Petrosky (eds.) (2010), *Content Matters: A Disciplinary Literacy Approach to Improving Student Learning,* Jossey-Bass, San Francisco.

McLaughlin, M. W. and J. E. Talbert (2001), *Professional Communities and the Work of High School Teaching,* University of Chicago Press, Chicago.

McLaughlin, M. W. and J. E. Talbert (2006), *Building School-based Teacher Learning*

Communities: Professional Strategies to Improve Student Achievement, Teachers College Press, New York, NY.

Meyer, J. and B. Rowan (1977), "Institutional Organizations: Formal Structure as Myth and Ceremony", *American Journal of Sociology*, Vol. 83, No. 2, pp. 340-63.

Michaels, S., M. C. O'connor and M. W. Hall (with L.B. Resnick) (2002), *Accountable Talk SM: Classroom Conversation that Works* [CD-ROM Set, Beta version 2.0]. available from the Institute for Learning, Learning Research and Development Center, University of Pittsburgh.

Moolenaar, N., A. Daly, P. Sleegers (in press), "Ties with Potential: Social Network Structure and Organizational Innovative Capacity in Dutch Schools", *Teachers College Record.*

Nahapiet, J. and S. Ghoshal (1998), "Social Capital, Intellectual Capital and the Organizational Advantage", *Academy of Management Review,* Vol. 23, No. 2, pp. 242-266.

Newman, F. M. (1996), *Authentic Achievement: Restructuring Schools for Intellectual Quality,* Jossey-Bass, San Francisco, CA.

Newmann, F., H. Marks and A. Gamoran (1996), "Authentic Pedagogy and Student Performance", *American Journal of Education*, Vol. 104, No. 4, pp. 280-312.

Newmann, F. M. and G. G. Wehlage (1995), *Successful School Restructuring: A Report to the Public and Educators by The Center on Organization and Restructuring of Schools.* University of Wisconsin-Madison, Madison,WI.

Orr, J. (1996), *Talking about Machines,* Cornell University Press, Ithaca, NY.

Penuel, W. R., K. A. Frank and A. Krause (2006), "The Distribution of Resources and Expertise and the Implementation of Schoolwide Reform Initiatives", *Proceedings of the 7th International Conference on Learning Sciences,* International Society of the Learning Sciences, Bloomington, IN.

Powell, W. W. and P. J. DiMaggio (eds.) (1991), *The New Institutionalism in Organizational Analysis*, The University of Chicago Press, Chicago/London.

Purkey, S. C. and M. S. Smith (1983), "Effective Schools: A Review". *The Elementary School Journal,* Vol. 83, No. 4, pp. 426-452.

Reagans, R. and W. McEvily (2003), "Network Structure and Knowledge Transfer: The Effects of Cohesion and Range", *Administrative Science Quarterly*, Vol. 48, No. 2, pp. 240-267.

Resnick, L. B. (1987), *Education and Learning to Think,* National Academy Press, Washington, DC.

Resnick, L. B. and V. L. Bill (2001), *Clear Expectations: Putting Standards to Work in the Classroom* [CD-ROM, Beta version 1.0], available from the Institute for Learning, Learning Research and Development Center, University of Pittsburgh.

Resnick, L. B. and T. K. Glennan (2002), "Leadership for Learning: A Theory of Action for Urban School Districts", in A. M. Hightower, M. S. Knapp, J. A. Marsh and M. W. McLaughlin (eds.), *School Districts and Instructional Renewal,* Teachers College Press, New York.

Resnick, L. B., M. W. Hall and Fellows of the Institute for Learning (2001), *Principles of Learning: Study Tools for Educators* [CD-ROM], Institute for Learning, Learning Research and Development Center, University of Pittsburgh, Pittsburgh, PA.

Resnick, L. B., M. W. Hall and fellows of the Institute for Learning (2003), *Principles of Learning for Effort-based Education,* [abridged version of E-book excerpted from CD-ROM], University of Pittsburgh, Pittsburgh, PA.

Resnick, L. B., J. M. Levine and S. D. Teasley (eds.) (1991), *Perspectives on Socially Shared Cognition,* American Psychological Association, Washington, DC.

Resnick, L. B. and S. Nelson-LeGall (1997), "Socializing Intelligence", in L. Smith, J. Dockrell and P. Tomlinson (eds.), *Piaget, Vygotsky and Beyond,* Routledge, London/New York, pp. 145-158.

Resnick, L. B., R. Saljo, C. Pontecorvo and B. Burge (eds.) (1997), *Discourse, Tools, and Reasoning: Essays on Situated Cognition,* Springer-Verlag, Berlin.

Resnick, L. B. and J. Spillane (2006), "From Individual Learning to Organizational Designs for Learning", in L. Verschaffel, F. Dochy, M. Boekaerts and S. Vosniadou (eds.), *Instructional Psychology: Past, Present and Future Trends. Sixteen Essays in Honor of Erik De Corte* (advances in Learning and Instruction Series), Pergamon, Oxford.

Resnick, L. B. and C. Zurawsky (2005), "Getting Back on Course: Fixing Standards-based Reform and Accountability", *American Educator*, Vol. 29, No. 1, pp. 8-46.

Rogoff, B., C. G. Goodman-Turkanis and L. Bartlett (2001), *Learning Together: Children and Adults in a School Community,* Oxford University Press, New York, NY.

Rowan, B. (2002), "The Ecology of School Improvement: Notes on the School Improvement Industry in the United States", *Journal of Educational Change*, Vol. 3, Vol. 3-4, pp. 283-314.

Rowan, B., R. Correnti, R. Miller and E. Camburn (2009), "School Improvement by Design: Lessons from a Study of Comprehensive School Reform Programs", in B. Schneider and D. Sykes (eds.), *AERA Handbook on Education Policy Research.*

Schon, D. (1987), *Educating the Reflective Practitioner,* Jossey-Bass, San Francisco.

Senge, P. (1994), *The Fifth Discipline Fieldbook: Strategies for Building a Learning Organization*, Currency Doubleday, New York.

Shachar, H. and S. Fischer (2004), "Cooperative Learning and the Achievement of Motivation and Perceptions of Students in 11th Grade Chemistry Classes", *Learning and Instruction*, Vol. 14, No. 1, pp. 69-87.

Sherer, J. Z. and J. P. Spillane (in press), "Constancy and Change in Work Practice in Schools: The Role of Organizational Routines", *Teachers College Record.*

Sparrow, J. (1998), *Knowledge in Organizations: Access to Thinking at Work.* Sage, London.

Spillane, J. (2004), *Standards Deviation: How Local Schools Misunderstand Policy*, Harvard University Press, Cambridge, MA.

Spillane, J. (2005), *Distributed Leadership,* Jossey-Bass, San Francisco.

Spillane, J., E. Benz and E. Mandel (2004), *Organizational Identity: The Stories Schools Live By,* paper presented at the Annual Meeting of the American Educational Research Association, April, New Orleans.

Spillane, J. and P. Burch (2006), "The Institutional Environment and Instructional Practice: Changing Patterns of Guidance and Control in Public Schools", in H. Meir and B. Rowan (eds.) *The New Institutionalism in Education,* SUNY Press, Albany, NY.

Spillane, J. and J. B. Diamond (eds.) (2007), *Distributed Leadership in Practice,* Teachers College Press, New York, NY.

Spillane, J., L. Mesler, C. Croegaert and J. Sherer Zoltners (2007), "Organizational Routines and School-level Efforts to Establish Tight Coupling: Changing Policy, Changing Work Practice?", working paper, Northwestern University.

Staub, F. C. and E. Stern (2002), "The Nature of Teachers' Pedagogical Content Beliefs Matters for Students' Achievement Gains: Quasi-Experimental Evidence from Elementary Mathematics", *Journal of Educational Psychology,* Vol. 94, No. 2, pp. 344-355.

Strauss, S. and T. Shilony (1994), "Teachers' Models of Children's Minds and Learning", in L. A. Hirschfeld and S. A. Gelman (eds.), *Mapping the Mind,* Cambridge University Press, New York.

Suchman, L. (1996), "Constituting Shared Workspaces", in Y. Engeström and D. Middleton (eds.), *Cognition and Communication at Work,* Cambridge University Press, Cambridge, UK.

Talbert, J. and J. L. David (with W. Lin) (2008), *Evaluation of the Disciplinary Literacy-Professional Learning Community (DL-PLC) Initiative in Austin Independent School District*, final report, Center for Research on the Context of Teaching, Stanford University.

Talbert, J. and M. McLaughlin (1999), "Assessing the School Environment: Embedded Contexts and Bottom-up Research Strategies", in S. Friedman and T. Wachs (eds.), *Measuring Environment across the Life Span,* American Psychological Association, Washington, DC.

Tyack, D. (1974), *The One Best System: A History of American Urban Education*, Harvard University Press, Cambridge, MA.

Uzzi, B. (1997), "Social Structure and Competition in Inter-firm Networks", *Administrative Science Quarterly*, Vol. 42, No. 1, pp. 35-67.

Vygotsky, L. (1978), *Mind in Society,* Harvard University Press, Boston.

Weber, M. (1947), *The Theory of Social and Economic Organization,* Free Press, London.

Wenger, E. (1998), *Communities of Practice: Learning Meaning and Identity,* Cambridge University Press, New York.

第十三章　21 世纪学习环境的未来指引

戴维·艾斯坦斯

David Istance

经济合作与发展组织

OECD

汉纳·杜蒙

Hanna Dumont

德国图宾根大学

University of Tübingen, Germany

　　戴维·艾斯坦斯和汉纳·杜蒙总结了前面章节中的核心结论，有关学习的研究力荐的有效学习环境有如下特征：

- 以学习为中心，鼓励参与，学习者在其中能够意识到自身学习者的身份；
- 学习是社会性与协作性并存的；
- 学习者的动机和情感高度协调；
- 对学习者先前知识的个体差异十分敏感；
- 对每位学习者的要求严格但未超其负荷；
- 使用与教学目标一致的评估方式，高度重视形成性评价；
- 能够促进校内外学习活动与主题科目的横向关联。

　　在探讨部分与实践相关的棘手问题之前，本章先阐述以学习者为中心的、结构化的、个性化的、社会化的及包容的、符合研究结论的教育议题。

概　　论

　　本书展示了关于学习的丰富的研究发现和深刻讨论。在这最后一章中，我们特地与实践者、决策者共同精挑细选了关于优化学习（optimising learning）的核心结论，进行总结。如果没有这些总结性的横向的结论或原则，这些丰富的知识脉络始终是碎片化的，难以被希望从研究中寻求清晰的实践指引的人所应用。随后我们会展示学习科学如何对教育议题中人们所熟知的术语给出详尽的判断和解释。最后，通过对建议以及变革进行探讨，我们对棘手的教育实施问题进行论述，希望能够抛砖引玉。

主要的横向结论

前面章节对诸多研究的综述均是基于不同的时期和条件进行的，并对范围宽广、复杂情境下的学习的本质进行了分析。然而，学习一贯是"情境化"（德科尔特）① 的事实，可能是对诸多研究结果进行综合比较的内在限制。当特定的研究发现可以被反复验证时，它就变得令人信服，尽管学习者和学习情境变化多样。由于存在无数复杂的学习情境，我们不能对学习的动态性进行一般化的概括，因此我们极少解读学习的情境特性，尽管这意味着不存在通用的完美的学习情境。但是如果把学习发生、发展、完成的社会、文化和教育情境作为重要的因素重视，情况就不一样了。

对学习环境的关注，是对真实情境的直接关注，优先于对个人学习的不同方面的总结。我们建议应对大量优秀的研究进行解释，并将其转化为更为全面系统的观点，因为这正与众多实践者、决策者息息相关。他们所提的引导性问题，如"我该如何促进特定个人的特定方面的学习"这类问题越来越少，而"我们该如何为所需要负责的所有人组织教学，优化学习条件"这类问题更多。第一个问题的答案可能会对第二个问题的解答提供宝贵的信息，但这两个问题是不同的。

事实上，尽管人们认同学习情境或学习环境的重要性，但学习科学的大量研究趋于关注学生个体或教师，而将情境问题留给他人（雷斯尼克，斯皮兰，戈德曼，兰热尔）。雷斯尼克及其同事发现一个关于变革的推论：正如

① 大多数情况下，本文的讨论都基于前面的章节，我们会用作者的名字代替章节名称——例如（德科尔特）或者"德科尔特认为……"，而不使用传统意义上的参考文献的形式。当然了，引用其他文献的地方我们采用规范格式，前面是作者姓名，后面是年份，在参考文献列表部分出现全部信息。

专业技术人员通过技能寻求变革一样，他们认为应发展并支持"教育者的专业学习社区"，并为其提供广阔空间。

下述的结论将本书所述内容整理为更加系统的观点。在我们看来，所呈现的系统观点与"学习和教育本质"的构建更为紧密。这些观点指引着更多的跨学科研究，在学习者丰富的文化与社会背景下，我们把对"黑匣子"的微观理解与对学习环境的研究结合起来，以丰富主要结论。

设计学习环境的核心原则

> 学习环境应将学习者视为核心参与者，鼓励学习者积极参与和自我发展，并在积极参与中逐渐理解自己作为学习者的所作所为。

学习者是学习环境的核心参与者，因为知识是由学习者积极建构的。"（学习是）学生在与环境互动获取知识和技能的过程中所付出的意志和努力。"（德科尔特）迈克尔·施耐德和斯特恩认为，作为学习最终发生的对象，学生是核心主体。这点也被神经科学的研究进一步证实：脑并不是被动地接受刺激和信息的，而在积极地建构和解释信息（辛顿，费希尔）。

对建构的核心特征的认识，意味着学习中个体的积极参与至关重要，至少是重要的，因为在学习环境中，所有人都必须积极参与，而不仅仅是能够迅速学习的人或学习动机强烈的人才需要积极参与。本书描述的各类方法中，"促使学习更加积极主动"是一个关键原则，而不管这种学习是否是合作学习［在合作学习中年轻人相互协作深化对知识的理解（斯莱文）］，探究式学习（巴伦，达林-哈蒙德），或者服务学习（富尔科）。正如威廉对"关于反馈的作用"的大量研究所总结的那样，对学生当前的成绩做出反馈仅能起到微乎其微的作用，但如果能对学生的意识活动进行反馈，则对学习的效果影响深远。

以学习活动为中心的学习环境，尤为注重培养学习者敏锐、成熟的对参与学习意味着什么的认识，例如，鼓励学生成为"自我调节的学习者"。这意味着要发展学习者的"元认知技能"，以监控、评价和优化其获得和使用知识的能力（迈克尔·施耐德，斯特恩）。这也意味着学习者在学习的过程中，能够控制自身的情感与动机，例如，在面对繁重任务时，能调动情感作为力量之源，或者保持注意力和动机集中（博卡尔特，德科尔特）。

自我调节的学习者"能很好地管理学习时间，设定较高的近期学习目标，进行更频繁和准确的自我监控，设定让自我满意的高标准，有更强的自我效能感，不畏困难，勇于坚持"（德科尔特）。自我调节对获取知识而言并不是一项独立的学习技能，而是整体学习技能中的一部分。

当学习被认为是学习环境中的核心活动时，核心技巧（课堂或者任何教／学接口）所指的内容与组织定位的重点内容之间的差距会显著减少。雷斯尼克、斯皮兰、戈德曼和兰热尔将这些差距（他们称之为"去耦合"或"松散耦合"）作为重要因素，解释了通常情况下，为何教育中的变革如此之难，以及为何创新和改革难以维持。

> 学习环境应建立在学习的社会本质之上，并积极提倡开展经过精心设计的合作学习。

有效学习并不只是个体行为，而在本质上是分布式行为：个体知识建构通过交互、协商以及合作发生（德科尔特）。神经科学研究已经证实，人脑已经为交互做好了准备（辛顿，费希尔）。交互和合作不仅指面对面的交互，如今也包括异地的学习者利用网络通信技术和数字资源远程完成合作项目。

组织恰当的、结构化的小组合作学习，对学习成就、行为和情感有巨大益处（斯莱文，巴伦，达林－哈蒙德）。然而斯莱文指出，多数教师仍存在误解，认为合作方法本质上是非结构化的，这一误解解释了尽管具备具有说服力的证据，为何有效的合作学习方法仍旧未能在大多数学校中实施。

威廉提议将"积极的学生对他人而言也是教学资源"作为定义形成性评价的五个关键原则之一，它已被证明是优秀教学不可或缺的一部分。合作学习的积极作用成为多元背景下学生间的有力纽带，同时也是支持社区服务学习的论据之一（富尔科）。

合作能力是一项非常有价值的、独立的能力，且需要培养，更不用说它对可测量的学习结果的影响。合作在 21 世纪必备能力中占有重要的地位，对此本书的第一章及其他作者都已提及（如巴伦，达林－哈蒙德）。采取集体解决问题的方式或课题研究的形式进行合作，这将是贯穿年轻人一生的情境写照。如果学校学习完全依靠个人，学生将难以应对当前经济与社会生活的重任。这对于评价机制是一次与众不同的挑战，因为需要同时辨别并报告个人成就，从而促使进步，而不是阻碍积极的学习和创新（Looney，2009）。

然而，合作学习并没有降低自主学习、个人研究和自学的地位，所有这些方法在个人临近和处于青少年的时期都发挥着核心作用，其重要性不言而喻。采用学习环境观点的一大益处是能够凸显有效的学习是如何将各种不同的教学方法和学习模式渗透于每天、每周、每日的学习课程中的，而不仅仅依靠单一的方法。因此，经过精心研究，合作学习的益处之一是能够符合个人学习的需要，因为学习需求因人而异。

> 学习环境中的学习专家应高度关注学习者的学习动机以及情绪在获得学习成就中的关键作用。

学习由情感、动机和认知动态的相互作用所引发，学习的情感维度和认知维度是紧密交织在一起的（博卡尔特；辛顿，费希尔；迈克尔·施耐德，斯特恩）。因此，我们不仅需要了解学习者的认知发展，还需要了解他们的情感和动机的特征。发展深度理解和德科尔特提到的"适应性能力"的五个关键要素分别是：一般情况下对自身的积极信念、对特定学科的积极信念、自我调节能力、对个人动机的元认知以及个人的认知过程。

然而这种情感、动机和认知之间的相互作用虽然在理论上易于被认可，却难以被真正采纳并付诸实践。对学习者信念和动机的关注，相比对认知发展目标的关注，更远离了标准的教育思想，甚至在教师教育中也是如此（博卡尔特）。

教师需要清楚学生的动机信念和情感反应，以此来指导学生的学习过程；而学生若要成为有效的、自律的学习者，就需要调节自身的情感和动机（博卡尔特）。"要高度调动学习者的学习动机，发挥学习情感在取得成就中的关键作用"绝不是一句关于鼓励的箴言，事实上，不恰当的鼓励可能弊大于利。迈克尔·施耐德和斯特恩都认同"学习应当是愉悦的"这一观点，并以登山作比：学习的乐趣在于不断攀登到达峰顶，而不是坐在顶峰，握着数码相机拍秀丽风景。因此，对动机（学生所有学习活动中的动机）的关注最首要的是使学习更有效而不是更愉悦。与此同时，如果学习者没有从挑战中获得满足感［即积极的情感体验（博卡尔特）］，这最终将对学习绩效产生负面影响。

诸多成功的学习方法，如技术支持的学习（迈耶）、合作学习（斯莱文）、探究式学习（巴伦，达林－哈蒙德）以及服务学习（富尔科）等，其有效的原因在于他们能激发和调动学习者的动机。也就是说，儿童或者年轻人动力十足地学习，或是因为技术支持的学习这一模式十分吸引人，或是因为学习过程和内容富有意义（如许多基于探究或基于社区的方法一样），或是因为学习者通过和传统教育社区之外的人或物接触而备受激励。这些例子显示出：我们无须在激励方法和有趣的方法之间做出选择：一方面，这些方法都能获得可测量的学习成就；另一方面，我们应该做的是准确使用富有意义、激励人心的方法以促进学习。

> 学习环境应对学习者先前知识的个体差异十分敏感。

学生在学习的诸多方面差别很大：先验知识、能力、学习观念、学习风格和策略、兴趣、动机、自我效能感、情感；也包括社会环境方面的差异，如语言、文化、社会背景。因此，构建学习环境的根本挑战在于应对个体的差异，同时确保年轻人在共同的教育和文化框架中共同学习。先天遗传与后天经验的交互作用持续不断、错综复杂地影响着学习过程（辛顿，费希尔；芭芭拉·施耐德，基斯勒，莫洛克）。神经科学研究发现，人们遵循着各自不同的学习路径，并逐渐能在脑中将这一过程图式化。

人类思考的一个基本特征是，人们试图将已知的陈述性知识和程序性知识与新信息建立意义连接（德科尔特；迈克尔·施耐德，斯特恩）。相反，不能建立新旧知识连接的学习者，在完成挑战性新任务时，会倍感挫折。因此，先前知识对学习过程的影响巨大。先前知识作为至关重要的资源之一，影响当前学习，同时也是学习者个体差异最显著的部分（迈耶）。

先前知识的积累来自正式的和非正式的各种资源和经验，如日常生活中的观察、兴趣爱好、大众媒体、朋友、家人及先前的学校经历（迈克尔·施耐德，斯特恩）。芭芭拉·施耐德、基斯勒和莫洛克强调家庭在塑造教育期望、职业抱负和学术成就方面的重要性。

因此，了解学习环境中学习者的不同背景和起点，是了解个体及群体学习者的优势和限制，以及塑造学习的动机及抱负的不可或缺的一部分。因此，学习环境应与学习活动步调一致，多层次适应学习者的个体差异和学习偏好，促进学习者个体和整个学习群体的可持续发展（博卡尔特，德科尔特）。建立与学习者先前知识的紧密连接，使得学习富有意义，同时也能搭建正式学习和非正式学习之间的桥梁。

> 学习环境中的学习项目应是从各方面都对学习者具有挑战性，要求其努力，而又不让其负荷过度的。

当学习环境能感知学习者的个体差异时，其效果更好。这一研究发现源自本书的多位作者，他们认为每位学习者只需受到充分挑战，就能超越他们现有的水平和能力。由此获得的结论是：学习者不必将大量的宝贵时间投入到无法提升自身的任务上。

对迈克尔·施耐德和斯特恩而言，他们理论的基石之一是"学习受人类信息处理体系结构的能力限制"。同样，迈耶所著章节在关于"技术支持的学习"的核心观点中提到"有限容量"（人们在同一时刻只能加工少量材料）的概念，并提到个体在任意时刻的学习中其工作记忆的容量是有限的，人们必须关注其与长时记忆的容量无限性之间的显著差异。

博卡尔特将其重要的"核心原则"界定为：当学生感到有能力完成所期望的任务时，他们会更加积极（因此，期望值的最大限度是不超过个体对自身能力的感知）；具备精准判断力的学生（如能够判断自身实际表现的学生）能进行更有效的自我管理。博卡尔特同时提到：理论上讲，对自我效能感的判断应略微超过实际表现，此时学习者可在没有太大失落感的前提下不断努力与不懈坚持；即使有较高的自我效能判断，但如果反复经历失败，学习者也会降低坚持学习的信心。

斯莱文的评价结果显示，合作学习方法同样适用于所有类型的学生。这和一些教师和家长的担心相违背，他们认为这种方法将阻碍个体的精英化发展。然而研究显示，"精英学生"（指传统课堂中的精英）在合作学习中的收获往往与"非精英学生"持平。部分原因是，有效的小组学习能够全面发展学习者的能力；还有部分原因是，精英学生通过帮助较差的同学学习，可以深化自身的学习。设计良好的小组学习是实现这一原则的重要方式，其目的是实现每个学习者的互帮互助、共同成长。

因此，学习环境应要求所有学习者勤奋努力，刻苦学习，持续发展，直至出类拔萃。但是，本书的研究也提到：应避免由令人身心俱疲的"死读书"导致学生超负荷、不思进取的机制，因为这不仅仅缺乏人性化考虑，对构成有效学习的认知和学习动力两个要素的持续保持也毫无益处。这一原则和之前提到的原则都认同学习环境应"个性化"，因为个性化的学习环境能满足个体的差异，同时学习者还可以超越以往对自己能力的认知进行扩展学习。

> 学习环境的运作应在明确的设想下进行，并通过评价策略来达成这些设想，在这之中要格外强调形成性反馈对学习的支持。

应明确阐明对学生学习的期望，这样学生就能知晓自己正在做什么，将分散的学习活动融入宏观的学习框架中。如果学习者不知道他们正在做什么以及为什么这么做，那么他们的学习最多只能算偶然事件，而且他们也不可能成为自我控制型的学习者。

一般说来，评价策略对教什么、如何高效教学意义重大。巴伦和达林-哈蒙德这样描述评价策略："评价的本质是对学生所需要完成的任务的认知要求的界定。"威廉同样也将评价置于重要位置，认为评价是沟通教与学的桥梁，尤其在学习者的学习能力和学习速度迥异的情况下。

因此，绩效评估应该是权威真实、理智宏观、基于多维度标准的。评价策略应与学习目标保持一致并适合学习者参与。设计良好的评价对学习有积极作用。而不恰当的评价，包括过于关注学习结果中的某个非常窄的维度的评价，或并未服务于学习过程（威廉"形成性评价"的关键要素）的评价，会对学习产生负面影响。

形成性评价是21世纪学习环境的一个核心特征（威廉；巴伦，达林-哈蒙德；迈克尔·施耐德，斯特恩；辛顿，费希尔）。学习者需要大量的、定期的且有意义的反馈，以帮助他们修正对学习的理解。这种反馈能够激发学生的动机，并帮助他们在自己的学习中维持自信。为保证有效性，形成性评价应该整合到课堂实践中：应该持续不断地对学生的学习进行实时评价，以塑造学习环境中的组织和实践，并且使教学适应学生的需求（威廉）。

> 学习环境应能够强有力地推动知识与学科领域、学习社区及更广泛的世界的"横向联系"。

学习的一个关键特征是：复杂知识结构是由许多碎片化的知识以层级的形式组织而成的。由迈克尔·施耐德和斯特恩提出的另一里程碑式的研究发现为：最佳的学习能够形成可迁移的知识结构。也就是说，分散的学习内容应被整合到宏观的框架、理解和概念中，从而将学习迁移到新的情境中。换句话说，一个有效的学习环境能够强有力地促进"横向关联"。

横向关联，即发展更为宏观的框架并在不同情境下转换和使用知识（包括处理生疏问题的能力），是"21世纪能力"的典型特征之一，它引发了人们对当代教育的诸多兴趣。但证据表明，学生通常很难将对某领域中相同观点或关系的理解迁移到另一领域，哪怕是同一个数学问题的举例上出现的变化，也可能导致差别各异的非正确答案的产生。教师的观点和学生的观点之间的联系通常非常混乱且高度碎片化（迈克尔·施耐德，斯特恩）。教学的主要目标是，帮助学生逐渐通过将越来越多的知识碎片在脑中建立连接来成为这方面的能手。

横向关联已延伸到学习环境之外的领域，因为让学习者感知正式学习环境与更广范围的社会环境的学习上的关联极其重要，因为这可以帮助学习者创造意义（德科尔特；富尔科）。学生们通过"真实学习"学得更深入（巴伦，达林-哈蒙德）。因此，有意义的现实生活问题对于支撑相关的学习任务起着至关重要的作用：探究式学习和服务学习为如何完成这方面的学习提供了更广泛的实例。

学生在正式学习环境中所投入的时间实际上是很少的，与父母、同龄人和媒体的互动为他们的学习提供了大量其他机会和资源。努力促进学生正式学习和非正式学习之间的交互融合至关重要（德科尔特）。家庭对于年轻人而言是最重要的影响因素和环境，家庭是儿童获得基础认知和社会技能的主要场所（芭芭拉·施耐德，基斯勒，莫洛克）。一个有效的学习环境至少不能同家庭的影响和期望相背离，平衡二者将使学习者获得更好的学习效果。

一项需求性教育议题

以上的结论和原则可能让人觉得并不新鲜，这些结论和原则是各章节的作者综合数十年的研究获得的，因此不可避免地与许多研究结果相似，多数研究各自独立。然而，这些研究的作用和关联不在相互独立中呈现，也不依赖于它们是否通过新颖的方法得出，而蕴藏于结合而得的整体研究发现之中。

我们能进一步断言，**所有的原则都应置于真实的学习环境之中，以判断它们是否真实有效**。在此基础上，这些原则涉及的议题，事实上是许多学校和课堂极为稀缺、迫切需要的。结论和原则应灵活可变，避免在不同的学习环境中以同样的方式被应用，或在同一学习环境的不同时间段以同样的方式被应用。结论和原则应能和各种不同的教学模式和方法相互兼容。但是如果出现如下情况的缺失，那么对原则其他方面更加重视也无法维持有效学习：忽视持续的形成性评价、未能关注动机的激励、学习者停止了合作学习、学习没有实现广泛的关联和知识的迁移、许多学习者在学习过程中退出等。所有原则都是不可或缺的。

应将学习科学和上述原则转化为教育者熟悉的教育术语，以满足教育领导者和公众的需求。

以学习者为中心、以教师为主导的环境

本书中的章节所阐述的原则，其特征为"以学习者为中心"：有效学习环境须高度关注学习，将学习作为主要活动。对于作为核心角色的教师和其

他研究学习的专业人员而言，这是毫无疑问的，负责实施这些原则的人需具备高水平的专业技能和无私奉献精神。OECD 致力于学习环境的开发，明确强调学习并不仅发生在个体内部，而且发生在个体与学习内容、学习专家、资源、设备和技术等的结构化交互中。对学习环境进行精心设计、规划的核心人物是教育专业人员和领导者。

例如，巴伦和达林–哈蒙德指明，探究式学习方法取教学法之精华，以管理课堂的拓展练习，其重点为"从理解中学习"，而不是"为了学习而学习"。迈耶认为，令人失望的以技术为中心的方法和前途大好的以学习者为中心的技术支持的方法之间的区别在于前者使学习者被动适应技术，好比将精密复杂的高端技术全部呈现，而不是简单提供登录计算机和获取其他数字资源的入口。威廉讨论了掌控课堂活动的重要性，掌控课堂活动并不是说要求学生死板地遵守规则，而是说要创建有利于学习的条件，并适当调整。威廉指出，许多人要求教师由"讲台上的圣人"转变为"身边的指导者"。若将这一转变理解成减轻对教师"保证学习发生"的责任的要求，这种转变便存有风险。威廉认为教师是学习环境的责任工程师，负责环境的设计与落实。

因此，将"以学习者为中心"与对教师工作和专业的认可对立起来的做法会使人误入歧途。只有完全"以教师为中心"削弱学习者的参与时，这一行为才与"以学习者为中心"的原则对立。

结构化及专业化的学习环境

在结构化及专业化的学习环境中，这些原则同样隐含一个学习议题。这些原则倡导通过不同层级的非正式学习，进行探究式学习和自主学习，但并不是简单让学习者在松散的、无指导的、无监督的环境下，自己发展学习兴趣和能力。本书不同章节都论述了教师主导的学习以及自主学习的益处，但这些都既不是松散的也不是偶然发生的。由巴伦和达林–哈蒙德、斯莱文和迈耶得出的结论与上述观点不谋而合。

因此，从学习科学得出的结论排除了一种假设，即希望通过学习环境使学习者自己发现自身的兴趣和能力，且更多时候将学习作为单独的活动来进行，虽然这有可能发生。学习专家的专业知识在对学习情境进行适当设计与规划的同时，还具备无形的附加值。无论如何，年轻的学习者不会将满怀动机地参与毫无指引的研究活动作为核心的学习方法（博卡尔特；芭芭拉·施耐德，基斯勒，莫洛克）。德科尔特引用早前迈耶（Mayer，2004）的研究，在实施直接教学与无引导发现法之前进行引导发现法教学，并测量学习成效。

学习环境的关注重点为不同学习活动的综合，学习活动发生的时间、情境不同，因此，学习者应体验一系列方法或教学法，而不是单一的方法或教学法。当分析的是孤立的课堂或者学习片段时，这种观点往往会被忽视。设计良好的环境中，采用直接教学的时机众多，教师可以将其作为一系列方法的一种进行内容引入与展开，还可将其与其他方法联合使用。因此，这一关注整体的路径试图回答的是对于特殊目标的实现和小组学习者，什么样的混合方法最为有效、新颖，而不是哪个方法相比其他方法有绝对优势。

个性化的学习环境

上述原则基本上都是关于个性化的（OECD，2006）。个性化一词以及与之相关的方法，有人拥护有人批判，其后缀"化"同时也使其带着无实质性内容的风险。然而本书所提到的学习科学的结论和论据为个性化提供了独到的注解。我们描述了理想化、有组织的学习环境，这一学习环境能感知不同学习者的先前知识和执行力，积极发挥其感知能力和相关知识的作用，即学习环境高度适应个体差异。这一学习环境为学习者提供了个性化的、详细的反馈，它们既能给学习速度快的人带来挑战，又能给有困难的学习者提供帮助。这实际上描述了一种有深度的个性化学习环境，它没有统一的形式，没有特定的教学法或课程法，但却将多种方法和原则渗透其中。

如果学习环境能够以学习活动为中心，并且能反映个体差异的多样性，那么它就需要有丰富的信息，对在这一环境中工作的学习专家而言尤其如此。这就凸显了知识管理和信息技术使用的重要性，因为它们不仅能够激励学习，还能够管理信息（OECD，2000，2004）。学习环境中的个性化因素越多，这种潜在的应用就越明显。

社会化及包容性

当描述个体为独立学习选择独特方式，或从自主式课程目录中为自己选课时，有人使用"个性化"一词。比较而言，上述概括的原则都是社会化的——这些原则强调当学习发生在小组情境中，或当学习者作为学习环境的一部分进行协作，或当学习与社区关联时，学习是有效的。事实上，正如我们看到的那样，精心设计的小组学习是实现学习者互帮互助的重要方式。

此外，人们认为这些原则无所不包，即如果学习环境不能激励学习者，不能使大多数学习者参与其中，不能给全部学习者尤其是有障碍的学习者提供个性化、系统化的反馈，不能帮助努力参与其中的学习者发展高阶能力，就不具有真正意义上的包容性，也不符合本章所描述的核心结论和原则。

总之，这些教育议题的特征为：（1）学习环境应以学习者为中心，以教师为主导；（2）学习环境的结构化和专业化设计应给予探究式学习和自主学习足够的空间；（3）学习环境应能感知个体差异，包括为不同步调的学习者提供个性化反馈；（4）学习环境的本质特征是包容性与社会化。

结论

本书各章节阐述了大量分析和元分析，展现了不同实践和活动的积极效果和消极效果。然而，不能假设所有人都认同这些学习结果的重要性。什么样的学习效果和结果是最有价值的，这一问题的答案非常重要。研究显示，实践者对短期内提升回忆无意义字词的能力的关注，显然没有对持续掌握复杂概念材料的关注有价值。

本书的作者们从不同的角度，融合不同观点和建议，认识到了"知识社会"的要求是如何孕育出潜在的学习目标的。为终身学习能力的获得打下基础被反复强调，并冠以各种定义：适应性能力、有意义的学习、深度学习或生成性加工等，所有这些定义都被理解为获得批判性思维的能力、灵活解决问题的能力、技能迁移的能力以及利用某一情境下获得的知识解决新情境出现的问题的能力。这种能力能提炼截然不同的问题、规范、知识碎片的相似性，看似已熟悉某一领域的学习者实际上也极难掌握这一能力。

与此同时，不应该将适应性能力理解为适应与学习常规不一致的东西的能力。事实上，对内容和常规的掌握能够促进适应性能力的发展。"好用的程序使学生能在最小的认知负荷下有效地解决常规问题。剩余的认知资源则可以在更深层的概念理解下解决更新与更复杂的问题。"（迈克尔·施耐德，斯特恩）这对于在发展高阶思维上遇到困难的学生是非常有用的。

除了适应性能力之外，我们之前所说的合作能力，也是一项非常有价值、需要培养的独立能力。且不说它对学业成就的影响，我们在创造力、主动探索的能力、勤勉坚持的能力的培养中也看到了它的作用。这些能力和态度的作用并非提升考试成绩那样简单，尽管也可能真这么简单。这些能力都是独立的重要能力。

如果以过于狭隘的视野去理解学习效果或结果，这将定义一个毫无创意的教育议题。凡是与获得较高测试成绩相关的方法，都常受人青睐；但如有可选方法能提高成绩，且提升学习动机、兴趣、问题解决能力和创造力，那它才是我们需要知道的最核心的信息。评价设计因此就非常重要了，因为它既显示了不同方法对学习的影响，又能够促进学习。巴伦和达林-哈蒙德在所撰写的章节中论述了，如果仅仅查看传统的学习结果，基于探究的教学法和传统教学法就会产生相似的结果，只有当评价知识运用和测量知识推理的质量时，探究式学习的优势才显而易见。

这些"软"优势和长时间才能显现的成效，本质上难以测量，但我们不能因此而回避对其的评价。如果新的、创新性方法得到了密切的关注，那么只要有可能，就应该收集和整理更多支持性的证据。

实践的挑战

对于任何力图鉴别哪些方式切实可行的综述性研究来说，其突出问题是：该如何达到这一目的？我们从前几章中包含的各种提议开始阐述。雷斯尼克、斯皮兰、戈德曼和兰热尔所撰写的章节明确地解决了实施方面的问题，因为他们跨越了学科壁垒的挑战，将空想孤立的创新情境融入范围宽广的常规实践。本章我们根据自身观察和 OECD 的相关工作，获得了有关实施方面的棘手问题的结论。

为变革制定优先级

前面章节中出现的关于变革的观点，并未成为一条独立的改革提议或一套经提炼的改革提议：这既不是本书诸位作者观点的一部分，且作者们也不必对哪项变革应优先进行达成一致，即便某种顺序的变革已经发生。变革的理念以教师专业发展为中心迅速深入人心。

德科尔特同样认为，应强化教师和领导的专业化发展，以实现其在创新学习环境中的真实作用，以创新动力为支撑，变革教师（和学生）的学习信念。博卡尔特呼吁对教师教育项目进行透彻审查，以保证教师获得对认知、动机、教与学的整体理解，同时在培训应用中将这些整体理解融入实践。关于应用的章节——合作学习（斯莱文）、探究式学习（巴伦，达林－哈蒙德）、形成性评价（威廉；巴伦，达林－哈蒙德）以及服务学习（富尔科）——都强调了对教师高专业水平的要求，教师专业发展同样强调这一要求。

斯莱文认为，应采用一种可持续发展的方式，将新的专业化知识运用到不同的学习环境中，因此，教师教育项目可通过知识渊博的指导者为教师及时提供反馈、阐释和支持。巴伦和达林－哈蒙德在所撰写的章节中建议，合适的资源能为教师和学生学习搭建脚手架，如模式方法、公共论坛、工具、书籍、电影以及实地考察等。因此，对于专业发展的广泛理解必不可少。威廉指出，教师理所当然应在改革的最前线，因为这是负责任构建教与学有效衔接的最终所在。

然而，这些横向结论隐含的变革的复杂性和深刻性不太可能仅通过教师获得一系列新的技能就被轻易解决，更不用说仅通过合适的教师教育项目了。这是教师教育项目需重点解决的一个突出问题，但也只是广泛变革的一个必要条件，而不是充分条件。

本书作者们对教师教育的关注不仅仅局限于变革的机制上。各章节中所包含的其他建议都是围绕着在学校学习环境与广大的学习社区之间创建有效连接的各种方法展开的。这其中最重要的部分就是建立学校、家庭和日常生活之间的联系。

比如，辛顿和费希尔提出通过加强学习环境的社区导向，在正式学习和校外更广泛的世界间建立明确的连接。富尔科同样提出将服务学习的不同形式作为拓展学习视野和建立关联的方法。芭芭拉·施耐德、基斯勒和莫洛克倡导对作为主要学习地点的家庭提供直接支持（特别是鲜有优势的家庭），而不是将责任统统推给学校，即让学习能够得到结构良好且全面的正式学习环境的支持。芭芭拉·施耐德、基斯勒和莫洛克建议——这些建议与之前章节所定义的个性化议题相一致——有必要发展学习环境与学习者家庭、学习者本人的个性化关系。从普及的层次出发，德科尔特提议应培养与更广范围社区的沟通，以便获得那些持保守目标和期望值并阻碍变革的利益相关者的有力支持。当然，这基于如下假设：学习环境本身极具说服力、推动力，实施"非传统"课程。

各章作者给出的第三组建议指出在很多情况中这并不现实。德科尔特本人认为，学生和教师关于学习的信念是实施之前强调的各种学习方法的严重障碍，其深层原因是教学行为的固化。正如他所指出的：改变信念本身就是一个巨大的挑战。这比通过合适的教师教育课程提升教师专业知识和技能的意义更深远。这根深蒂固的信念来源于社会期望这一大文化背景，也来源于学校根深蒂固的结构和常规文化（例如，Tyack and Tobin，1994）。雷斯尼克、斯皮兰、戈德曼和兰热尔同样认为根深蒂固的教师信念最为基础。他们对组织结构常规中的教师信念进行分析，认为组织结构常规在学校教育中发挥着巨大作用。

变更这些根深蒂固的常规的极好的例证是由斯莱文在合作学习的论述中提供的。斯莱文对合作学习的优势进行了扎实的论述。这在众多教师教育项目、实习教师中都有体现，在专业实践中其巨大价值更是得到了证明，然而合作学习在教学实践中仍未得以有效运用。虽然三十年的实验和评价研究展示了合作学习的积极效果，合作学习也得到了广泛认可，但是合作学习仍属于一种"创新"，无法打破许多学校和课堂中的常规和活动藩篱。探究式学习和形成性评价也存在这个问题。如果这些方法的优势需要研究论证的量化支撑才能突破现有的阻碍，那么尚未被广泛接受的创新面临的挑战则更为艰巨。

雷斯尼克、斯皮兰、戈德曼和兰热尔简要地总结了与本书的主题紧密相关的教师教育作用的有限性，以期在后续的日常实践中对其加以改善：

> 在该领域多数从业者能记住几个主要理论家的姓名和主张，但以研究为基础的理论方案与教育工作者的实际工作联系甚少。如果未事先通知就随机访问一些学校或班级的教师，则会发现教师极少将职前培训中所教的教与学的原则应用于实践。在教育管理层面同样如此：分布式领导或专业学习社区等词在学术会议中时常耳闻，在实践中却几乎无迹可寻。

导致这些问题的部分原因可能在于教师教育的无效性，但更多的还是源于根深蒂固的惯性和教育组织文化。这不仅仅是教育领域所需面对的问题，雷斯尼克及同事认为这是一种普遍的组织行为：组织越复杂，人事越稳定，外部改革要求越迫切，内部人员越抵制对常规的变革。

让改变发生

将改变引入已长期存在且高度结构化的众多学校系统，然后由学校系统配合运作，这一过程已被众多的研究检验，且是本书所涉及的一个主题。我们仅提供基于本书的研究和OECD的相关工作所总结的一些观点。

改变的一种方法是发展组织化策略，比如由雷斯尼克、斯皮兰、戈德曼和兰热尔描述为"核心常规"的内容。第一阶段建立的社会资本、人力资本以及物质资本，为第二阶段进行的"核心传播"打下基础。第二阶段将更进一步地推广和促进新常规的产生与演进，以及对学校现有常规的再设计。作者描述了这一工作所需的先决条件和环境。所有这些与组织策略的有力结合，形成了对学习、组织常规的深层理解，并使其得以发展壮大，这是积极颠覆冥顽不化守旧势力的主要力量。这要求领导的创新（OECD，2008a）以及对专业协作和社区实践的高度重视。

对物质资本的考虑增加了学习环境设计的维度，而这一维度在有关教育创新[1]的著述中经常被忽视。灵活、可调试的空间对于学习专家个人或集体引入新学习方法具有促进作用，而不合适的空间则会阻碍教育方法的实施，除非学生和教师的学习动机都极为强烈。灵活的空间对形成性评价、合作学习以及基于项目的学习都有促进作用，可以帮助教师和学生适应引入的新学习方法。技术的决定性作用的发挥需要其性能达到阈值并使效用最大化（OECD，2010a），还需要有内涵的设计与灵活的设备（正如迈耶特别提示的，使用技术本身远非良好学习的充分条件）。服务学习（富尔科）更为深刻透彻的版本给予我们启发，改变了我们对传统设施的需求及使用方式。

在实现系统化创新的目标方面，提升知识管理水平（OECD，2009a，2009b）起核心作用。教育系统的这一特性已经被认定为教育系统（特别是学校）的典型缺陷（OECD，2000）。教育系统通常不擅长汲取创新成果的四个关键要素——知识研究、交流、结构重组、技术进步（OECD，2004）。这些变革的不同来源正逐渐被更好地理解和完善，不论是通过网络交流还是知识代理（例如，OECD，2003），以便实践者获得多样化的研究结果（OECD，2007），同时对教育中的技术进行长期分析。最近，OECD正在努力研究校园中的数字资源（OECD，2009a）和技术使用（OECD，2010a）。

在该情境下提升知识管理的水平尤其需要完善结构、机制和激励措施，以便个别教师持续不断地"重新发现方向"，明晰已实现的创新实践和自身的优劣势。关于创新的双重挑战在于：一方面，要在教育系统创造更多的系统化创新；另一方面，要保证在更广阔的社会经济生活中，支持创新的能力可以通过教育系统化发展（OECD，2010b）。这点与本书探讨的问题以及本章中总结的关于变革的指引关联密切，这是因为教育体系需要根本层面的创

---

[1]　OECD 工作的重点，通过之前广为人知的"教育建筑计划"（Programme on Educational Building，PEB），最近更名为"有效学习环境研究中心"（Centre for Effective Learning Environments，CELE）的项目开展。

新驱动力。

这不是仅对创新本身（百花齐放）的鼓励，而是要培养创新，以实现我们精心设计的普遍适用的原则。雷斯尼克、斯皮兰、戈德曼和兰热尔描述的"常规"作为一种培育和传播创新的方法（使用有说服力的生物学的隐喻），独具慧眼地关注学习本身的特性，以至于它与从学习者和学习中进一步移除的、组织化功能的某些方面是截然不同的。

人们为解决知识管理中的漏洞近年进行了诸多努力。由此引发如下探讨：一方面关于学习、实践、政策的研究相互之间关联甚少；另一方面，正如本书开篇提到的那样，研究与实践存在"鸿沟"[由德科尔特提出，贝利纳（Berliner，2008）引用]。要将学习、实践和政策三方面的研究联系起来，仍需一番努力。教育工作者往往无法使用研究所使用的格式或语言形式。但是现在政策和实践越来越需要"尊重事实和证据"（即便"以事实为基础"在教育复杂性的背景下很难实现），因此如本书所述，需要认真地对学习的本质进行求证，从而重新设计学习环境，制订政策计划以提高教育质量和教育公平的水平。

几位作者近乎直接地建议：应重新检验组织的架构和实践，因为它们可能或抑制了人们的深度学习，或阻碍了跨学科实践，或不赞成基于探究、基于社区的学习方法。这些在课程和评价的核心体现得尤为明显。在开篇章节及本章，我们高度重视评价实践和政策：在本章，评价尤其为学习者、教师和家长提供了关键的导向，即教育中什么是主要的，什么是次要的。如果评价迎合传统的学习方法，而不注重"21世纪能力"的培养，那么学习环境的研究结论仍是特例而不能成为规范就不足为奇了（Looney，2009）。

因此，随着学习组织以教师知识和技能为开端，关注教师教育和教师专业发展，关于学校变革的议题也广被理解，从而保证了一致性、前瞻性的评价对变革能产生重要作用。一般性政策的作用在于支持积极氛围的构建，并积极影响学校和广阔社会中的一般性文化。

通过提出本书结论性的原则要求，以全面的学习科学研究为基础，我们对普遍关心的焦点问题进行了总结。众多作者针对"变革"提议，教师要有高水平的专业知识和专业精神。学习资源丰富、可灵活使用的学习空间需要高水平的投资，这在世界范围的众多地区是无法实现的。这是否意味着这一指引是不切实际的特级奢想呢？很明显，资源丰富且均衡分配会为学习环境带来与众不同的深刻影响，但是当前教育系统花费高昂，我们认为本书中的多数建议都呼吁，要对现有资源进行重新规划而不是创造优质的新资源。"创新性学习环境"项目的第一个出版物（OECD，2008b）中就展示了这样一个案例：贫困社区以少量财政投入，利用现有合适的创造力和动力，完成了现有资源的重新规划（可参考墨西哥的例子）。考虑到合适的刺激与动力，本书总结的结论为 21 世纪学习环境的设计和可持续发展指明了方向。

参 考 文 献

Berliner, D. (2008), "Research, Policy, and Practice: The Great Disconnect", in S. D. Lapan and M. T. Quartaroli (eds.), *Research Essentials: An Introduction to Designs and Practices*, Jossey-Bass, Hoboken, NJ, pp. 295-325.

Looney, J. (2009), *Assessment and Innovation In Education*, OECD Education Working Paper No. 24, July, pp.61.

Mayer, R. E. (2004), "Should There Be a Three-strikes Rule against Pure Discovery Learning?", *American Psychologist*, Vol. 59, No. 1, pp. 14-19.

OECD (2000), *Knowledge Management in the Learning Society*, OECD Publishing, Paris.

OECD (2003), *Networks of Innovation: Towards New Models for Managing Schools and Systems*, OECD Publishing, Paris.

OECD (2004), *Innovation in the Knowledge Economy: Implications for Education and Learning*, OECD Publishing, Paris.

OECD (2006), *Personalising Education*, OECD Publishing, Paris.

OECD (2007), *Evidence in Education: Linking Research and Policy*, OECD Publishing, Paris.

OECD (2008a), *Improving School Leadership - Volume 2: Case Studies in System Leadership* (edited by Beatriz Pont, Deborah Nusche, and David Hopkins), OECD Publishing, Paris.

OECD (2008b), *Innovating to Learn, Learning to Innovate*, OECD Publishing, Paris.

OECD (2009a), *Beyond Textbooks: Digital Learning Resources as Systemic Innovation in the Nordic Countries*, OECD Publishing, Paris.

OECD (2009b), *Working out Change: Systemic Innovation in Vocational Education and Training*, OECD Publishing, Paris.

OECD (2010a), *Are the New Millennium Learners Making the Grade?: Technology Use and*

Educational Performance in PISA 2006, OECD Publishing, Paris.

OECD (2010b), *The OECD Innovation Strategy: Getting a Head Start on Tomorrow*, OECD Publishing, Paris.

Tyack, D. and W. Tobin (1994), "The 'Grammar' of Schooling: Why Has It Been So Hard to Change?", *American Educational Research Journal*, Vol. 31, No. 3, pp.453-479.

译　后　记

　　世界各国在经历从工业基础型社会到知识基础型社会转变的同时，越来越强调"21世纪能力"的重要性，这种技能不仅仅是当代经济发展和未来工作所需的技能，更体现了个人在社会、社区以及个体环境下生活所具有的能力。这些技能的获得和创新需要为学习者创设新的学习环境，整合正式学习与非正式学习，但是学校教育中所开展的各类学习活动与环境，与所强调的知识基础型社会发展所需的活动与环境大相径庭，造成这种背离的因素之一是学校教育默认的"头脑即容器"的隐喻，这又进一步导致学习者脱离了更加自然而有效的思维方式和学习环境，造成学习者学习效率低下，也使得学习难以富有意义。

　　历史上，人们对什么是学习及如何影响学习的问题一直持有浓厚的兴趣。古希腊的苏格拉底和古罗马的塞涅卡就对学习的本质有所探讨；现代文明的伊始，西班牙教育家维韦斯和捷克的夸美纽斯提出了关于教与学的观点；近代的德国教育家赫尔巴特和他的追随者们对科学学习展开了研究。这些学者们都强调学习中的先前知识在构成思想状态或观点中所起的重要作用，新的学习观点是与已有的思想状态或"领悟"相关联的。

　　学习的科学化、实证化研究始于20世纪初，在过去100多年里，学习研究的范式发生了巨大的变化。早期的行为主义理论主导了整个20世纪前期，其基本观点认为学习是一种行为的改变，教育者通过提供、强化环境中的刺激引导学习者的反应，即构建"刺激－反应"的联结。这一观点衍生出了一系列行为主义理论，其差异体现在"刺激－反应"联结的决定机制上。与行为主义理论遥相呼应的是20世纪早期欧洲的格式塔心理学与符茨堡学派的思维心理学，它们都关注行为而非心理，并一致认可行为科学。其中，格式塔心理学认为，人类的学习行为不能被分解成部分行为来理解，我们应根据所接受事物的整体形式的"格式塔"的组织原理来解读感知觉，而不是基于原子论观点来理解感知。格式塔学派认为学习是不断地顿悟、发现其结构，并获得理解的过程。随着使用行为主义理论来解释复杂思维现象时产生的矛盾越来越明显，对行为主义的批判也接踵而至。美国的语言学家乔姆斯基（Avram Noam Chomsky）认为外部刺激对语言学习的影响是有限的，他认为语言能力是天生的，先天性学说对行为主义提出的借助后期强化并逐渐"习惯"而获得语言的行为学说提出了挑战。在人工智能及计算机领域，西蒙（Herbert A. Simon）和明斯基（Marvin Minsky）等人利用计算机作为认知模型，构建了关于问题解决行为的信息加工论。这些先行研究也最终引发了20世纪末的学习和学习研究的新范式。至此，由心理学、计算机科学、语言学、哲学、神经科学组成的学科大联合——认知科学将思维、表征、反思、推理、意象等纳入学习领域，这一领域对学习的研究发现：知识组织是人类认知的核心特点，学习被视为知识获取的过程。显然，隐藏在人类智慧活动背后的知识具有重要地位。

但是，一大批社会学家、人类学家认为，认知科学对学习的研究并没有为教育领域带来很大的帮助，因为它过于注重实验室方法论，将学习者与学习情境相分离，忽视了思考和获知（knowing），只关注事实与程序等静态知识。由此，他们从日常生活和实践活动中开展学习研究，为我们揭示了人类学习和知识的社会属性与情境化本质，合理地解释了认知科学中有关学习的理论研究出现停滞的原因，也对"知识能够在头脑中进行表征，并贮存于头脑之中""知识的编码与提取受到信息加工指令的影响"等一系列学习认知假设进行了批判。在重温维果茨基（Lev Vygotsky）的文化－历史理论、温格（Etienne Wenger）与莱芙（Jean Lave）的情境学习理论、哈钦斯（Edwin Hutchins）的分布式认知理论以及班杜拉（Albert Bandura）的社会互动决定论等理论的同时，学习研究者们意识到对学习的科学化研究应该在更广阔的视野中开展跨学科交叉研究，不能局限在单一的学科领域之中，需采用更具包容性的研究方法论从不同视角来理解学习是什么、学习如何发生、学习的影响因素有哪些，学习科学研究也因此产生了。正如学习科学专家索耶（R. Keith Sawyer）所认为的那样，学习科学研究的目标，首先是更好地理解最有效的学习的认知过程和社会化过程，其次是通过运用学习科学知识来重新设计我们的课堂与其他学习环境，从而使学习者更加有效和深入地学习。为此，学习的科学化研究方法不断地从计算机科学、人类社会学、网络分析学、脑科学等多学科吸收新的研究方法，如：利用计算机领域的数据挖掘与分析方法研究学习是如何在不同情境之中发生的；利用心理学领域的微观发生法探讨学习活动的变异性、稳定性以及学习的变化轨迹与速度；利用设计科学领域思想形成一种混合研究方法——基于设计的研究——来研究特定环境中的学习过程，并对学习环境做出系统的改变。学习的科学化研究方法的不断丰富可以让我们进一步对学习现象进行系统的描述，揭示我们所忽视的某种联系或规律，同时也能够让我们通过操作学习的某种变量或改变一个变量，观察这种操作或改变对另一个变量的影响，进而揭示有关学习的变量之间的因果关系。

近些年来，有关学习的研究有了长足的发展，诸多学科领域的研究使我们对学习的理解远比以前要丰富得多。无论是在政策范畴还是教育范畴之中，"学习"一词都在逐渐成为各国教育关注的中心，学习的本质再度成为各国教育领域所关注的焦点。当前，随着教育改革的不断深入，教育实践中一些根深蒂固、始终没有得到解决的问题也变得更加突出，包括教育信息化在内的各种努力并没有从根本上解决这些问题。于是，人们便将目标转向了问题的实质：学习的本质究竟是什么？什么样的教育和教学能够发展学生的学习？我们该如何制定一系列相关政策、如何设计学习环境来支持这样的学习？

《学习的本质：以研究启迪实践》的组织者经济合作与发展组织基于这些问题，积极汇聚了来自北美洲和欧洲的著名教育专家，从认知、情感和生物学等视角对学习的本质进行了回顾，并以一个可理解、可领悟的方式来展现学习理论与实践研究给我们带来的关键启示，其目的是让读者能对学习的本质有充分的理解，并在此基础上，启迪读者运用学习的相关理论创新教育实践。

为了将这部著作介绍给国内广大读者，本书翻译团队华南师范大学教育信息技术学院认知与技术研究室的各位成员在各自繁忙的工作和紧张的学习之余，倾注全力历经五年之久终于完成了这部著作的翻译工作。在此要感谢所有参与翻译、校对工作的同学和老师，没有他们的辛勤工作，这部著作也难以问世。参与本书的翻译人员有徐晓东、杨刚、傅龙、阮高峰、韩守英、杜娟、任英杰；参与校对的人员有杨刚、傅龙、刘海华、韩守英、杜娟、宁艳、向娅。全书由温州大学教育学院杨刚博士、华南师范大学教育信息技术学院徐晓东教授、广东开放大学傅龙博士阅读全文并进行了系统校对、修改与定稿。

鉴于水平有限，本书在翻译过程中难免有疏漏之处，还请各位读者朋友批评指正，不吝赐教。

杨 刚

温州大学教育学院

2020.3.26

出 版 人　李　东
责任编辑　赵琼英
版式设计　孙欢欢
责任校对　张晓雯
责任印制　叶小峰

图书在版编目（CIP）数据

　　学习的本质：以研究启迪实践／（德）汉纳·杜蒙，
（英）戴维·艾斯坦斯，（法）弗朗西斯科·贝纳维德主编；
杨刚等译. —北京：教育科学出版社，2020.4（2024.12 重印）
　　（世界教育思想文库）
　　书名原文：The Nature of Learning：Using
Research to Inspire Practice
　　ISBN 978-7-5191-2168-6

　　Ⅰ.①学…　Ⅱ.①汉…　②戴…　③弗…　④杨…　Ⅲ.
①学习方法-研究　Ⅳ.①G791

中国版本图书馆 CIP 数据核字（2020）第 047468 号

北京市版权局著作权合同登记 图字：01-2020-0883 号

世界教育思想文库
学习的本质：以研究启迪实践
XUEXI DE BENZHI：YI YANJIU QIDI SHIJIAN

出 版 发 行	教育科学出版社			
社　　　址	北京·朝阳区安慧北里安园甲 9 号	邮　　编	100101	
总编室电话	010-64981290	编辑部电话	010-64981280	
出版部电话	010-64989487	市场部电话	010-64989009	
传　　　真	010-64891796	网　　址	http://www.esph.com.cn	
经　　　销	各地新华书店			
制　　　作	北京金奥都图文制作中心			
印　　　刷	三河市兴达印务有限公司			
开　　　本	720 毫米×1020 毫米　1/16	版　　次	2020 年 4 月第 1 版	
印　　　张	20.25	印　　次	2024 年 12 月第 7 次印刷	
字　　　数	283 千	定　　价	59.00 元	

图书出现印装质量问题，本社负责调换。